教育部人文社会科学规划基金项目"中俄共建'冰上丝绸之路'的路径和方案研究"(18YJAGJW007)和辽宁省社会科学规划基金项目"对接'冰上丝绸之路'建设促进辽宁经济振兴研究"(L19BJL012)的阶段性成果

"冰上丝绸之路"与辽宁区域发展

刘广东　于　涛　著

东南大学出版社
SOUTHEAST UNIVERSITY PRESS
·南京·

图书在版编目(CIP)数据

嵌入与共享:"冰上丝绸之路"与辽宁区域发展 / 刘广东,于涛著. —南京:东南大学出版社,2020.8
ISBN 978-7-5641-9043-9

Ⅰ.①嵌… Ⅱ.①刘… ②于… Ⅲ.①区域经济合作-国际合作-研究-辽宁 Ⅳ.①F127.31

中国版本图书馆 CIP 数据核字(2020)第 147450 号

嵌入与共享:"冰上丝绸之路"与辽宁区域发展
Qianru Yu Gongxiang:"Bingshang Sichouzhilu" Yu Liaoning Quyu Fazhan

著　　者	刘广东　于涛
出版发行	东南大学出版社
出 版 人	江建中
社　　址	南京市四牌楼 2 号(邮编:210096)
网　　址	http://www.seupress.com
责任编辑	孙松茜(E-mail:ssq19972002@aliyun.com)
经　　销	全国各地新华书店
印　　刷	广东虎彩云印刷有限公司
开　　本	700 mm×1000 mm　1/16
印　　张	14.5
字　　数	292 千字
版　　次	2020 年 8 月第 1 版
印　　次	2020 年 8 月第 1 次印刷
书　　号	ISBN 978-7-5641-9043-9
定　　价	68.00 元

(本社图书若有印装质量问题,请直接与营销部联系。电话:025-83791830)

前　言

"一带一路"倡议是新时代我国对外开放的最新顶层设计,是新型全球化的新长征。习近平总书记亲自提出、亲自谋划、亲自部署、全面推动。"一带一路"倡议以共商共建共享为原则,以和平合作、开放包容、互学互鉴、互利共赢的丝绸之路精神为指引,以政策沟通、设施联通、贸易畅通、资金融通、民心相通为重点,已经从理念转化为行动,从愿景转化为现实,从倡议转化为全球广受欢迎的公共产品。"一带一路"倡议提出以来,完成了总体布局,绘就了一部"大写意"。"冰上丝绸之路"作为国家规划的"海上丝绸之路"的三条蓝色通道之一,是"一带一路"总体布局的重要组成部分,习近平总书记亲自绘制了这条精谨细腻的"工笔画"。

2017年7月和11月,习近平主席访俄和会见俄总理时,先后两次提出中俄共建"冰上丝绸之路"。这是符合两国各自利益的战略构想。2018年9月11日,习近平主席赴俄罗斯符拉迪沃斯托克市参加第四届东方经济论坛,开展第5次"点穴式"外交,其间出席"新时代中俄地方合作"对话会,为中俄双方在远东开展伙伴合作提供新契机,开启了中俄地方合作的新时代。中国"一带一路"倡议需要向东北亚延伸,俄罗斯战略东移,要全力开发北极航线,共同的需求,促使俄罗斯主导的"欧亚经济联盟"与中国"一带一路"倡议有效对接。

由于全球气候变暖加快,北冰洋海冰快速消融,北极航道开始苏醒。北极东北航道夏季可以实现通航。这条连接亚洲和欧洲的最短航道,伴随着航运和破冰技术的发展,全线全年常态化商业化运行指日可待。北极气候的变化将对全球环境变化产生重大的影响,引起了国际社会的高度关注;北极地区巨大的石油、天然气、各类矿产储量以及鱼类资源,进一步提高了人们对开发北极的期待。尽管北极开发面临着自然环境、地缘政治角逐、北极各国主权利益纷争、北极资源的大国冲突等各种风险,但是,北极地区的环境问题和巨大商业价值将把北极沿岸各国捆绑成命运共同体和利益共同体,共同的环境保护责任和利益需求促使各方直面挑战,求同存异,合作多赢,北极开发前景愈发光明。

随着北极经济价值的日益显现,作为东北亚蓝色经济通道的核心——"冰上丝绸之路"将会成为全球海洋贸易的优良交通选项,对于90%的外贸运输量都需要海运的我国来说,这条新的贸易线路会让我国摆脱对传统海运航线的依赖,将成为连接中国各海域及太平洋到俄罗斯西部边界的欧亚地区的重要纽带。它也是东北亚到欧洲和北美洲的最短航线,既节约了航运成本、规避了传统航线上的非传统安全威胁,又摆脱了能源的路径依赖,对东北亚地区的产业分工和经济发展战略布局,对国际航运格局也将产生较大影响。

辽宁省处于东北亚的核心位置以及"冰上丝绸之路"的枢纽位置,资源丰富、产业基础雄厚,有以大连港为核心,营口港为辅助,锦州港和丹东港为两翼,葫芦岛港、盘锦港为补充的港口群,出海条件非常优越,参与"冰上丝绸之路"建设具有得天独厚的地缘区位优势。辽宁与上海、山东和天津相比是距离北极航线最近的区域。图们江区域虽距离北极航线近,但不能通海。辽宁沿海港口作为"冰上丝绸之路"的重要枢纽,可以发挥港口优势,把东北三省及内蒙古东部以及蒙古国的货物汇集辽宁沿海各港口,巩固大连东北亚国际航运中心的地位。"冰上丝绸之路"建设,对于亟须补齐对外开放短板的辽宁来说,是千载难逢的新的发展机遇。

基于此,笔者对辽宁嵌入与共享"冰上丝绸之路"进行了深入的研究,从世界航运格局将要发生重要变革的战略高度审视辽宁发展的新机遇,审视北极航线开通所带来的全球贸易格局的新变化将对辽宁产生的重大影响。进而从战术层面制定辽宁参与"冰上丝绸之路"的具体规划,明晰方案和路径,打造一个集运输与产业合作的新价值链。

本书是教育部人文社会科学规划基金项目"中俄共建'冰上丝绸之路'的路径和方案研究"(18YJAGJW007)和辽宁省社会科学规划基金项目"对接'冰上丝绸之路'建设促进辽宁经济振兴研究"(L19BJL012)的阶段性成果,是由刘广东、于涛两位老师合作研究,共同撰写完成的。其中,刘广东撰写了第一、二、三、四、五、十章,于涛撰写了第六、七、八、九章。最后,由刘广东统稿定稿。

本书在撰写的过程中,得到了中国太平学会副会长李铁教授的鼎力支持,参考了相关学者的研究成果,在此一并表示衷心的感谢!感谢东南大学出版社以及孙松茜编辑对本书出版所做的工作。

由于笔者水平有限,书中难免存在不足之处,恳请读者批评指正!真诚希望各位同行、专家以及读者提出宝贵意见!

刘广东

2020 年 6 月 15 日

目 录

第一章 "冰上丝绸之路"概要 / 1
　第一节 "冰上丝绸之路"建设的时代背景 / 1
　第二节 "冰上丝绸之路"的内涵 / 9
　第三节 "冰上丝绸之路"建设的重大意义 / 13

第二章 "冰上丝绸之路"的商用价值 / 17
　第一节 "冰上丝绸之路"航线 / 17
　第二节 中国商船的航行探索 / 21
　第三节 "冰上丝绸之路"比较优势 / 24

第三章 "冰上丝绸之路"前景、风险、挑战 / 31
　第一节 "冰上丝绸之路"前景 / 31
　第二节 "冰上丝绸之路"的风险 / 38
　第三节 "冰上丝绸之路"面临的挑战 / 42

第四章 "冰上丝绸之路"建设需求及全面对接 / 49
　第一节 "冰上丝绸之路"建设需求 / 49
　第二节 中俄共建"冰上丝绸之路"的全面对接 / 55
　第三节 "冰上丝绸之路"合作方式分析 / 64

第五章 辽宁参与建设的现实基础 / 68
　第一节 地缘区位优势 / 68
　第二节 海洋产业优势 / 71
　第三节 政策和人才优势 / 76

第六章　"冰上丝绸之路"驱动辽宁省经济发展的机理 / 80
第一节　地缘政治风险与辽宁经济困境 / 80
第二节　"冰上丝绸之路"对辽宁区位的影响机理 / 87
第三节　辽宁嵌融"冰上丝绸之路"的优势、问题与对策 / 92

第七章　辽宁省对接"冰上丝绸之路"建设的重点国别选择研究 / 94
第一节　"冰上丝绸之路"沿线国家 / 94
第二节　辽宁省对接"冰上丝绸之路"重点国别筛选的理论分析 / 105
第三节　"冰上丝绸之路"沿线重点国别筛选实证分析 / 112

第八章　辽宁对俄合作的重点领域 / 120
第一节　俄罗斯的经济结构与特征 / 120
第二节　"冰上丝绸之路"建设过程中俄罗斯的经济动机 / 134
第三节　辽宁省对俄合作重点领域选择 / 144

第九章　辽宁对日本与韩国合作的重点领域 / 157
第一节　日本和韩国的经济结构与特征 / 157
第二节　日本与韩国参与"冰上丝绸之路"建设的经济动机 / 173
第三节　辽宁对日本与韩国合作的重点领域选择 / 180

第十章　辽宁嵌享"冰上丝绸之路"的路径 / 188
第一节　创建辽宁"17＋1"经贸合作示范区 / 188
第二节　构筑"陆海空网冰"互联互通五维枢纽 / 190
第三节　推动构建"东北亚经济走廊" / 193
第四节　积聚海洋要素，构建现代海洋产业体系 / 198
第五节　加快推进辽宁海工装备制造业高质量发展 / 203
第六节　创新体制机制，实现海洋公共政策创新 / 206

附件　中俄在俄罗斯远东地区合作发展规划（2018—2024 年）/ 209

参考文献 / 220

第一章 "冰上丝绸之路"概要

"冰上丝绸之路"作为国家规划的"海上丝绸之路"三条蓝色经济通道之一,已被纳入国家"一带一路"的总体布局,成为连接欧洲、亚洲及北美洲之间的最短航道,被誉为"国际海运新命脉",必将对欧亚经济社会发展以及构建北极和东北亚地区国家命运共同体产生积极而深远的影响。

第一节 "冰上丝绸之路"建设的时代背景

"冰上丝绸之路"建设有其重要的时代背景,"一带一路"倡议的提出,为中国与俄罗斯在远东开发和北极合作提供了现实可行的方案。中俄高度政治互信和人文交流广泛为双方合作奠定了政治基础和民意基础。自然环境的变化为双方合作提供了更大的可能性,俄罗斯"向东看"发展战略与我国东北老工业基地振兴战略相契合则为双方合作提供了重要的载体。

一、中国提出"一带一路"倡议

过去三十年,全球经济社会格局发生了深刻的变化,特别是进入 21 世纪以来,全球经历了百年未有之大变局。从国际上看,波及全球的 2008 年金融危机爆发后,世界经济深度调整,贫富分化加剧,发展不平衡的矛盾越来越突出,逆全球化、单边主义、保护主义、民粹主义等思潮一波未平一波又起,原有的国际秩序和合作规则被打破,国际合作碎片化、排他性明显,经济全球化遭到了严峻的挑战。国际社会迫切需要建立一个广阔、开放、包容、共享的国际合作平台,应对挑战,引领全球经济包容性增长。从国内来看,我国经济的崛起也是近百年世界经济格局的重大变化,中国改革开放四十多年,经济保持高速增长,2010 年一跃成为世界第二大经济体,2013 年成为世界第一大货物贸易国,2015 年成为世界第二大对外投资国,为世界经济发展作出了重大贡献。尽管中国经济快速发展,韧性十足,前景看好,但是,经济发展也是有周期性的,从经济发展的规律来看,每三四十年必然会发生一轮大规模产业转移。三十年前,西方发达国家大量过剩产能转移到中国;三十年后,中国已经成为世界第一大工业国,也面临着产业结构调整、新旧动能转换、提质增效、过剩产能转移等发展中的问题。从经济系统自身来看,中国经济增长步入了新常态,发展模式亟须改变。改革开放四十多年,中国凭借廉价劳动力的比较优势参与到全球劳动分工中,吸引了大量外资,形成了出口导向型及依靠要素投入的发展模式,这种发展模式伴随着2008年金融危机导致的市场条件恶化,已经走到了尽头。"人口红利"的逐渐消失,导致部分劳动密集型产业失去竞争优势;中国的钢铁、汽车、电解铝、造船等产能严重过剩,需要向外转移;中国巨大的消费市场孕育了一大批具有跨国投资和全球运营能力的跨国公司;中国也需要在国际市场上寻求战略性资源的保障。中国已经进入"资本全球化"阶段,为了让"资本全球化"更多地惠及发展中国家和地区,需要一个面向全球的国家倡议。在全球经济增长放缓、地缘政治冲突加剧的背景下,综合考量国际国内形势,体现一个负责任大国的智慧和担当,2013年习近平总书记提出共建丝绸之路经济带和21世纪海上丝绸之路的重大倡议,为全球经济增长开出了中国药方,提供了中国方案。

"一带一路"倡议是探索推进全球化健康发展的尝试,是在全球化机制下促进区域共赢发展的一个国际合作平台,是经济全球化的新长征。一经提出就得到了世界上国际组织、大多数国家的广泛认同、支持并积极参与。共建"一带一路"倡议及其核心理念已被纳入联合国、二十国集团、亚太经合组织、上合组织等重要国际机制成果文件。截至2019年3月底,中国政府已与125个国家29个国际组织签署173份合作文件。2013年至2018年,中国与沿线国家货物贸易进出口总额超过6万亿美元,年均增长率高于同期中国对外贸易增速,占中国货物贸易总额的比重达到27.4%;中国企业对沿线国家直接投资超过900亿美元,在沿线国家完成对外承包工程营业额超过4 000亿美元①。据海关总署数据,2018年中国同"一带一路"共建国家货物贸易总额为8.37万亿元,较上年增长13.3%,较同期中国货物贸易增速高3.6个百分点。其中,中国同俄罗斯、沙特阿拉伯和希腊货物贸易额分别较上年增长24%、23.2%和33%。据商务部数据,2018年中国企业对"一带一路"共建的56个国家实现非金融类直接投资156.4亿美元,较上年增长8.9%,较同期中国对外非金融类直接投资增长率高8.6个百分点;在对外承包工程方面,2018年中国企业与"一带一路"共建国家新签对外承包工程项目合同7 721份,新签合同额为1 257.8亿美元,占同期中国对外承包工程新签合同额的52%;完成营业额为893.3亿美元,占同期总额的52.8%②。一系列国际经济合作走廊取得重大进展,将亚洲经济圈与欧洲经济圈联系在一起,为建立和加强各国互联互通伙伴关系、构建高效畅通的亚欧大市场发挥了重要作用。铁路、公路、港口、航空、能源、通信等重点通道建设全面推进。"六廊六路多国多港"的

---

① 《共建"一带一路"倡议:进展、贡献与展望》报告[EB/OL].[2020-03-07]. http://www.xinhuanet.com/world/2019-04/22/c_1124399473.htm.
② "一带一路"倡议:成果显著 前景广阔[EB/OL].[2020-03-07]. http://www.chinatoday.com.cn/zw2018/bktg/201904/t20190409_800164418.html.

互联互通架构基本形成。

世界多极化、经济全球化、社会信息化、文化多样化越是深入发展,人们越是能够深刻认识到,"一带一路"作为构建人类命运共同体的实践平台,已经在为解决当前全球治理的失灵、失衡和失序问题进行实践探索、积累实践经验。正如习近平主席所指出的:"共建'一带一路'不仅是经济合作,而且是完善全球发展模式和全球治理、推进经济全球化健康发展的重要途径。"

"一带一路"倡议的提出,为中俄两国在"一带一路"建设与欧亚经济联盟对接的框架下,探讨合作开发利用北极航道,共建"冰上丝绸之路"打下了坚实的基础,提供了中国与俄罗斯在远东开发和北极合作的现实可行方案。

二、中俄政治互信加深,人文交流广泛

历经70多年的磨砺和考验,中俄关系日臻稳定成熟。中俄1996年建立战略协作伙伴关系,2001年签署睦邻友好合作条约,2014年升级为全面战略协作伙伴关系。在两国元首的战略引领和指导下,双方均视彼此为外交优先方向,两国形成多层次宽领域的交往和合作机制,在彼此核心利益问题上相互坚定支持。近年来,两国政治互信不断深化,贸易合作持续攀升,人文交流异彩纷呈,中俄关系达到历史最好水平,成为大国关系的典范。习近平主席指出,70年来,两国关系风雨兼程、砥砺前行,成为互信程度最高、协作水平最高、战略价值最高的一对大国关系。普京总统表示,当前俄中全面战略协作伙伴关系达到历史最好水平,成为国家间关系的典范。两国元首对中俄关系的战略引领,为中俄关系进一步发展奠定了坚实基础,使中俄关系处于历史最好时期[①]。

中俄政治互信主要表现是:两国在政治上始终互相尊重;在涉及主权与尊严、发展利益与安全关切等重大问题上,一贯相互支持;在共同关心的地区和国际事务中,一直保持密切协调和配合。双方共同推动成立的上海合作组织、二十国集团、金砖国家等多边合作机制的发展,有力地促进了世界多极化和国际关系民主化,为维护地区与世界的和平、安全与稳定作出了重要贡献。中俄两国将各自经济社会发展战略和区域一体化战略进行对接合作,充分发掘双方合作潜力,以实现共同发展目标。

2019年6月5日国家主席习近平和俄罗斯总统普京在莫斯科共同签署《中华人民共和国和俄罗斯联邦关于发展新时代全面战略协作伙伴关系的联合声明》。声明指出,中俄关系进入新时代,迎来更大发展的新机遇。双方宣布,将致力于发展中俄新时代全面战略协作伙伴关系。其目标和方向是:守望相助,相互

---

① 徐惠喜.推动新时代中俄关系实现更大发展[N/OL].经济日报,2019-06-05[2020-02-29]. http://paper.ce.cn/jjrb/html/2019-06/05/content_392891.htm.

给予更加坚定有力的战略支持,支持对方走自身发展道路和维护本国核心利益,保障两国各自安全、主权和领土完整。为此,双方将进一步开展相关领域互信合作。深度融通,就国家发展战略对接进行密切协调和战略协作,拓展经贸和投资互利合作。在推进"一带一路"与欧亚经济联盟对接方面加强协调行动。开拓创新,更加全面挖掘两国关系潜力和发展动能。普惠共赢,维护以《联合国宪章》宗旨和原则为核心的国际秩序和国际体系,推动建设相互尊重、公平正义、合作共赢的新型国际关系,推动构建人类命运共同体。

人文交流是中俄全面战略协作伙伴关系的重要组成部分,其健康发展对丰富中俄关系内涵、夯实中俄关系基础、提升中俄关系水平具有积极意义。近年来,中俄人文交流在两国政府和社会的共同努力下不断发展,其形式、程度、机制、影响等与此前相比均有重大突破,从而为中俄全面战略协作伙伴关系的深入发展作出了新贡献。中俄人文交流蓬勃发展,从政府机关到民间组织,从教育、文化到媒体、旅游,交流合作的渠道越走越宽、领域越来越广、程度越来越深,两国文化在彼此国家的影响力、亲和力和感召力显著提升,成为当今大国之间文明对话的典范。2001年中俄双方决定定期举办文化节。为了增强两国青年之间的交流,将2004年确定为"中俄青年友谊年"。2005年双方互派艺术团体参加对方举办的反法西斯战争胜利60周年庆祝活动。中俄分别于2006年和2007年、2009年和2010年、2012年和2013年互办国家年、语言年、旅游年,2014—2015年举办青年友好交流年,2016—2017年举办中俄媒体交流年。"2018年和2019年为'中俄地方合作交流年',将两国地方合作提升至国家水平,将进一步激发两国地方的合作热情和潜力。"截至2018年底,中国在俄罗斯开办孔子学院19所、孔子学堂5所。孔子学院(学堂)的建设也方便了中俄两国教育的发展。

三、全球气候变暖导致北极全面通航的可能性骤增

北冰洋一年中大多数时候都结着厚厚的冰层,气候条件恶劣,这条理论上存在的航线,在历史上却难以穿越,因此,被称作为"传说中的航道"。进入21世纪,全球气候变暖加快,北冰洋海冰快速消融,同时伴随着航运和破冰技术的发展,北极航道开始苏醒。

据美国《科学》杂志的最新报告,全球气候变暖已经逆转了北极的自然冷却趋势,北极地区的温度目前处于近2 000年来的最高水平。观测表明,北极春季已提前到来,而且更加暖和;温暖的秋季持续的时间延长;夏季海冰温度平均每10年增加1.22℃,海冰融化的季节每10年要提前10~17天。

北极地区平均地面温度上升幅度是全球平均温度上升幅度的两倍,北极科学委员会报告(2004)预测北极在下一世纪气温会增加4~7℃。IPCC气候变化第四次评估报告认为,北半球中高纬度地区未来100年升温幅度最大,北极在未来

80年中将增温3℃。这一升温幅度足以带来巨大的变化。

北极升温、北冰洋增暖，使北极海冰快速减少。据ACIA（北极气候影响评估）报告，北极海冰面积大约在50年前开始减少，而1980年至1990年以来，减少速度加快，在夏季这一趋势最为明显。卫星监测显示，1979—2018年9月北极地区海冰面积以每10年12.8%的速度缩小[1]。照此趋势，北极海域最早可能在21世纪中叶达到夏季无冰状态，21世纪末达到全年无冰状态[2]。

2018年6月13日，从北冰洋流经西伯利亚的气流温度为6.6℃；北冰洋升温速度更为明显[3]。科学界预测，到2030年左右，北极甚至可能会出现夏季无冰现象。中国科学院遥感与数字地球研究所科研团队利用SSMI（Special Sensor Microwave Imagers，专用传感器微波成像仪）收集的传感数据做了一个跨度为二十年的海冰观测产品，来研究北极航道的变化，分析其通航的可能性。得出的结论是夏季的时候北极海冰的面积是显著缩小了，空出了很大面积的海面可以供船只航行[4]。

丹麦哥本哈根商学院曾于2016年发表报告称，按照目前北极海冰融化的速度，大约到2040年，北极航道就可以投入商业使用。随着全球气候变暖、北极海冰的加速融化，不久的将来，人们梦寐以求的北冰洋"黄金水道"有望开通。

四、俄罗斯实施"向东看"发展战略

冷战结束后，俄罗斯一厢情愿地表示与美国为首的西方国家和睦相处，想融入欧洲大家庭，但是，在西方文化上对俄罗斯的不认同，决定了俄罗斯很难成为一个真正意义上的"欧洲国家"，更难以成为"欧洲大家庭的平等一员"。亨廷顿曾说过，俄罗斯文明只是西方文明的"远房表亲"，与后者的共性很少。事实上，欧洲国家对俄罗斯具有先天排异反应，始终认为俄罗斯是地缘政治上最大的竞争对手，甚至对已经沦为二流国家的俄罗斯从来也没有放过，几乎在所有战略方向上，俄罗斯都不得不直面来自西方的挤压。20多年来，美国主导的北约"东扩"、欧盟"东扩"以及美国在捷克、波兰部署反导弹基地，使俄罗斯西部战略缓冲地带不断收缩，还受到来自北面和东面的战略威慑。2014年以来，伴随着乌克兰危机的不断发酵，俄罗斯与西方关系跌入了冷战结束以来的"冰点"。特别是美欧实施的数

---

[1] National Snow & Ice Data Center[EB/OL].[2019-03-02]. https://nsidc.org/arcticseaicenews/2018/10/September-extent-ties-for-sixth-lowest/.

[2] Willy Østreng, Karl Magnus Eger, Brit Fløistad, et al. Shipping in Arctic Waters: A comparison of the northeast, Northwest and Trans Polar Passages[M]. Berlin, Heidelberg: Springer, 2013.

[3] Arctic News. High Temperatures Over Arctic Ocean In June 2018[EB/OL]. http://arctic-news.blogspot.com/2018/06/high-temperatures-over-arctic-ocean-in-june-2018.html.

[4] 中俄共建冰上丝绸之路 从北极海冰20年变化图看通航可能性[EB/OL].[2020-01-10]. https://chuansongme.com/n/2031421952028.

轮制裁使俄罗斯经济遭受巨大冲击,而自身畸形的经济结构所造成的脆弱性又加剧了其受损程度。油价下挫、卢布贬值、资金外逃、通货膨胀率高等多重因素使俄罗斯经济接近衰退的边缘。"据测算,2015—2017年俄罗斯经济下降浮动在2.5%~3%之间,国民生产总值增速在2008—2020年间将低于0.5%~1.5%。"[①]为了应对以美国为首的西方国家的制裁和石油价格下跌带来的冲击,解决俄罗斯的经济困境,俄罗斯积极开展亚太地区外交,加快实施俄罗斯远东地区发展战略[②]。中俄双方在短时间内签署了有关能源、基础设施建设、高科技合作等一系列合作协议,有人将此概括为俄罗斯经济"向东看"。

2012年俄罗斯远东发展部成立,2013年《俄罗斯远东和贝加尔地区社会经济发展国家规划》(以下简称《规划》)生效,标志着酝酿已久的俄新一轮远东开发战略进入实施阶段。2013年公布的《规划》是远东开发的纲领性文件。《规划》包含两个联邦专项计划和12个子计划,其中两个联邦专项计划为《2018年前俄远东和贝加尔地区经济和社会发展计划》和《千岛群岛社会经济发展计划》。2014年4月15日俄罗斯联邦政府制定实施了新的《俄罗斯联邦远东和贝加尔地区社会经济发展规划》。2014年12月29日,俄政府批准《俄罗斯联邦社会超前发展区法》。根据该法案,在所谓"超前发展区"即俄联邦主体划出的部分区域,实行特殊的法律制度,以吸引投资,保障地区经济的快速发展,建立居民生活的舒适条件。截至2016年底,俄政府已正式批准在远东设立16个跨越式发展区,其中位于滨海边疆区5个。2015年7月,俄总统普京签署了《设立符拉迪沃斯托克自由港法案》。根据这项法案,自由港将在税收、海关和检疫等方面为入驻企业提供政策支持和优惠。

2017年8月,俄罗斯政府对2014年版《2020年前俄罗斯联邦北极地区社会经济发展国家纲要》做出修订,将纲要在时间节点上延长至2035年,并将"建设北极发展'支柱区'""发展北方海航道和保障北极航运""发展北极油气和矿产资源开采的技术装备制造业"确立为三大核心任务。2020年北方海航道运送货物达到6 370.5万t,航运技术水平提高40.5%,对北极地区投资75个大型投资建设项目,融资规模总计2 218.2亿卢布(其中联邦预算支出为1 603.3亿卢布)。在此框架下,俄罗斯政府还制定了推动俄属北极地区经济发展的相关建设项目,包括重点建设萨贝塔港(Port of Sabetta)地区和摩尔曼斯克运输枢纽,利用国际先进技术开采相关矿物资源,在摩尔曼斯克州打造采矿业、化学和冶金业产业集群等。

---

① 于小琴.西方制裁背景下俄罗斯远东投资环境及吸引外资前景[J].俄罗斯东欧中亚研究,2016(4):113-129.

② 刘清才,刘涛.西方制裁背景下俄罗斯远东地区发展战略与中俄区域合作[J].东北亚论坛,2015,24(3):84-93.

2017年,俄罗斯经济在结束了连续3年的负增长实现脱困向稳,其"向东看"的趋势已初见雏形。东北亚地区六国的国内生产总值占全球经济总值的19%,在该地区经济快速发展的带动下,俄远东地区的外资增长率逆势达到17%,外国直接投资已占到全俄的近三分之一,其中超过7成的投资项目为针对东北亚国家的出口项目,整个远东地区的经济增长率也高于全俄平均水平,以投资驱动、先行先试的方式将远东地区打造为连接东北亚经济的"桥头堡"成为俄的必然选择[1]。

五、中国振兴东北老工业基地战略

东北地区包括东北三省(辽宁省、吉林省、黑龙江省)和内蒙古自治区东部五盟市(呼伦贝尔市、兴安盟、通辽市、赤峰市和锡林郭勒盟,简称"蒙东地区"),总面积约145万平方公里,总人口约1.2亿人,是新中国成立后我国最早形成并在区域上和产业结构上相对完整的大经济区,也是建立最早、规模最大的重工业基地。

东北老工业基地曾是新中国工业的摇篮,为建成独立、完整的工业体系和国民经济体系,为国家的改革开放和现代化建设作出了历史性的重大贡献。随着改革开放的不断深入,老工业基地的体制性、结构性矛盾日益显现,进一步发展面临着许多困难和问题。东北三省的经济总量在全国的排名持续下降,国内生产总值增速已经从1978年的13.3%下降到2017年的6.7%。

党中央、国务院高度重视东北地区等老工业基地的改革和发展。振兴东北地区等老工业基地,是党中央领导集体审时度势、谋划全局,全面建设小康社会的又一重大战略部署,是继实施沿海发展战略、西部大开发战略后的又一重大战略决策。

2002年11月,党的十六大报告明确提出"支持东北地区等老工业基地加快调整和改造"。2003年9月10日,国务院常务会议研究实施东北地区等老工业基地振兴战略,提出了振兴东北的指导思想、原则、任务和政策措施。2003年9月29日,中共中央总书记胡锦涛在北京主持召开中共中央政治局会议。会议指出,支持东北地区等老工业基地振兴,是十六大从全面建设小康社会全局着眼提出的一项重大战略任务。各地区、各部门都要从新世纪新阶段我国改革开放和社会主义现代化事业长远发展的高度,深刻认识实施东北地区等老工业基地振兴战略的重大意义。要进一步解放思想、深化改革、扩大开放,着力推进体制创新和机制创新,促进经济结构战略性调整,加快企业技术改造,走出一条老工业基地调整改造和振兴的新路子。2003年10月,中共中央、国务院下发关于实施振兴东北地区等老工业基地战略的若干意见,标志这一战略正式实施。2003年12月,

---

[1] 【中俄关系】俄罗斯"向东看",打造东北亚经济"桥头堡"[EB/OL]. [2020-02-18]. http://www.sohu.com/a/253739204_619333.

国务院振兴东北地区等老工业基地领导小组成立。此后,中央先后在东北地区实行了一系列促进振兴的优惠政策,振兴战略得到进一步展开。

经过努力,东北地区等老工业基地振兴战略取得初步成效。一批重大项目顺利实施,一批重点老企业的技术水平有了显著提高。资源开发补偿机制和衰退产业援助机制日益形成。国有经济战略性调整和国有企业改制改组步伐逐步加快。东北地区开始呈现出差异化发展、协作分工的良性态势。

在此基础上,2007年8月,经国务院批复的《东北地区振兴规划》发布,提出经过10年到15年的努力,实现东北地区的全面振兴。

2009年9月国务院发布《关于进一步实施东北地区等老工业基地振兴战略的若干意见》,提出了优化经济结构,建立现代产业体系;加快企业技术进步,全面提升自主创新能力;加快发展现代农业,巩固农业基础地位;加强基础设施建设,为全面振兴创造条件;积极推进资源型城市转型,促进可持续发展;切实保护好生态环境,大力发展绿色经济;着力解决民生问题,加快推进社会事业发展;深化省区协作,推动区域经济一体化发展;继续深化改革开放,增强经济社会发展活力九大类28项措施。

党的十八大以来,习近平总书记多次到东北地区调研,召开专题会议,就东北振兴工作发表系列重要讲话,做出系列重要批示指示,做出了新的重大部署。2014年8月出台《国务院关于近期支持东北振兴若干重大政策举措的意见》。该文件按照立足当前、着眼长远、分类施策的原则,提出了一批近期可操作可实施的政策举措,提出了76项东北振兴近期重点任务和139个配套重点项目。2016年2月发布《中共中央、国务院关于全面振兴东北地区等老工业基地的若干意见》,明确提出"当前和今后一个时期是推进老工业基地全面振兴的关键时期",指出全面振兴东北地区等老工业基地"事关我国区域协调发展战略的实现,事关我国新型工业化、信息化、城镇化、农业现代化的协调发展,事关我国周边和东北亚地区的安全稳定,意义重大,影响深远",要求"适应把握引领经济发展新常态,贯彻落实发展新理念,加快实现东北地区等老工业基地全面振兴"。2016年8月,国家发改委出台《推进东北地区等老工业基地振兴三年滚动实施方案(2016—2018年)》;11月,国务院印发《关于深入推进实施新一轮东北振兴战略加快推动东北地区经济企稳向好若干重要举措的意见》,从4个方面提出14项政策措施,并把任务分解到国家相关部委和东北三省一区,细化落实。这标志着新一轮东北振兴战略正式启动实施。2019年发布的《中共中央国务院关于支持东北地区深化改革创新推动高质量发展的意见》再次对东北全面振兴、全方位振兴提出了具体要求,推出了切实可行的措施。

党的十九大明确提出,"深化改革加快东北等老工业基地振兴",同时在深化供给侧结构性改革、加快培育发展新动能、支持传统产业优化升级、培育若干世界先进制造业集群、加强创新体系建设、实施乡村振兴战略、推进新型城镇化、深化国有企业改革、扩大对外开放等领域也提出了与东北振兴紧密相关的新要求,新一轮东北振兴战略的实施进入了新阶段。

第二节 "冰上丝绸之路"的内涵

"冰上丝绸之路"的概念源于"北冰洋"的"冰"和中国传统的"丝绸之路",二者的结合赋予了"冰上丝绸之路"新的内涵,它经历了一个历史演进过程以及在中俄语意下的释义过程。

一、"冰上丝绸之路"概念的历史演进

2013年习近平总书记提出"一带一路"倡议,全面阐释了中国新时代全面对外开放,建立人类命运共同体的主张,在全世界引起了极大的关注并得到了沿线大多数国家和地区的积极响应。俄罗斯作为世界上有影响力的大国,对中国提出的"一带一路"倡议也有过疑虑和担忧,甚至抵触,对呼应"一带一路"倡议没有做好心理准备。但地缘政治形势的变化以及乌克兰危机引发的欧美对俄经济制裁,重创了俄罗斯经济,迫使俄罗斯发展战略进行调整,开始实施"向东看"发展战略。随着俄罗斯强化北极军事部署实现了对北方海航道的完全控制,中俄政治互信不断加深,推动各自发展战略相互对接。俄罗斯对"一带一路"倡议的认知发生了转变,从警惕防御转向包容支持。

2015年中俄双方签署《关于丝绸之路经济带建设和欧亚经济联盟建设对接合作的联合声明》,提出"努力将丝绸之路经济带建设和欧亚经济联盟建设相对接。"[①]"一带一盟"对接合作既实现了中俄经济发展的战略对接,又拓展了中国与欧亚经济联盟国家的经济发展战略对接,对于推动欧亚经济联盟国家经济社会发展以及区域经济一体化具有重要意义。根据"一带一盟"对接合作的主要内容,俄罗斯总统普京指出北极和远东对俄罗斯的发展至为关键,并强调要继续发展中俄战略协作伙伴关系,要加强与中国在北极航道的合作。"冰上丝绸之路"方案正是在此基础上,由俄方率先提出的。构建"冰上丝绸之路"是俄罗斯针对北方海航道开发,实施"向东看"发展战略向中国提出的合作邀请,体现了俄罗斯愿意就北极开发与中国合作的愿望。

2015年,中俄总理第20次会晤联合公报中,指出中俄双方要"加强北方海航

---

① 中华人民共和国与俄罗斯联邦关于丝绸之路经济带建设和欧亚经济联盟建设对接合作的联合声明(全文)[EB/OL].(2015-05-09)[2019-01-20]. http://www.xinhuanet.com//world/2015-05/09/c_127780866.htm.

道开发利用合作,开展北极航运研究";①在2016年第21次联合会晤公报中,表述变为"对联合开发北方海航道运输潜力的前景进行研究"。② 至此,"冰上丝绸之路"的雏形已经出现。2017年5月,普京总统在"一带一路"国际合作高峰论坛上表示"希望中国能利用北极航道,把北极航道同'一带一路'连接起来"。③同年7月,习近平主席访问俄罗斯时表示"中国欢迎并愿意积极参与俄方提出的共同开发建设滨海国际运输走廊建议,并且希望中俄双方能够共同开发和利用海上通道,尤其是北极航线,从而共同打造'冰上丝绸之路'",④回应了普京的"邀约",这是中俄双方首次正式提出"冰上丝绸之路"概念。同月,中国《"一带一路"建设海上合作设想》发布,规划了三条蓝色经济通道,其中一条就是"积极推动共建北冰洋连接欧洲的蓝色经济通道"。⑤ 2017年11月,习近平主席会见到访的俄罗斯总理梅德韦杰夫时指出:"努力推动滨海国际运输走廊等项目落地,共同开展北极航道开发和利用合作,打造'冰上丝绸之路'。"⑥又一次表明了中方的态度。2018年1月26日,国务院新闻办公室发表了《中国的北极政策》白皮书。以文件的形式确认"中国愿依托北极航道的开发利用,与各方共建'冰上丝绸之路'"⑦。2019年6月,中俄签署《中华人民共和国和俄罗斯联邦关于发展新时代全面战略协作伙伴关系的联合声明》,进一步明确:"推动中俄北极可持续发展合作,在遵循沿岸国家权益基础上扩大北极航道开发利用以及北极地区基础设施、资源开发、旅游、生态环保等领域合作。支持继续开展极地科研合作,推动实施北极联合科考航次和北极联合研究项目。"⑧综上,"冰上丝绸之路"概念包含地理概念和地缘经济概念。

二、俄方语意下"冰上丝绸之路"的内涵

俄罗斯作为北极国家,对北极东北航道的控制是其关注的重点问题。俄罗斯

---

① 中俄总理第二十次定期会晤联合公报(全文)[EB/OL]. [2019-01-20]. http://www.sohu.com/a/49179744_114775.

② 中俄总理第二十一次定期会晤联合公报(全文)[EB/OL]. [2019-01-20]. http://www.xinhuanet.com/world/2016-11/08/c_1119870609.htm.

③ 中俄深化北极合作"冰上丝路"让世界共享红利[EB/OL]. [2019-01-20]. http://www.chinanews.com/gn/2019/06-07/8858635.shtml.

④ 习近平接受俄罗斯媒体采访[EB/OL]. [2019-01-20]. http://www.xinhuanet.com//world/2017-07/03/c_1121255558.htm.

⑤ 参见2017年7月国家改革和发展委员会与海洋局联合发布《"一带一路"建设海上合作设想》。

⑥ 习近平会见俄罗斯总理梅德韦杰夫[EB/OL]. [2019-03-10]. https://www.chinanews.com/gn/2017/11-01/8365989.shtml.

⑦ 《中国的北极政策》白皮书(全文)[EB/OL]. [2019-01-20]. http://www.81.cn/jwgz/2018-01/26/content_7922413.htm.

⑧ 中俄关于发展新时代全面战略协作伙伴关系的联合声明(全文)[EB/OL]. [2019-07-02]. https://new.qq.com/cmsn/PEG20190/PEG2019060600112301.html.

将东北航道临近本国的主要航段——西起新地岛希望角,经喀拉海、拉普捷夫海和东西伯利亚海,东抵楚科奇海的杰日尼奥夫海角,称为北方海航道或北方航道。根据1982年联合国海洋法大会确定的规则,英国达勒姆大学国际边界研究所绘制了北冰洋辖区地图。初步观察可以发现,在从白令海峡到欧洲北海的北方海航道中,俄罗斯仅依靠距领土200海里以内的内水、领海和专属经济区就占据了北方海航道90%的绝对控制权①。俄罗斯基于对北方海航道的巨大控制权一直存在将北方海航道建设成为世界过境通道的愿景,并将其称为"冷丝绸之路"②。

在苏联时期,北方海航道开发有过辉煌的历史,但随着苏联的解体,北方海航道的开发被搁置,境况与苏联时期不可同日而语。俄北极战略提出后,复兴北方海航道就成为首要任务。北方海航道连接西部巴伦支海和远东地区楚科奇海,途径摩尔曼斯克、迪克森、杜金卡、季克西港、佩韦克和布罗伟杰尼亚等重要港口,被视为亚欧间独特的高纬度运输通道。北方海航道既是俄北方舰队的战略要道,也是北极和远东地区的民生通道。俄罗斯政府高度重视北方海航道的开发利用,将"更新和发展北极地区运输体系的基础设施,以保障作为俄国家统一运输干线的北方海路的通航"③列为俄联邦北极地区发展和国家安全保障战略的主要措施之一。要把"'北方海航道'及其经线河运和铁路交通线,以及航空港网络发展成为俄联邦北极地区统一的运输体系,并将其建设成为全年通航的国家海运干线。"④其后,又在《2035年前北方海航道基础设施发展规划》中,"制定了11个重点发展方向和共计84项具体措施"⑤,进一步强化北方海航道在俄北极开发整体战略地位。普京在多个国内和国际场合强调"北方海航道"交通网络建设的重要性和必要性,表示要将"这一航线建设成为最重要的具有全球意义和规模的贸易航线之一"。俄罗斯的意图非常明显,就是通过对北方海航道的控制来加强北极开发主导权,增强能源项目和航道开发的综合效应,不希望其他国家在北方海以外的领域过多介入。由此可以看出俄罗斯在"冰上丝绸之路"的建设上关注的是北方海航道,对"冰上丝绸之路"三缄其口,至今官方文件没有定位。其"官方对于中俄北极合作的定位仅仅局限在俄罗斯欢迎中国参与其北方海航道建设方面,

---

① [英]安妮·鲁尼.世界人文地图趣史[M].严维明,译.北京:电子工业出版社,2016:184.

② Nakanune. "Милитаризация" Арктикииk py глосу точный Северный морской путь. Члены Госкомиссии обсудили реальное наполнение холодного "Шелкового пути"[EB/OL]. (2015-12-07)[2017-11-20]. https://www.Nakanune.ru/news/2015/12/7/22422398/.

③ 俄罗斯国际事务委员会.北极地区:国际合作问题:第三卷[M].熊友奇,等译.北京:世界知识出版社,2016:346.

④ 俄罗斯国际事务委员会.北极地区:国际合作问题:第三卷[M].熊友奇,等译.北京:世界知识出版社,2016:346.

⑤ 两手出击,俄罗斯继续加强北极战略[EB/OL]. [2020-01-10]. http://www.chinanews.com/gj/2020/03-12/9122780.shtml.

将相关合作视作是丝绸之路经济带与欧亚经济联盟对接的一部分。"①

因此俄罗斯语义下的"冰上丝绸之路"强调的是地理概念,主要是指北方海航道范围。即:中俄在基于政治互信的基础上,为实现北方海航道的开发,以基础设施建设、资源开发、旅游、生态环保、经济贸易、信息互联共享、极地科考、海上突发事件处理合作等为重要内容。通过建立合作机制,共同开发建设北方海航道。

三、中方语意下"冰上丝绸之路的"的内涵

中国提出的"一带一路"倡议,首先是一个由铁路、公路、航空、航海、油气管道、输电线路和通信网络组成的综合性立体互联互通的交通网络。这个交通网络将把世界经济的引擎——亚太地区和世界最大经济体——欧盟联系起来,形成世界最长经济走廊,最终形成欧亚大市场。②是"以共商、共建、共享为原则,以和平合作、开放包容、互学互鉴、互利共赢的丝绸之路精神为指引,打造利益共同体、责任共同体和命运共同体"③;以政策沟通、设施联通、贸易畅通、资金融通、民心相通为重点,为全球提供最大规模的国际合作平台和促进全球经济发展的国际公共产品。

"冰上丝绸之路"是"21世纪海上丝绸之路"向东北亚的延伸,多边共商、共建、共享是其基本理念。中国希望借助"冰上丝绸之路"建立双边合作机制,进一步强化中俄的兄弟邻国关系,扩大双方的经济贸易往来,实现经济互补。以此为基础,进一步建构国际关系网络,形成互联互通的效应,惠及沿线国家和地区。"冰上丝绸之路"不仅是一个地理概念,更是地缘经济概念。从地理上,将实现亚洲与非洲、大洋洲、欧洲海上贸易航道闭环联通,从地缘经济上,将推动东北亚经济一体化向纵深发展,中欧经济关系更加紧密。

2018年1月26日中国颁布了《中国的北极政策》这一重要文件,提出了中国建设冰上丝绸之路的政策及目标。冰上丝绸之路建设实质就是将北方海航道开发利用及沿途国家地区共同纳入北冰洋"蓝色经济通道"建设中,通过北极东北航道和西北航道的开发和利用,打造横贯亚洲—北冰洋—欧洲—美洲的新国际大通道。目前,最重要的功能就是与俄罗斯共同开发建设北方海航道,协调航道利益攸关方,实现东北航道的全年、全线通航,为中欧贸易提供第三条线路选择。

因此,中国语意下的"冰上丝绸之路"强调的是地缘经济概念。是指以中国为始发地,以政策沟通为纽带,互联互通日本海和北极航线周边国家,构建国际物流大通道;以沿线基础设施建设、能源开发、重要通道、临港产业集聚区建设、生态环

---

① 姜胤安."冰上丝绸之路"多边合作:机遇、挑战与发展路径[J].太平洋学报,2019,27(8):67-77.
② 王义桅.世界是通的:"一带一路"的逻辑[M].北京:商务印书馆,2016:13-14.
③ 参见:2016年6月22日,习近平主席在乌兹别克斯坦最高会议立法院的演讲——《携手共创丝绸之路新辉煌》。

保、极地科考、极地旅游、东北亚经济走廊建设为支点;以沿线国家人文交流、互学互鉴,凝聚北极命运共同体共识;共建中国经日本海、北冰洋连接欧洲与北美地区的蓝色经济通道。

第三节 "冰上丝绸之路"建设的重大意义

"冰上丝绸之路"是我国"一带一路"倡议东北亚方向的新发展,是体现"一带一路"倡议核心宗旨的又一创新性国际合作模式,即以国际交通运输线路为依托,以推进欧亚经济发展为初衷,进而提出的国际合作与构建命运共同体的发展倡议。"冰上丝绸之路"使"一带一路"建设从亚欧大陆的南部到北部,从亚欧大陆的中心到边缘,从太平洋、印度洋发展到北冰洋的关键核心[1]。"冰上丝绸之路"的建设,对于我国的国际政治、经济建设、产业布局、区域发展及能源安全等诸多方面均具有重要意义。

一、"冰上丝绸之路"建设有利于中俄战略缓冲

"冰上丝绸之路"是"一带一路"倡议向东北亚的延伸,覆盖了东北亚地区以及整个亚欧大陆,是中俄经济发展以及突破美国及其盟国战略挤压的重要选择。世界霸权主义的典型代表——美国曾在《国家安全战略》和《国防战略》等报告中,将中俄两国视为最主要的竞争对手,从而制定了以印太地区为重点,集结美、日、澳、印四国同盟,从东、西、南三个方向限制中俄的战略[2]。在东北亚地区战略博弈中,美国的力量首屈一指,同时还有日本与韩国两个区域内国家作为盟友。中俄任何一方与美国及盟友对抗,压力是十分巨大的。中俄必须联手,才能实现博弈均衡。俄罗斯从自身国家利益出发构建对朝鲜半岛政策,但其全球战略安全视角、地区和平稳定、抵制美国全球反导系统的基本立场符合中国利益,更符合所有域内国家的利益,中俄在和平解决朝鲜半岛问题方面有合作。朝鲜半岛是俄罗斯通向亚太、影响其东部安全的战略要地,这决定了俄罗斯在这一领域的政策空间有全球性的战略特征。俄罗斯将朝鲜半岛问题视为俄美全球战略博弈的组成部分,防止因朝鲜半岛问题导致全球战略平衡的改变是俄罗斯朝鲜半岛政策的战略目标。在北极事务中,俄罗斯联合中国,借助中国的大国地位和强大的经济实力,有助于俄罗斯在北极地区机制建立中探索出有别于北欧的"中俄合作路径",使俄罗斯在未来北极地区机制制定的竞争中掌握主动权[3]。中俄东北亚联手是亚欧

---

[1] 李振福,陈卓,陈雪,等.北极航线开发与"冰上丝绸之路"建设:一个文献综述[J].中国海洋大学学报(社会科学版),2018(6):7-18.
[2] 薛桂芳."冰上丝绸之路"新战略及其实施路径[J].人民论坛·学术前沿,2018(21):62-67.
[3] 岳鹏.共建"冰上丝绸之路"中的俄方诉求及内在挑战分析[J].东北亚论坛,2020,29(2):32-44.

大陆的"稳定锚",能够保持东北亚战略博弈均衡,缓冲了以美国为首的西方国家对中俄两国的包围与挤压。

二、"冰上丝绸之路"将改写世界海运格局

"冰上丝绸之路"把东北亚的中国、俄罗斯、蒙古、朝鲜、韩国、日本与北美的美国、加拿大等连接起来,构成了全球的第七条经济走廊。从航运地理角度来看,以北极航道为基础的"冰上丝绸之路"是连接亚、美、欧三大洲的最短航线,相对于传统海运航线而言,可以缩短 5 000~6 000 km 的航程,至少可以缩短 9 天以上的海运时间。我国 90%以上的原油、铁矿石、粮食、集装箱等进出口贸易都是通过海运完成①,所以,"冰上丝绸之路"的建设与开拓对我国来说,不仅可以大幅度降低运输成本,而且可以解决欧洲市场的供应问题,给俄罗斯在欧洲地区的市场供应带来便利。"冰上丝绸之路"航距短、时间少、成本低的经济优势对中国的贸易格局也将产生重要影响。传统国际贸易理论认为,国际贸易产生的根本原因是比较优势的存在,直接体现在国际贸易产品的价格差异上,而海运成本又恰恰是影响产品相对价格优势的重要因素。北极航道开通商业运营使国际海洋运输出现了替代选择,全球航运、国际贸易和能源供应的现状及规则未来都可能因北极而改写。

三、"冰上丝绸之路"的建设对我国经济地理格局的演变具有重要影响

党的十九大以来,我国迈入了社会经济高速发展的新时代,实施区域协调发展已经成为我国区域经济发展的重要目标和工作要求。然而,我国区域间的发展差异仍然比较大且具有相对扩大的趋势,因此,我国经济地理空间格局仍存在着较大问题,区域的协调发展受到了一定的制约。我国经济增长速度较快的地区仍然主要集中在东部的部分省份,地区经济总量榜单前三名仍然是广东、江苏、山东,而多数西部和东北地区省份经济增长速度仍处于全国平均水平之下。从区位格局上看,尽管我国中部地区和西部地区省份也都具备一定的中俄蒙经济合作的地理优势,但是东北地区在中俄蒙经济合作中的优势更加明显。东北地区经济发展最大的短板在于开放不足。"冰上丝绸之路"的建设打开了东北地区对外开放的又一条全新的通道,对我国东北地区经济社会的发展以及打造东北地区经济增长极具有十分重要的作用。

四、"冰上丝绸之路"建设对我国产业的空间布局也会产生重要影响

改革开放以来,我国产业空间布局在很大程度上是以出口为导向的。由于东

---

① 宋德星.《国务院关于促进海运业健康发展的若干意见》解读[EB/OL].[2018-11-05]. http://www.gov.cn/xinwen/2014-09/03/content2744801.htm.

部沿海省份具备优良的国际贸易条件,因此产业布局多集聚在东部沿海地区。然而,"冰上丝绸之路"形成的海运成本及安全成本大幅下降,必然使得我国东北地区在国际贸易中的比较优势凸显,这就决定了我国传统的产业布局必然会重新调整。从空间布局上看,我国目前出口产业仍主要集中布局在我国东部地区。随着"冰上丝绸之路"的开通与建设,产业布局方向必然会进行重新调整,并以北向空间转移为主要特征,这很大程度上会形成我国区域协调发展新的有效布局和动力牵引。

五、"冰上丝绸之路"建设有利于保障我国的航运安全和能源供给

中国的能源安全和远洋航运安全始终面临着"马六甲之困",一旦马六甲海峡被封锁,将对中国航运安全和能源供给造成难以弥补的损失。实现能源安全与通道多样化,是中国发展亟待解决的问题。传统航线需要途经一些狭窄的海峡与运河,如苏伊士运河、霍尔木兹海峡、马六甲海峡、巴拿马运河等,面临恐怖主义,种族、宗教和文化问题,海盗袭击与遭遇封锁等多重风险。而"冰上丝绸之路"沿线国家比较单一,主要经过俄罗斯北部地区,非传统安全因素相对较少,航运安全指数上升。能源合作是中俄共建"冰上丝绸之路"的最重要方面之一。北极地区资源丰富,拥有全球开发总量30%的常规天然气和13%的石油资源。在北极地区的所有61个油田中,俄罗斯就占有43个。随着亚马尔液化天然气项目在俄罗斯境内的北极圈正式投产,中俄在北极共同合作开发的清洁能源也有了实质性的进展。减轻了我国资源和能源进口对传统途径的依赖。因此,中俄共建"冰上丝绸之路"对于我国的能源安全具有重要意义。

六、"冰上丝绸之路"建设有利于我国参与北极治理并发挥积极作用

北极是全球气候的冷源,北极环境与全球自然和社会系统相互支撑,由于北极独特的环境和地理状况,人类对北极的知识积累和规律认识还十分有限,需要全球合作。中国作为北极理事会正式观察员国,为北极治理的知识积累和制度完善作出了中国贡献。然而北极周边大国云集,各种利益矛盾交织,各国在诸如气候、环保等"低政治"领域的合作,不能自然地过渡到北极主权、经济利益、军事部署等"高政治"领域合作。北极八国以不同的方式宣示主权,主权的纷争会加剧北极地区不稳定态势。特别是美国在北极圈和远东地区部署的反导系统,破坏了战略平衡,对中俄产生负面影响。北极对于中国和俄罗斯国家安全的战略地位正在上升。北欧国家、美国、加拿大与俄罗斯因为历史原因和地缘政治因素长期以来缺乏政治互信,使俄罗斯在北极事务中常常处于孤立无援的地位,与其他北极七国直接合作,建立北极八国合作路径的难度较大,从目前来看,几乎不可能。中国与北欧国家一直保持着良好的合作关系,中国的斡旋与参与将有可能打破俄罗斯

北方海航道建设和北极地区开发的僵局,得到北欧国家的理解和支持,构建与北欧国家新的合作机制。中国作为近北极国家和北极利益攸关国希望通过和俄罗斯的合作为北极公共治理提供中国方案,在北极治理中发挥积极作用。中俄两国共建"冰上丝绸之路"为两国在北极地区合作提供了巨大的空间。"冰上丝绸之路"建设整合了中俄两国在国际战略中的共同利益,可以携手应对北极挑战,共同构建中俄、北极命运共同体,在北极治理中发挥重要作用。

第二章 "冰上丝绸之路"的商用价值

"冰上丝绸之路"是中俄两国合作的重要载体,凝结着中俄两国合作共赢的共同愿望,共建"冰上丝绸之路"正是中俄全面战略协作伙伴关系不断夯实的必然结果,随着"冰上丝绸之路"商用价值的凸显,它将成为推动中俄关系迈上新台阶的新动力。

第一节 "冰上丝绸之路"航线

北极航道问题是"冰上丝绸之路"建设的核心问题,气候变暖导致的北极航道将实现常态化运营是"冰上丝绸之路"的现实依托。"冰上丝绸之路"主要涉及北极三个航道,即东北航道、西北航道和中央航道。

一、北极东北航道

东北航道大部分航段位于俄罗斯北部沿海的北冰洋离岸海域。从北欧出发,向东穿过北冰洋巴伦支海、喀拉海、拉普捷夫海、东西伯利亚海和楚科奇海五大海域直到白令海峡。东北航道是一个区域概念,非固定航线,船舶穿越东北航道视冰情,在不同海域可选择不同航线。俄罗斯把东北航道称为"北方海航道"。北方海航道分别由传统(沿岸)航线、高纬度航线、中央航线和靠近极点四条航线组成,极点航线和高纬度航线大多数情况下被冰块阻挡,偶尔才能通航,中央航线和传统(沿岸)航线更适合通行,但二者有重合的地方。在东北航道上,连接五大海域的海峡多达 58 个,包括尤戈尔斯基沙尔海峡、喀拉海峡、马托奇金沙尔海峡、维利基茨基海峡、绍卡利斯基海峡、红军海峡、扬斯克海峡、德米特里·拉普捷夫海峡、桑尼科夫海峡和德朗海峡 10 个主要海峡。

从现实意义和利用价值上来看,东北航道和西北航道是承担北极航运的主要线路。中俄共建"冰上丝绸之路"主要是基于东北航道建设。在实践中,"东北航道"与"北方海航道"的概念经常交叉使用,俄罗斯更多地使用"北方海航道"这一概念。北方海航道位于俄罗斯地域管辖范围内,而且是东北航道的主要组成部分,占东北航道全程的 90%,俄罗斯对北方海航道能够进行完全控制。由于北方海航道问题是东北航道的核心问题,因此,我们讨论"冰上丝绸之路"东北航线主要讨论北方海航道。

俄罗斯北侧的大陆架海域的融化速度要明显快于西北航道和穿越北极点航

道,从冰情、交通便利性、开发基础和商用潜力等方面看,东北航道具备相对优势,是最有可能实现规模化通航的北极航道[1]。北方海航道是位于俄罗斯北部沿海的北冰洋离岸海域,西起喀拉海峡,东到白令海峡,长度约为 2 551 海里的航行区域。据俄罗斯《北方海航道海路航行规则》的定义,北方海航道是:"位于苏联内海、领海(领水)或者毗连俄罗斯北方沿海的专属经济区内的海运线,西段是新地岛海峡的西部入口或沿子午线北行绕过新地岛北端的热拉尼亚角,东到白令海峡的66°N 纬线与 168°58′37″W 经线交汇处。"[2]它是传统东北航道的一部分。北方航道连接西部巴伦支海和远东地区楚科奇海,途径摩尔曼斯克、迪克森、杜金卡、季克西、佩韦克和布罗伟杰尼亚等重要港口,被视为亚欧间独特的高纬度运输通道。

在冰封艰险的北极海域,经过漫长努力,俄罗斯逐渐探索出一条名为北方海航道的海上之路。北方海航道在俄罗斯历史上,从沙俄到二战以及往后的几十年,直到苏联解体以及俄罗斯联邦诞生都起着重要作用。早在彼得大帝时期,俄罗斯就曾对北方航道宣示主权,苏联时期继承了沙俄时期开发北极地区和北方航道方面的已有成果,在一定程度上延续了沙俄时期的开发政策,并且制定了统一管理的国家计划,在北方航道交通运输、科学研究和能源勘探等领域取得了重大突破。政府不但颁布了《苏联商业海运法》,规定外国航运需求必须经由苏联的相关机构通过船舶租赁的方式进行,还于 1918 年成立隶属于苏联人民贸易委员会的"北方航道委员会",作为北方航道相关航运的管理机构。此后,该机构历经数次重组和更名,于 1971 年正式命名为"苏联海运部北方航道管理局"。苏联解体后,俄罗斯继承了苏联时期"北方航道是北部地区以及西伯利亚的'生命运输线'和东西部地区相互连接发展的重要走廊"的定位,开始重塑北方航道战略运输走廊的地位。北方航线不论自然地理还是政治地理乃至国家战略对俄罗斯都具有十分重要的意义。俄罗斯要"发展统一的俄联邦北极交通运输网络,将其建设成为全年通航的国家海运干线,包括'北方海航道',及其子午线河运和铁路,以及航空网"[3]。普京在多个国内和国际场合强调了"北方海航道"交通网络建设的重要性和必要性,表示要将"这一航线建设成为最重要的具有全球意义和规模的贸易航线之一"。

北方海航道对于俄罗斯来说是"国家航线",是历史形成的交通干线。目前,俄罗斯国家机构"北方海航道管理局"负责组织北方海航道水域的船舶航行,保证北方海水域航行安全、防止水域污染。北方海航道不仅为俄罗斯国内交通运输业

---

[1] Joshua Ho. The Implications of Arctic Sea Ice Decline on Shipping[J]. Marine Policy, 2010, 34(3):713 – 715.

[2] 古尔巴诺娃·娜塔丽娅. 21 世纪冰上丝绸之路:中俄北极航道战略对接研究[J]. 东北亚经济研究, 2017(4):83 – 99.

[3] Стратегия развития. Арктической зоны Российской Федерации и обеспечения национальной безопасности на период до 2020 года[EB/OL]. (2016 – 06 – 15)[2019 – 11 – 16]. http://minec. Gov-murman. ru/files/Strategyazrf. pdf.

的发展起到积极作用,对跨境运输和过境运输业也具有重要意义。

2015年,俄罗斯批准了《北方海航道发展综合规划》。按照该规划,俄罗斯在15年内能够确保北方海航道航行安全性、北极地区的联邦主体供货稳定性、保护海洋环境有效的预防污染、提高过境运输可靠性以及为碳氢化合物从其开采之地(北极大陆架及大陆)提供稳定的后勤保障。在2025年前北方海航道的年运货量将提升至5 500万t,而到2030年,经过再次提升将达8 000万t。货物量的增长主要是靠资源运输及出口,包括:石油、液化天然气,以及煤炭、矿石和金属[1]。过境和跨境货物运输从亚太地区到欧洲及从欧洲到亚太地区预测在200万t(见表2-1)。

表2-1 2020—2025年北方海路货流预测[2]

单位:千吨

货流	保守估计		乐观估计	
	2020	2025	2020	2025
1. 西段	40 500	65 500	49 800	86 500
石油出口				
瓦兰杰伊岛终端	10 000	12 000	12 000	14 000
鄂毕湾和叶尼塞湾	1 500	2 500	3 000	4 000
"普里拉兹洛姆纳亚"和"梅金斯卡雅"专有平台	8 000	10 000	9 000	12 000
阿尔汉格尔斯克港和维季诺港	9 000	10 000	10 000	12 000
液化天然气出口				
捷里别尔卡港	7 000	20 000	7 000	30 000
阿尔汉格尔斯克港	3 000	8 000	5 000	10 000
向北运送	1 000	1 500	1 600	2 000
从杜金卡出口	1 000	1 500	2 200	2 500
2. 东段(拉普捷夫海、东西伯利亚海等)	750	11 000	6 400	16 800
液化天然气出口(哈拉萨韦伊—亚太地区)		10 000	5 000	15 000
其他货物出口	350	500	800	1 000
向北运送	400	500	600	800
3. 过境运输	200	300	400	600

---

[1] Комплексный проект развития Северного морского пути закрытдля общественности[EB/OL]. [2019-12-16]. https://www.hibiny.com/news/archive/104213/.

[2] 俄罗斯国际事务委员会. 北极地区:国际合作问题:第二卷[M]. 熊友奇,等译. 北京:世界知识出版社,2016:24.

2016年至2018年,据俄罗斯北方海航道管理局(NSRA)数据,在北极航道进行的船运旅程数量,由1 705次上升至2 022次,累计货物吨位(cargo tonnage)由747.9万t增至近2 018万t。俄罗斯、亚洲船运公司在北方海航道(NSR)进行的船运旅程数量呈上升势态。随着北极冰层的加速融化、科技和基建的进步,北极航道的使用或将更加频繁[①]。俄罗斯联邦海洋和河流运输局的数据显示,2017年,北方海航道的货运量增加近40%,达到970万t,这是有史以来最大的年度产量。预计到2022年,这一数字将增至4 000万t,石油和天然气田的开发,到2030年将达到7 000万至8 000万t[②]。

"北方海航道"的全线开通,将成为连接中国各海域及太平洋到俄罗斯西部边界的欧亚地区的重要纽带,对东北亚地区的产业分工和经济发展战略布局,对国际航运格局也将产生较大影响。

二、北极西北航道

西北航道大部分航段位于加拿大北极群岛水域,以白令海峡为起点,向东沿美国阿拉斯加北部离岸海域,穿过加拿大北极群岛,直到戴维斯海峡。这条航线在波弗特海进入加拿大北极群岛时,分成2条主要支线,一条穿过阿蒙森湾、多芬联合海峡、维多利亚海峡到兰开斯特海峡;一条穿过麦克卢尔海峡、梅尔维尔子爵海峡、巴罗海峡到兰开斯特海峡。西北航道是穿越加拿大北极群岛水域到达北美的航道。从通航环境来看,虽然西北航道在气候变暖的影响下出现了短暂的夏季无冰状态,但是如果从大西洋进入该航道,要在约50 000座高达90多米(300英尺),在格陵兰岛和巴芬岛之间向南漂浮的巨大冰山间穿行,航行极为艰险。另一方面,通往太平洋的出口也同样存在巨大风险,北极冰盖不断向阿拉斯加北部浅滩输送坚冰,将大批浮冰汇入阿拉斯加与西伯利亚间的白令海峡。

西北航道的商业化通航,将改变现有国际航运格局,并衍生出巨大经济效益。以上海至纽约为例,经巴拿马运河的传统航线航程约10 500海里,而经西北航道航程约8 600海里,可节省约7天航时。相较于经巴拿马运河连接东北亚和北美东岸的传统航线航程缩短约20%。西北航道也是欧亚两大洲之间的重要海上捷径。西北航道自然环境极端复杂,与东北航道相比,通航环境和通航时间具有更大的不确定性。同时,西北航道海域通航争端日益升温,加拿大为了占有西北航道通航主权多次在北极地区进行军事演习,而美国和一些欧洲国家认为,西北航道应当是国际共用航道,不应被任何一个国家独占。由于各方利益集团的牵绊,

---

① 谁会在未来主导北极的开发[EB/OL]. [2020-02-20]. https://www.sohu.com/a/317351172_354194.

② 北极冰川融化,船舶航行风险暗涌[EB/OL]. (2018-08-31)[2020-01-12]. http://news.csi.com.cn/4691e97f-2bb0-429f-9cee-1148ed59275d.html.

加拿大北极地区的利益竞争越来越激烈,权力意识和扩张趋势明显,再加上美国对中国"一带一路"倡议持不支持甚至拒绝阻碍的态度,西北航道的商业化运行将会大大迟滞,因此,在本书中不予讨论。

三、北极中央航道

北极航道理论上还有一条穿越北极点航线,即中央航道,也称穿极航道。这条航线从白令海峡出发,不走俄罗斯或北美沿岸,直接穿过北冰洋中心区域到达格陵兰海或挪威海。穿极航线最理想,它航程短、地缘政治问题少。由于北冰洋中心区域被多年累积的海冰所覆盖,海冰最为密集和厚实。现阶段,这条航道主要应用于北极科学考察和环境治理,并不是贸易航道。随着气候变暖,积冰融化到一定程度,配备良好的冰级商船可以全年通过这条穿极航道。未来,如果俄罗斯和加拿大对北方海航道和西北航道严格控制而影响了其他国家商船航行,相关国家也不得不加大力度研究中央航道的利用。这条航线预计将是最后开通的和被利用的。

第二节 中国商船的航行探索

北极变暖,加大了北极东北航道的商业发展机会,国际社会及航运业都予以关注。我国作为近北极国家,也十分关注北极气候的变化以及气候变化所带来的经济发展机会。逐步开启了北极航线的通航和商业运行探索。

一、通航探索阶段

东北亚丝绸之路古而有之,可以追溯至汉初,当时,珲春经日本海有多条主要以贡赏丝绸贸易为主的商业交通路线,故被称为"东北亚丝绸之路"。唐代渤海国时期"日本道"就是通往日本的贸易"海上丝绸之路",最常用的一条通道就是从毛阔崴出波谢特湾,向东南渡日本海,最终到达日本的越前、能登、福井、石川等地[①]。到了近代,即使在中国闭关锁国时期,珲春与朝鲜、日本的贸易往来从来也没有间断过。18世纪初开始,珲春地区成为中、日、朝、俄贸易交通的中枢,19世纪初,中、俄、日、朝四方的贸易在珲春达到鼎盛,随后开辟了日本海航线,又开辟了珲春至上海的江海联运航线。沿日本海向北开通丝绸之路抵达欧洲成为中国人的梦想,然而在北极极端恶劣的自然条件以及科学技术不发达的条件下,只能望北冰洋兴叹。随着北极冰川融化,打通穿越北极的商路可能成为现实。

自1925年加入《斯匹次卑尔根群岛条约》以来,中国关于北极的探索从来没

---

① 郭文君.关于将图们江区域合作开发纳入"一带一路"的战略思考[J].东疆学刊,2016,33(2):85-93.

有停止,但是由于纷繁复杂的国际国内环境以及各种条件的限制,取得的进展不大。新中国成立以后,特别是 1990 年以后,中国关于北极的探索不断深入,实践不断增加,活动不断扩展,合作不断深化。为了探索北极,实现通航造福人类的梦想,中国科技工作者更是做好了开发北极的科技准备,1995 年加入国际北极科学委员会,成为第 15 个成员国,承担了若干个国际合作项目。2002 年建立了第一个北极科学考察站——黄河站,从 1999 年至今已经完成了 7 次北极科学考察。在考察过程中,与其他国家的科技工作者进行了友好的合作,实现了考察资源共享。比如:中俄两国科技工作者联合对俄罗斯所属的楚科奇海区和东西伯利亚海等东北航道沿岸海区开展多学科综合考察,掌握了大量的海洋学、生物学、气象学、冰川学等相关资料,为商业运行提供科学支撑。

2012 年以来,俄罗斯政府相继出台了一系列的政策和法律,在基础设施建设、水道测量、航道安全、管理以及所有配套服务等方面不断完善。吸引外国商船利用北方海航道进行过境运输。2009 年夏季,两艘德国商船实现了从韩国釜山港经过北极东北航道到达荷兰的航行,这是商船首次穿越东北航道。2010 年夏季,俄罗斯"Monchegorsk"号运输船首次在没有破冰船的引领下,实现了从俄罗斯摩尔曼斯克港经东北航道到我国上海港的矿石输运。这说明了北极东北航线在具备一定条件下是可以实现商业通航的,从中国出发开通北极航线到达欧洲完全可以实现。

2012 年 8 月,中国极地科考船"雪龙"号首次成功穿越东北航道,开启了对北极东北航道进行探索之旅,积累了与该航道水域相关的气象、水文和海冰等资料,为我国商业利用北极航道提供了前期有益探索。

二、商业化运营探索阶段

2012 年 10 月党的十八大召开,提出了海洋强国战略。开发利用海洋已成为"蓝色革命"的重要标志。中国海运集团以国家海洋强国战略为指引,谋篇布局航运业的大发展,积极谋划北极东北航线的商业运行。

2012 年 10 月 17 日,原中远集团"海豹项目"启动会在北京举行,会议对北极航行可行性进行了深入研究,确定由中远航运负责启动该项目并由冰级船"永盛"轮执行首航任务。中远航运承接任务后,开始进行前期准备工作。收集资料信息,编写航行手册,完善规章制度和操作流程,组织船员培训,开展营销揽货,为首航北极做好充分准备。

2013 年 8 月 8 日,中远集团"永盛"轮北极东北航道首航仪式在大连港隆重举行。执行首航任务的"永盛"轮为多用途船,总载重量 19 461 t,船长 155.95 m,船宽 23.70 m,设计船速 14 节。该轮 8 月 15 日在江苏太仓加载大件货后离港,8 月 27 日,"永盛"轮成功通过白令海峡,9 月 2 日穿过重冰区,9 月 5 日抵达挪威北角附近,历经27天7931海里的航行,于北京时间9月10日顺利靠泊荷兰鹿特丹港,成为第一艘成功经由北极东北航道到达欧洲的中国商船。这是中国商船在北极的"处女航"。

表2-2　中远海运特运完成东北航道航次任务表[①]（2013—2018年）

年份	序号	船舶/航线	出发港/开航时间	目的港/抵港时间
2013	1	永盛/远东—欧洲	太仓/20130815	荷兰鹿特丹/20130910
2015	2	永盛/远东—北欧	江阴/20150722	瑞典瓦尔贝里/20150817
	3	永盛/欧洲—远东	德国汉堡/20150904	韩国釜山/20150928
2016	4	永盛/远东—欧洲	天津/20160716	英国格拉斯哥/20160813
	5	夏之远6/远东—北欧	天津/20160727	俄罗斯萨贝塔/20160824
	6	天禧/北欧—远东	芬兰科特卡/20160805	青岛/20160903
	7	祥和口/北欧—远东	俄罗斯萨贝塔/20160823	青岛/20160917
	8	祥云口/远东—北欧	青岛/20160829	俄罗斯萨贝塔/20160921
	9	永盛/欧洲—远东	英国希尔内斯/20160908	大连/20161003
2017	10	莲花松/远东—北欧	连云港/20170801	丹麦埃斯比约/20170831
	11	大安/远东—欧洲	天津/20170822	德国库克斯港/20170914
	12	天乐/北欧—远东	挪威北峡湾/20170902	日本占小牧/20170920
	13	天健/远东—北欧	连云港/20170831	丹麦埃斯比约/20170924
	14	天福/北欧—远东	丹麦格雷诺/20170905	上海/20170929
2018	15	天惠/欧洲—远东	德国埃姆登/20180705	日本占小牧/20180811
	16	天佑/远东—北欧	大丰港/20180718	瑞典海纳桑德/20180830
	17	天健/北欧—远东	芬兰赫尔辛基/20180727	青岛/20180831
	18	天恩/远东—欧洲	连云港/20180804	法国鲁昂/20180905
	19	天祺/北欧—远东	芬兰赫尔辛基/20180817	青岛/20180918
	20	天禄/远东—欧洲	越南富美/20180831	英国HULL/20181001
	21	天惠/远东—北欧	连云港/20180920	瑞典奥斯卡/20181015
	22	天佑/北欧—远东	芬兰赫尔辛基/20180922	广州/20181024

① 共建"冰上丝绸之路"|中国商船开辟极地航线实践与展望[EB/OL].[2020-03-06].https://chuansongme.com/n/2735676852028.

2014年9月18日由中国交通运输部海事局组织编撰的《北极航行指南(东北航道)》一书正式出版发行。将为计划在北极东北航道航行的船舶提供海图、航线、海冰、气象等全方位航海保障服务①。

2015年,"永盛"轮再次驶向北极,并执行了北极东北航道往返运营两个航次,取得圆满成功。在"永盛"轮回程中,首次尝试在无引航、无破冰船协助的情况下,全程独立航行,为商业化运营积累了宝贵经验。

在总结2013年和2015年北极航行经验的基础上,2016年,中远海运特运派出多艘次船舶,实施"永盛+"项目,随后于2017年和2018年继续实现了北极航线常态化运营。同时,参与运营的船舶从冰级船"永盛"轮扩展至非冰级船,从多用途船扩展至半潜船和重吊船。其中,2016年完成6个航次,2017年完成5个航次,2018年完成8个航次,2019年完成9个航次。至此,自2013年以来,中远海运特运先后共组织18艘船舶完成了31个航次北极东北航道航次任务。为我国商船的北极航行积累了丰富经验,逐步推动北极航道开发、常态化运营,提供了数据支持,积累了丰富经验。按照中远海运规划,今后将继续探索和扩大中国商船项目化、常态化航行北极的规模,为"冰上丝绸之路"倡议提供更多的支撑。

在成功实现北极航道常态化运营的基础上,中远海运特运根据北欧货源需求,专门在上海船厂订造了"天恩"轮、"天惠"轮、"天佑"轮等3艘3.6万t冰级多用途船,于2017年至2018年先后接船并投入运营。至此,包括"北极航运先锋""永盛"轮在内,中远海运特运1A冰级多用途船达到4艘。中远海运特运北极航线开发和运营的实力进一步增强。

第三节 "冰上丝绸之路"比较优势

中国是全球贸易体系中最重要的国家之一,外贸货品中90%以上经由海运实现,商船运输已成为我国对外贸易的生命线。欧盟是中国第一大贸易伙伴和第一大进口市场,中国是欧盟第一大进口市场、第二大贸易伙伴,对欧洲出口约占中国出口总额的22%。北极东北航道是连接北欧、东欧及西欧与东亚的最短航道,远东和欧洲航线上的船舶大多挂靠中国港口。利用东北航道可以节约大量的运费成本、时间成本和安全成本。对于中国及沿线国家具有不可估量的经济价值及商业价值。

一、经济成本优势

通常情况下海运成本包括航程时间、燃料费、租船费、船舶日常维护保养费、

---

① 《北极航行指南(东北航道)》出版发行[EB/OL]. (2014-09-18)[2020-03-06]. http://www.gov.cn/xinwen/2014-09/18/content_2752215.htm.

港口费用、船员成本、船舶折旧费用、保险费用、海盗滋扰所需的保险费和航路堵塞的滞期费等。北极航行需增加特殊标准船舶建造费用、破冰服务费、海冰冰情监测预报费用等花费,但无需支付因海盗滋扰所需的保险费和航路堵塞的滞期费等。

传统中欧航线经由印度洋和大西洋前往欧洲的航线,其中两条主要航线为苏伊士航线和好望角航线。

经过苏伊士运河的中欧航线具体走向为:从中国沿海港口出发,向南经过马六甲海峡到达印度洋水域,进入红海,经苏伊士运河和地中海,通过直布罗陀海峡进入大西洋,北行到达西北欧[①]。目前,苏伊士航线是中欧贸易最重要的一条航线。

经过好望角的中欧航线具体为:从中国出发,经过马六甲海峡到达印度洋,南下经莫桑比克海峡,绕过好望角(开普敦)进入大西洋,北行到达西欧[②]。由于苏伊士运河受到船舶吨位(20 万 t 以下)的限制,因此超大型船舶需选择好望角航线。

从航程距离和航行时间看,中国商船开辟北极航线可大幅缩短我国沿海诸港到欧洲各港的航行里程。上海以北港口到欧洲西部、北海等港口具有的航程优势可达 11%~30%。从燃油使用看,传统中欧航线燃油成本就占海运成本的 50%以上,东北航道单航程的燃油成本比传统航道要节约 22.7%[③]。由于避免了苏伊士运河航路拥堵导致的船舶等候,燃料费用可进一步降低。

表 2-3 我国各港至德国汉堡港不同航线运距对比[④]

港口	传统航线行距/n mile	东北航道	
		行距/n mile	距离缩短比例/%
天津	11 296	8 439	25.29
大连	11 148	8 290	25.64
青岛	10 986	8 239	25.00
上海	10 729	7 941	25.99
宁波	10 579	8 031	24.09
厦门	10 193	8 359	17.99

---

① 王杰,范文博.基于中欧航线的北极航道经济性分析[J].太平洋学报,2011(4):72-77.
② 宋德星.《国务院关于促进海运业健康发展的若干意见》解读[EB/OL]. (2014-09-03)[2018-11-05]. http://www.gov.cn/xinwen/2014-09/03/content2744801.htm.
③ 冯远,寿建敏.北极东北航道集装箱船型论证[J].特区经济,2014(3):79-80.
④ 关雷,闫冰,王诺.中欧北极航线的时空格局及适航船舶[J].中国航海,2018,41(2):124-129.

表 2-4　传统航线与北极航线航行用时对比①

港口	传统航线			东北航道		西北航道	
	平均挂靠港口数/个	停靠天数/d	每航次用时/d	每航次用时/d	时间减少比例/%	每航次用时/d	时间减少比例/%
天津	7	13	38	23.19	38.97	26.00	31.58
大连	6	11	37	22.84	38.27	25.65	30.67
青岛	5	10	35	22.73	35.06	25.54	27.03
上海	4	9	33	22.04	33.21	24.85	24.70
宁波	3	8	32	22.24	30.50	25.05	21.72
厦门	4	7	31	23.00	25.81	25.81	16.74

从航运安全的角度看,传统航线因海盗出没或政局动荡等不安全因素而导致保险费增加,占船总价值的 0.125% 至 0.2%。而北极航道商业通航不受海盗的滋扰,不需投保海盗险②。

从航行时间缩短的角度来看,运行管理成本和船员的薪酬就会降低。按照航速 24 节计算,可以节省航期 2.5~12 天,按航速 20 节计算,则可以节省航期 3~14.5 天,如果算上巴拿马运河和苏伊士运河出入口的排队时间,则节省航期更多,人员薪酬和运行管理航次相关成本降低 1.6%~2.7%③。

2020 年中国对外贸易总额将达到 5.3 万亿美元,其中海运运费约为 5 300 亿美元,若通过北极航线则可节省 614 亿~1 468 亿美元④。如果北极航线完全打开,用北极航线替代传统航线,中国每年可节省 533 亿~1 274 亿美元的国际贸易海运成本。

据统计,中远海运特运 2013—2018 年的 22 个北极航次总共节省航行里程 93 350 海里,节约航次时间 7 332 h,减少燃油消耗 8 948 t,减少排放二氧化碳 27 833 t,取得了良好的社会和经营效益,为客户提供了更多更好的选择⑤。2015 年,辽宁

---

① Стратегия развития. Арктической зоны Российской Федерации и обеспечения национальной безопасности напериод до 2020 года[EB/OL]. (2016-06-15)[2019-11-16]. http://minec.Gov-murman.ru/files/Strategyazrf.pdf.
② 王杰,范文博.基于中欧航线的北极航道经济性分析[J].太平洋学报,2011(4):72-77.
③ 张侠,屠景芳,郭培清,等.北极航线的海运经济潜力评估及其对我国经济发展的战略意义[J].中国软科学,2009(S2):86-93.
④ 北极航线对我国"海运强国"的战略价值[EB/OL]. (2017-08-08)[2019-03-14]. https://www.sohu.com/a/163169869_784079.
⑤ 中远海运特运开启 2019 北极航行:夏天的北极,我们再一次如约而至[EB/OL]. [2020-02-18]. https://www.sohu.com/a/328185964_120058948.

提出加快构建"辽满欧""辽蒙欧""辽海欧"三条综合交通大通道。其中,"辽海欧"则是辽宁省与中远集团合作开通经过北极东北航道的线路,由大连港经白令海峡至挪威北角附近,再前往欧洲各港口,航程由传统航线的1.3万海里缩短至8 000海里,运输成本节约30%左右[①]。

近年来,俄罗斯政府努力完善北方海航道航行的政策法律,废除了破冰船强制引航以及僵化的高额服务费规定;北极国家还建立起区域合作机制实行北冰洋海域的搜救合作和联合油污预防与反应机制。中俄、中欧经由北极东北航道的商船呈现逐年增多趋势。据俄罗斯北极物流中心数据显示,2016年经由东北航道航行的船舶共297艘,同比增长35%。俄罗斯运输部甚至预测称,到2030年,亚洲至欧洲的货运25%都将取道东北航道。可以预测,随着北极东北航线基础设施的不断完善以及沿岸国不断改善航行服务的背景下,我国企业开辟北极航线运输通道,开展与欧美经贸往来的成本优势将日益凸显。

二、能源通道优势

当前中国的高速发展依赖于能源和资源的全球性供应,如果北极能源和资源能够顺利开发,北极将成为未来中国重要的能源和资源基地。中国能源安全问题的实质是能源储备和供应结构与能源消费结构不完全匹配,并且矛盾仍在不断加深。我国是石油进口依赖度极高的国家,2018年中国石油进口量为4.4亿t,同比增长11%,石油对外依存度升至69.8%;天然气进口量1 254亿m^3,同比增长31.7%,对外依存度升至45.3%。中国从1993年起,从一个石油净出口国变成了净进口国后,石油对外依存度持续上升[②]。

目前中国石油进口主要来源于俄罗斯、安哥拉、沙特、伊拉克、阿曼和伊朗等国家。从来源国地理分布来看,主要集中在北非、中东和亚太地区。从进口量来看,中国进口主要来源集中在中东地区。中国油气进口通道较为集中,大部分海上运输航线都需经过马六甲海峡。主要有四条航线:第一条为中东航线,由中东经过霍尔木兹海峡和马六甲海峡,承担了近一半的中国石油进口运输量。第二条为非洲航线,从非洲经马六甲海峡至中国沿海港口。第三条拉丁美洲航线和第四条东南亚航线,都经马六甲海峡到中国沿海港口。这样,中国石油70%~80%进口量需要经过霍尔木兹海峡和马六甲海峡。而问题的关键是美国已经完全控制了霍尔木兹海峡和马六甲海峡。2014年美国还公开宣称要控制全球16个重要海上咽喉,保障其对关键区域和重要战略资源的掌握。目前美国在全球140多个

---

① 戴春晨,许尧伊.中俄共建"冰上丝绸之路"进阶,北极航道或开辟港口贸易新格局[N].21世纪经济报道,2017-07-05(1).
② 中国能源安全面临三大挑战——中国石油新闻中心[EB/OL].(2019-10-28)[2020-01-11]. http://news.cnpc.com.cn/system/2019/10/28/001749369.shtml.

国家和地区共保有374个军事基地,驻扎着30多万的军事人员,利用这些资源,美国基本能确保对大西洋、印度洋和太平洋周边所有枢纽性海域和海上通道的战略控制[1]。一旦发生战事或被经济封锁,中国海上能源通道很容易受到控制。另外,非传统安全因素对航运安全也构成了极大的威胁。传统航线途经的部分地区包含的种族、宗教和文化等问题极其复杂,恐怖主义、极端事件频频发生,海盗猖獗,不稳定困难极多,对航运安全是很大的威胁。海上运输风险也较大。因此,传统的石油运输通道是当前中国能源安全的重大挑战。

北极航线将为我国提供安全稳定的能源通道。北极大陆架资源开发方兴未艾。资源开发可以为我国开辟新的海外能源基地。2008年,据美国地质勘探局报告,世界未开发天然气的30%以及未开发石油的13%可能蕴藏在北极圈以北的区域,且大部分在不足500 m水深的近岸。其中天然气的储量是原油的3倍多,并主要集中在俄罗斯[2]。此外,北极地区还拥有大量的铁、锰、金、镍、铜等矿产资源以及丰富的渔业资源等,该地区潜在的资源储量和资源的开发利用前景,进一步提升了北极地区在各国能源政治中的战略地位[3]。北冰洋沿岸国家纷纷将北极能源资源开发纳入战略规划,努力开展与我国油气资源开发合作。除管道输送之外,北极东北航道沿线国家比较单一,主要经过俄罗斯北部地区,不稳定因素相对减少。同时,北极圈的特殊地理环境,一定程度上也可以免遭海盗的侵袭,提升航行安全程度。北极航线为海上油气资源的运输提供了一条安全的海上通道,是北极资源开发利用的重要保障。

2017年12月8日,中俄能源合作重大项目——亚马尔液化天然气项目正式投产。该项目集天然气勘探开采、液化、运输、销售于一体,将产生巨大的引致性需求,是中国提出"一带一路"倡议后实施的首个海外特大型项目。作为中俄在北极圈合作的首个全产业链合作项目,亚马尔项目成为"冰上丝绸之路"的重要支点。不仅将带动俄罗斯能源产业和边疆地区的发展,还能够丰富我国清洁能源供应,加快推进我国能源结构的优化。亚马尔液化天然气项目作业区已探明天然气储量1.3万亿m^3,其中富含的凝析油储量约6 018万t。项目共将开采天然气井208口,分布于19个开采区。2019年,三条液化天然气生产线全部建成,项目每年可生产1 650万t液化天然气,以及100万t凝析油,大部分产量将供往亚太地区。

---

① 唐雯,刘强. 美国海外驻军情况[EB/OL]. (2019 - 12 - 02)[2020 - 02 - 16]. http://news.xinhuanet.com/ziliao/2009 - 12/02/con-tent_12574427.htm.

② United States Geological Society. Circum-arctic resource appraisal: Estimates of undiscovered oil and gas North of the arctic circle[EB/OL]. [2012 - 02 - 10]. http://pubs.usgs.gov/fs/2008/3049/fs2008_3049.pdf.

③ 孙凯,刘腾. 北极航运治理与中国的参与路径研究[J]. 中国海洋大学学报(社会科学版),2015(1):1 - 6.

三、东北亚海洋经济一体化优势

北极航线东北航道开通促使东北亚国家形成利益共同体,进而影响区域乃至全球经济贸易的国际化分工,影响各国产业布局的调整。

21世纪是海洋的世纪,海洋担负着承载国际贸易、保障航行安全、支持科技创新、支撑可持续经济增长、提供生态服务等重要角色,在人类社会实现可持续发展的道路上发挥着更为关键的作用。当前东北亚区域海洋生态环境恶化严重,一方面,由于工业生产的污染物排放和石油泄漏等,东北亚地区的海洋污染已呈逐渐加重的趋势。东北亚海域的污染物主要包括碳氢化合物、重金属、工农业生产中的化学物质以及垃圾废物等,其中入海河流携带的陆地污染物占海洋污染物的80%以上。另一方面,海洋生物多样性退化严重,部分区域渔业资源衰竭。海洋生态环境恶化不利于东北亚各国的可持续发展,而现有的以《联合国海洋公约》为主体的治理框架不能满足当前的海洋治理需求,必须构建新型蓝色伙伴关系,共同开展海洋治理与开展海洋经济合作。例如:美国的贸易保护措施直接冲击中国、日本和韩国的进出口贸易。三国的进出口都出现下降的趋势。在此背景下,三方合作有利于抱团取暖。三国在经济和产业发展方面各有优势,产业互补性强。通过构建中日韩自由贸易区,将促进三国产业链的深度融合,消除或降低贸易和投资壁垒,扩大市场规模,进一步促进区域内各类资源的合理配置,提高生产效率和竞争力,最终实现共同繁荣。中日韩三国分别是世界第二、第三和第十一大经济体,GDP合计占全球的20%以上,占亚洲的70%以上。三国携手推进中日韩FTA(自贸协定)、RCEP(区域全面经济伙伴关系协定)等本地区重要的一体化进程,是三国坚定支持自由贸易、反对保护主义、维护开放型世界经济的重要路径。三国的经贸关系,为进一步的海洋经济合作奠定了基础。

中国提出的"冰上丝绸之路"倡议为东北亚区域共同市场提供了新的引擎。东北亚各国纷纷提出发展战略与之相衔接。俄罗斯提出了"欧亚经济联盟"及"远东发展战略"、日本提出了"合作开发第三方市场"、韩国提出了"新北方政策"及"韩半岛新经济构想"、蒙古国提出了"草原发展之路"战略、朝鲜提出了"经济发展政策"。东北亚各国可以加速经济融合,积极培育和促进东北亚区域内部市场的发展。面对世界经济发展动力不足,一个来自内部驱动的东北亚区域市场将成为东北亚经济增长的新引擎,为世界经济增长注入新的活力。

北极航道开通将直接影响我国沿海地区的经济发展布局。我国东北地区面向西太平洋,从地理位置上具备发展海洋经济的基础条件,而黑龙江省和吉林省作为内陆地区,其外向型经济发展受到制约。由于俄罗斯远东发展战略与我国振兴东北老工业基地战略高度契合,我国与俄罗斯合作开发利用日本海、拓展北极航道和发展海洋经济成为可能。因此,我国应充分考虑与俄罗斯海洋领域合作的现实进展和长期规划,建立东北地区发展海洋经济的协调机制,从整体上调整和优化东北地区海洋产业结构和空间布局;辽宁省、吉林省和黑龙江省应加强地方政府之间的合作,建立海洋经济发展协作机制,推动海洋经济一体化的进程。

  北极航道的开通以及北极航运商业化运营的发展,将进一步加强中国东部沿海地区的经济优势地位,促进中国北方港口经济和外贸发展,进一步刺激中国内地货源地的布局改革和规划更新,从而为内陆经济的发展带来机遇。

第三章 "冰上丝绸之路"前景、风险、挑战

中俄共建"冰上丝绸之路"不断深入,给中俄两国及沿线国家都带来了巨大的机遇,前景广阔。但是,由于"冰上丝绸之路"建设涉及中俄两国之间不同的利益关切,再加上两国政府在行事风格上以及事物认知上的差异,难免会出现各种纷争和问题,甚至会出现不可调和的矛盾,会引发各类风险。因此,我们要正视这些风险,展现中国智慧,积极应对挑战。

第一节 "冰上丝绸之路"前景

冰上丝绸之路建设对实现跨北极区域经济合作产生积极影响,尤其是广阔的市场空间、资源开发利用前景以及航运安全保障等,将进一步激发更多国家共建"冰上丝绸之路"。

一、市场空间广阔

"冰上丝绸之路"建设有助于拓宽中国能源的开发及销售市场,深化中国对外贸易合作。把天然气发展成为我国的主体能源之一,是天然气产业发展目标。2018 年我国天然气占一次能源消费比例只有 7.8%,2020 年将达到 10%,远低于全球平均的 23.4%,说明天然气在我国仍然有很大的发展空间。2020 年天然气需求有望超过 3 500 亿 m^3。中国天然气对外依存度从 2008 年的 1%,到 2018 年超过 40%,天然气供需依然是紧平衡的状态。北极地区拥有全球开发总量 30% 常规天然气(47 万亿 m^3)和 13% 的石油(900 亿桶)资源。在北极的 61 个油田中俄罗斯占有 43 个。中俄在北极清洁能源开发合作中已经取得一定的成效。2018 年,全球各国液化天然气(LNG)进口增量约为 2 700 万 t,其中,中国净进口增量约为 1 600 万 t,占全球增量的 59.26%,居世界第一[①]。预计我国 LNG 进口量将在 2020 年增至 7 400 万 t,并有望在 2025 年达到 9 400 万 t。中俄双方的能源市场合作空间巨大。

中俄亚马尔液化天然气项目更是加深了中俄双方产能合作,为中国基础设施及相关项目的出口提供了更为广阔的市场。NOVATEK 是俄罗斯最大的 LNG

---

① 参见:荷兰皇家壳牌集团(Shell Group)发布的《LNG 前景报告 2019》。

生产商，该公司计划到2030年控制全球十分之一的市场，并将俄罗斯定位为与美国、卡塔尔和澳大利亚并列的全球最大出口国之一。NOVATEK在俄罗斯北极北部运营亚马尔液化天然气（Yamal LNG）项目，自2017年12月投产以来，Yamal LNG项目已经生产了1 100万t LNG。另外，NOVATEK的北极液化天然气（LNG）项目还有Arctic LNG2项目，计划2023年投产，年产能将达到1 980万t。俄罗斯深刻认识到，亚洲市场是关键的LNG消费区域，其对Yamal LNG项目的重要性不言而喻。因而，俄罗斯需要通过能源项目吸引中国和亚洲投资者，换取资金和设备，并且锁定出口市场。

中国已经参与北极亚马尔液化天然气项目，占有20%的股份。亚马尔生产基地共有三个工厂，每个工厂年产550万t液化天然气，总生产能力预计达到1 650万t，成为北极地区最大的液化天然气生产基地。亚马尔工厂将每年供应中国300万t液化天然气，剩余的液化天然气供应亚太地区的其他国家。

近年来，俄罗斯在北极地区的投资占政府总投资额的10%以上，北极地区的经济意义愈加重要。为发展北极，俄罗斯远东发展部的职能得到了扩展，增加了与北极相关职能。

俄罗斯推动创新经济，极力改变产业结构，加紧改善出口贸易结构，主要依赖出口能源换取外汇来解决。而我国当前由于节能环保对清洁能源的大量而急迫的需求，也使中俄在能源大项目合作上具有极强的互补性。因此，中国在帮助俄罗斯解决当前面临的经济结构性问题、资金短缺问题、技术落后问题、人力不足问题等方面，有着很强的实力、能力和潜力。2018年中俄经贸额突破1 000亿美元，达到1 070.6亿美元。预计2020年将达到2 000亿美元。据俄方统计，远东地区与中国的贸易额已达70%，贝加尔和阿穆尔州、犹太自治州更是高达93%~97%。

2015年中俄签署《关于丝绸之路经济带建设和欧亚经济联盟建设对接合作的联合声明》以来，两国携手共建"一带一路"换挡提速，互联互通合作日趋密切。在硬联通方面，两国首座跨境铁路桥、跨境公路桥、"滨海1号""滨海2号"国际交通走廊、中蒙俄经济走廊等交通基础设施项目稳步推进。中俄多座城市之间开通直飞航班，中国三大电信运营商均进入俄市场拓展业务。在软联通方面，两国就贸易、投资和经济合作的各种制度安排开展对接和相互适应，并制定了相关的统一规则和制度安排。中俄共建"一带一路"风生水起，成果丰硕[1]。根据俄方的统计，2018年，中国与俄远东联邦区贸易额达97亿美元，同比增长27.6%，占联邦区外贸总额的28.4%，中国连续三年保持远东第一大贸易伙伴的地位。2019年

---

[1] 徐惠喜. 推动新时代中俄关系实现更大发展[N/OL]. 经济日报,（2019-06-05）[2020-02-29]. http://paper.ce.cn/jjrb/html/2019-06/05/content_392891.htm.

1~6月,中国与俄罗斯远东联邦区贸易额达到48.8亿美元,同比增长21%[①]。据俄罗斯联邦海关局的数据显示,2019年俄罗斯与中国的双边贸易额同比增长2.5%,达到1 109.19亿美元[②]。

随着北极商船的常态化运行,极地旅游也将呈现快速增长,北极圈旅游市场也将日趋活跃。据《中国人极地旅游报告》显示,2017年北极线路收客在10 000人以上,同比增长160%。欧洲芬兰、挪威、冰岛这些国家每年接待的中国游客数量增长在50%~100%。北极旅游将成为中国游客重要的目的地,旅游人数将爆发式增长。未来,北极邮轮游、生态游、探险游、极光游将有很好的开发前景,沿线各国可以共同设计旅游线路,开发旅游产品。

中国与北欧国家的进出口贸易日渐增长,拓宽了中国对外贸易合作市场,为推进冰上丝绸之路建设打下了坚实基础。数据显示:中国对丹麦承包工程完成营业额2017年为495万美元,是2016年的3.95倍;中国对芬兰承包工程完成营业额2017年为1 676万美元,是2016年的3.69倍;中国对挪威承包工程完成营业额2017年为20 666万美元,是2016年的2.56倍。这些无不表明北极区域合作的市场空间广阔,对于深化双边和多边贸易作用巨大。

二、资源开发利用前景广阔

北极能源蕴藏量巨大。俄罗斯目前共有11 927个矿产地在远东;俄罗斯的石油天然气储量的20%、煤矿的30%、钼矿的90%和木材的25%全部都在远东地区。这些资源的总价值超过25万亿美元。

据美国地质调查局评估,北极蕴藏着世界上13%的未被发现的常规石油资源和约30%的常规天然气资源。北极预计有 $22\times10^{12} \sim 85\times10^{12}$ m³ 常规天然气和 53.43×10^{8} t 液态天然气,南喀拉海(俄罗斯境内)是主要的天然气蕴藏地。在能量等效的基础上,北极约有 $6.028\times10^{8} \sim 215.09\times10^{8}$ t 潜在石油。北极地区的资源主要是天然气和天然气凝液,而且北极靠近亚洲的一侧拥有的资源比例最高。美国联邦地质调查局估计,这些在北极圈以内未被发现的、技术上可采的常规石油、天然气和天然气凝液资源的蕴藏量可能为4 120亿桶油当量。其中的87%(3 600亿桶油当量)主要分布在七个北极盆地:

(1) 美亚盆地(Amerasia Basin)。美亚盆地原油、天然气及液态天然气储量197.5亿桶油当量,其中,原油97.2亿桶、天然气56.89万亿 m³、液态天然气5.4亿桶。

---

① 商务部:前7月中国对俄罗斯全行业直接投资同比增13%[EB/OL]. (2019-09-12)[2020-02-20]. https://www.dzwww.com/xinwen/guoneixinwen/201909/t20190912_19170977.htm.

② 2019年中俄双边贸易额增长2.5%达1 109亿美元[EB/OL]. [2020-03-12]. http://chinaru.info/zhongejmyw/zhongemaoyi/59625.shtml.

(2) 北极阿拉斯加盆地(Arctic Alaska Basin)。北极阿拉斯加盆地的原油、天然气和液态天然气总量 727.7 亿桶油当量,其中,原油 299.6 亿桶、天然气 221.4 万亿 m^3、液态天然气 59 亿桶。

(3) 东巴伦支海盆地(East Barents Basin)。东巴伦支海盆地的原油、天然气和液态天然气储量 617.6 亿桶油当量,其中,原油 74.1 亿桶、天然气 317.56 万亿 m^3、液态天然气 14.2 亿桶。

(4) 西格陵兰东加拿大海盆(West Greenland East Canada Basin)。格陵兰西部—加拿大东部原油、天然气及液态天然气储量 170.6 亿桶油当量,其中,原油 72.7 亿桶、天然气 51.82 万亿 m^3、液态天然气 11.5 亿桶。

(5) 东格陵兰裂谷盆地(East Greenland Rift Basin)。格陵兰东部裂谷盆地原油、天然气及液态天然气储量 313.9 亿桶油当量,其中,原油 89 亿桶、天然气 86.18 万亿 m^3、液态天然气 81.2 亿桶。

(6) 西西伯利亚盆地(West Siberian Basin)。西西伯利亚盆地原油、天然气及液化天然气总量 1 325.7 亿桶油当量,其中,原油 36.6 亿桶、天然气 651.5 万亿 m^3、液态天然气 203.3 亿桶。

(7) 叶尼塞—哈坦加盆地(Yenisey-Khatanga Basin)。叶尼塞—哈坦加盆地原油、天然气及液态天然气储量 249.2 亿桶油当量,其中,原油 55.8 亿桶、天然气 99.96 万亿 m^3、液态天然气 26.8 亿桶。

北极地区渔业资源丰富。北极海域地处寒、暖流交汇处,渔业资源丰富,巴伦支海、挪威海和格陵兰海都属世界著名的渔场。2013 年,北极理事会下属养护北极动植物工作组(CAFF)发布的《北极生物多样性评估》报告指出,北冰洋的海洋鱼类大约为 250 种,其中边缘海域的鱼类种类为 106 科 633 种[1]。具有经济价值的海洋鱼类有太平洋毛鳞鱼、格陵兰鳙鲽、北方长额虾、北极鳕、大西洋鳕、黑线鳕、狭鳕、太平洋鳕、蛛雪蟹等,以及鲱鱼、鲑鱼和大王蟹等[2]。具有潜在商业价值的海洋鱼类有鳕科鱼类、鲱科鱼类、鲽科鱼类、鲑鱼类、鲉科鱼类和香鱼[3]。(见表 3-1)

---

[1] Erik J. Molenaar. Status and Reform of International Arctic Fisheries Law[M]//Arctic Marine Governance, Berlin: Springer, 2014: 115.

[2] 唐建业,赵嵌嵌.有关北极渔业资源养护与管理的法律问题分析[J].中国海洋大学学报(社会科学版),2010(5):11-15.

[3] 焦敏,陈新军,高郭平.北极海域渔业资源开发现状及对策[J].极地研究,2015,27(2):219-227.

表 3-1　北极区域主要经济种类及捕捞国

洋区	种类名称	捕捞国和地区
北冰洋	大西洋鳕、鳕形目、格陵兰大比目骨鱼、黑线鳕、硬骨鱼、北极鳕、圆吻突吻鳕	俄罗斯
东北大西洋	大西洋鳕、大西洋鲱、大西洋鲭、平鲉属、无须鳕、沙丁鱼、比目鱼、硬骨鱼、黑线鳕、竹荚鱼属、黑鳕鱼、牙鳕、北方蓝鳍金枪鱼	比利时、丹麦、法罗群岛、芬兰、法国、德国、冰岛、爱尔兰、马恩岛、荷兰、挪威、波兰、葡萄牙、西班牙、瑞典、英国
西北大西洋	美洲拟庸鲽、大西洋鳕、大西洋鲱、大西洋鲭、大西洋油鲱、平鲉属、毛鳞鱼、硬骨鱼、黑线鳕、黑鳕鱼、金眼门齿鲷、银无须鳕、白鳕鱼、美洲拟鲽、美洲黄盖鲽	加拿大、法罗群岛、法国、德国、格陵兰、冰岛、挪威、葡萄牙、西班牙、圣皮埃尔和密克隆、美国

随着北极气候变暖,北极海域鱼类资源的分布发生了很大变化。北极地区越来越多的海冰覆盖区域变成开阔水域,海冰的减少和开阔水域的季节性增长将对北极渔业资源的开发产生很大影响[①]。

北冰洋核心区的大陆架构造与世界上其他渔区具有相似性。美国地质调查局和美国海洋能源局联合对北极海域鱼类资源的研究结果显示,在楚科奇海和波弗特海域发现的109种鱼类中,2002年首次发布北极鱼类种群目录后发现的为20种,另有63种鱼类的栖息地范围发生改变,总体呈现向高纬度扩展的趋势。一些原本在北冰洋不常见的鱼类,如狭鳕、太平洋鳕、鲑鱼大量出现在美国管辖范围内的北冰洋海域。这充分说明,在气候变化影响下,越来越多的鱼类迁徙到原本被冰层覆盖的高纬度北冰洋海域。在考虑环境保护和鱼类资源可持续利用的基础上,人类现有的捕捞技术完全可以实现在该海域条件下的远洋商业捕捞。

除了碳氢化合物,俄罗斯北极地区还蕴藏有俄罗斯总储量95%以上的铂族金属,90%以上的镍、钴,60%的铜。已探明储量的钛、锡、锑、磷灰石、金云母、蛭石、重晶石等所有矿藏都蕴藏在这一地区。该地区矿藏还包括占俄罗斯总储量70%～90%的金、金刚石、铝、铝土矿和很多其他矿藏[②]。这也能直接或间接体现出北极地区资源丰富,资源开发利用前景广阔。

[①] Reeves R, Rosa C, George J C, et al. Implications of Arctic industrial growth and strategies to mitigate future vessel and fishing gear impacts on bowhead whales[J]. Marine Policy, 2012, 36(2): 454–462.

[②] 俄罗斯国际事务委员会. 北极地区:国际合作问题:第二卷[M]. 熊友奇,等译. 北京:世界知识出版社,2016:38.

三、航运安全有一定保障

（一）破冰引航保障

北极航行安全最大的障碍就是厚厚的冰层。破冰引航是北极航行安全最大的保障。破冰就需要有破冰船。破冰船是用于破碎水面冰层，开辟航道，保障舰船进出冰封港口、锚地，或引导舰船在冰区航行的勤务船。破冰船有着维护冰区航道、对需要的船舶进行护送和领航以及进行搜救作业等功能，对于保障北极航线通航安全有着重要作用。破冰船在破冰时船首部位会压在冰层的上部，利用破冰船的自重压碎浮冰层，如果面对的是更厚的冰层，那么破冰船就必须加大马力，用船首撞击冰层，这样破冰船才可以为其他船只开辟出航路。

俄罗斯是世界上破冰船第一大国，其破冰船数量占全球总数的半数左右。其中俄罗斯的 LK-60YA 级破冰船是世界上最大的核动力破冰船。目前，俄罗斯拥有世界上数量最多、规模最大的破冰船队伍，包括在役、退役、在建、筹建在内的破冰船数量一共超过了 60 艘。而且，俄罗斯当前运营着全球现有的全部核动力破冰船，也是全球唯一建造核动力破冰船的国家。俄罗斯不仅拥有 54 艘常规动力的柴油破冰船，而且还装备了核动力破冰船。核动力破冰船可用于任何冰道，能用于排水量 7.5 万 t 的货船，两艘破冰船可为排水量达 15 万 t 的船舶开道，相比于常规的柴油动力破冰船有巨大的能源优势。俄罗斯的破冰船在摩尔曼斯克港和位于西伯利亚北部的杜金卡港之间全年巡航，为商船开辟海路通道。

为了能够充分利用东北航线，俄罗斯正在扩充破冰船舰队规模，加大对核动力破冰船方面的投入，预计到 2035 年前俄罗斯北极船队将拥有至少 13 艘重型破冰船，其中 9 艘为核动力破冰船。俄罗斯下水的最新核动力破冰船为北极级的改进型 22220 型北极号，这艘船的排水量增加到了 3.3 万 t，破冰厚度达到 3 m。未来 2 年还将继续建造两艘 22220 型破冰船"西伯利亚"号和"乌拉尔"号。俄罗斯在破冰船数量上的优势以及在破冰船发展上的领先地位，将为俄罗斯开辟北极航道提供重要的保障。不仅可以保障民用商船安全通过，而且，也可以保证俄罗斯海军舰艇前往北极地区执行作战任务，未来俄罗斯海军将会更多地出现在北极地区。俄军事部署震慑力强，能够对冰上丝绸之路建设及时进行军事保护，从而保障往来通商船只的安全。2018 年 6 月 21 日，中国核工业集团通过其官方网站发布消息称，我国将建造一艘 3 万吨级的核动力巨舰，这艘巨舰的最主要作用就是在北极进行破冰作业并且开辟极地航道[1]。

---

[1] 中国将造 3 万吨级核动力巨舰　保障北极航道安全[EB/OL]．(2018-06-27)[2020-02-25]．http://mil.news.sina.com.cn/jssd/2018-06-27/doc-ihencxtv3392322.shtml．

（二）通信保障

俄罗斯逐步加大北极航道的通信保障，俄罗斯军事卫星将覆盖整个北极航道。在北极地区保障通信是一项艰巨的技术任务。目前大多数卫星系统都不在北纬70°以北的区域运行，而北极航道大部分航线恰恰处在这一区域。俄国防部将用一把卫星"伞"覆盖北极航道，北极信道将在多颗"子午线-M"通信卫星入轨后开始运作。待俄罗斯军用卫星覆盖北极航道后，俄军卫星将实现全球覆盖，使俄罗斯军方有保障地使用安全的数据传输、电话和其他类型通信的高速信道，并最大限度地降低租用公共网络运营商资源的规模[①]。

我国也在不断加强对北极东北航道通信保障能力的建设。2016年、2017年、2019年先后三次对北极东北航道进行短波通信保障测试。通过船舶航行北极东北航道期间与天津、哈尔滨、满洲里、昌吉4个测试点的测试信号质量，验证我国东西两端短波通信对北极东北航道的保障能力，提出国内短波通信保障北极东北航道的具体方案。同时了解北斗卫星导航系统在北极地区的信号覆盖情况、定位精度和短报文通信能力，为北斗卫星导航系统加入全球海上遇险与安全系统提供实测数据支持[②]。

为解除国际运输船队的后顾之忧，俄联邦政府目前正投资建设十个搜救中心，每个中心都配备了搜救船只和飞机等设备。北极地区特殊的地缘位置使得其航道的沿路沿线的安全威胁较少，且大部分的航道毗邻陆地，经过俄罗斯北部海域地区，这也提升了海运安全。总之，俄罗斯在坚定维护自身国家利益同时，采取开放的态度，与环北极地区国家在军事安全领域建立信任合作，密切沟通和磋商，为北极地区和平开发与合作奠定了基础。因此，北极航道的开辟及北极航运安全能有所保障[③]。

---

① 俄罗斯军用卫星覆盖北极航道，支援俄军北极部署[EB/OL].（2019-06-06）[2020-01-17]. https://www.sohu.com/a/318972342_99893244.

② 我国将对北极东北航道进行短波通信保障测试[EB/OL].（2019-09-03）[2020-02-25]. http://tech.gmw.cn/2019-09/03/content_33132579.htm.

③ 胡鞍钢,张新,张巍.开发"一带一路一道（北极航道）"建设的战略内涵与构想[J].清华大学学报（哲学社会科学版）,2017,32(3):15-22,198.

第二节 "冰上丝绸之路"的风险

"冰上丝绸之路"前景广阔,但是由于北极极端的气候条件也使这条破冰之路充满了扑朔迷离的风险,主要包括自然环境风险、航行安全风险和生态环境风险。

一、自然环境风险

北冰洋是以北极点为中心的周围地区,是一片辽阔的水域。位于北极圈内的北冰洋,整个面积约为 1 310 万 km^2,是世界四大洋中最小的一个,只有太平洋面积的 1/14。北冰洋海水的总容积为 1 690 万 km^3,平均深度约为 1 296 m,利特克海沟深度约为 5 449 m。北冰洋占北极地区面积的 60% 以上,其中 2/3 以上的海面全年覆盖着厚 1.5～4 m 的巨大冰块。在每年的 11 月～4 月份,北冰洋一片雪白,冰盖面积在 3 月份达到最大,可达 1 140 万饼,占总面积的 87%;在暖季 7 月～9 月份,岸边冰雪大部分融化,但北冰洋中心区域仍为冰盖所覆盖。

北极东北航道从北欧出发,向东穿过北冰洋巴伦支海、喀拉海、拉普捷夫海、东西伯利亚海和楚科奇海五大海域直到白令海峡。巴伦支海平均水深约 229 m,气候相对温暖,冰情较轻;喀拉海水深较浅,平均 118 m,水深不足 50 m 的海域占到整个海域的 40%。拉普捷夫海平均水深达到 519 m,但 53% 水深不足 50 m,南部海域全年 9 个月气温在 0℃ 以下;东西伯利亚海极浅,平均水深不足 45 m,气候极度严寒,结冰期长达 9 个月。北极水域夏季多雾,能见度不良,且目前对海冰范围及浮冰变化情况的准确预测还比较困难。不确定的冰情和能见度不良是安全航行的最大威胁。由于北极圈内日照短暂,太阳高度低,以及地表冰盖对阳光的反射,该区域终年寒冷,尤其是冬季漫长而黑暗,大部分地区的最低气温可低至零下 50℃ 以下,不少地区常年被冰雪覆盖。

北冰洋地区气候极冷多变,生态环境脆弱,海洋地理环境复杂危险。北极的冬天犹如漫漫长夜,从每年的 11 月至次年的 4 月,半年的时间都会沉浸在黑暗的寒冷中,被冰雪覆盖。北极极寒条件的运输对船体、装备材料和技术有特殊的要求,而且需要借助破冰船;北极沿岸补给点少且设施落后,没有搜救和医疗服务;造船、破冰以及保险成本的增加会造成整体运输成本提高,失去了北极航线与传统跨洋航线的竞争优势。近年来,随着气候的变化,北方航道出现了季节性的无冰季,货运船舶航次也明显增加。但是真正穿越北方航道的航次自 2013 年起便呈现直线下降趋势。从运输船舶的过境次数来看,北极航线的商业价值、吸引力、以及常态化通行能力仍处于波动期①。北极陆地和海域的油气资源开发要比其他低纬度陆地和海域高出很多,由于油气资源开发与国际油价涨跌呈正相关的关系,考虑到未来油价难以大幅走高,这不可避免地制约北极油气资源的开发热情。

二、航行安全风险

北极冰区东北航道由于地处高纬度地区,其自然、地理、气候和人文环境与低纬度地区相比都有很大的不同,其通航环境具有自身的特殊性,这些独特多变的因素对船舶航行安全将产生不确定性影响。

(一)低温

凛冽的寒风从亚洲大陆的西伯利亚吹向北冰洋,使东西伯利亚海域温度极低,拉普捷夫海和东西伯利亚海平均气温达-32℃,冬季最低温度可达-40℃～-50℃。夏季时气温较高,但是也基本处于0℃左右。低温对航行影响主要表现在四个方面:一是低温使钢材的承载性能迅速降低,船体更容易发生损坏。二是低温使海水结冰。船舶是有机系统,液体是系统间能量传递的主要媒介之一,液体低温下结冰对船舶正常营运的影响非常严重。另外,海冰依附在船体上,船舶甲板、海水吸口、甲板管系、通风开口、压载舱透气管开口、液压动力装置等重要部位都非常容易结冰,增加船体负荷,影响船体移动。三是低温对船员有较大的影响。极端的低温环境会使人的思维变得迟缓,影响船舶操纵。低温还会减缓四肢的血液循环,使人体变得麻木,并让人嗜睡,影响船员的生活,极昼与极夜的天气也很容易引发船员视觉疲劳。四是导致机械故障。2017年,北极圈水域共发生71起航运事故,损失比2016年同期增加29%。在恶劣的航运环境下,超过60%的事故由机械故障导致。过去十年中,机械故障是该地区运输事故的主要原因,所造成的伤亡人数占事故总伤亡人数的47%。搁浅是第二大原因,占事故总数的20%②。

(二)海冰

北极冰区东北航道受气候的影响,冬季大部分海域处于冰封状态,船舶航行是非常困难的,每年夏季时海冰会加速融化,但此时海面上依然会有流冰的存在。流冰对通航安全有着重要的影响,主要体现在五个方面:一是漂浮的冰山与船舶发生碰撞。碰撞冰山等可能导致船体破损进水、燃油泄漏和失去动力等事故发生。二是海冰导致水管阻塞,螺旋桨叶受到损伤,引起剧烈的船体振动,严重时导

---

① 赵隆.共建"冰上丝绸之路"的背景、制约因素与可行路径[J].俄罗斯东欧中亚研究,2018(2):106-120.
② 北极冰川融化.船舶航行风险暗涌[EB/OL].(2018-08-31)[2020-01-12].http://news.csi.com.cn/4691e97f-2bb0-429f-9cee-1148ed59275d.html.

致船体失控。三是海冰难以准确预报。海冰随风、洋流影响会发生较大变化,导致海冰预报与实际冰况可能存在较大误差。由于卫星观测不到较小的冰山,同时冰山一般只有 1/8 露出水面,加上冰山的流动性,因此无法获得准确的数据。四是施救困难。如果冰区海上遇险,落水人员难以成功获救。五是冰崩。冰崩时会引起海面巨浪,产生雾和水柱,影响船舶在海上航行的速度和时间,对船舶安全造成严重的影响。1997 年 9 月 22 日,17 000 总吨的英国货轮"埃德蒙顿"号由阿拉斯加的巴罗港启航开往英国爱丁堡。10 月 10 日 5:00 左右,货轮航行至白令海时突然停车,值班人员发现该货轮的螺旋桨和舵全被厚冰夹住,而且海底门由于大量碎冰堵塞造成外冷却系统失效,导致主机拉缸停车,造成多名船员死亡。

(三) 高纬度

高纬度,在地理学意义上是指地球表面南北纬度 60°到南北极之间的区域。是地球表面接受太阳辐射最弱的地带。北极地区基本处于北纬 70°以上,经线逐渐变密,纬线周长缩短,导致确定基本导航参数困难。极地地区的地磁特征使传统的罗盘罗经难以发挥作用。例如,当地理纬度大于 70°时,由于陀螺罗经指向力矩太小造成误差变大。在纬度高于 87°时,陀螺罗经已完全不能指示正确航向。此外,由于接近极地地区时投影变形急剧增大,在中低纬常用的墨卡托投影海图在北极地区已不宜使用,专用的极区海图发行得却比较少。北极地区条件恶劣,对北极海底地形、海流、冰层、磁差等水文要素的研究较少,许多地方及水域未经系统测量,助航标志缺乏,大部分极区海图是以空中照片为基础制作的。所以极地海图没有其他地区的海图那么可靠,北极大部分水域,尤其是北纬 75°以上根本没有海图。目前常用的导航卫星也由于轨道分布问题,导致北极地区卫星覆盖少,导航精度差。船舶在高纬度航行时,受到地磁和纬度的影响,其通信、导航、定位和应急能力都受到限制。

(四) 电磁干扰

太阳发出的带电粒子沿着地磁场进入地球两极地区,因此在北极地区受到自然电磁干扰的程度要远远高于中低纬地区。频发的太阳磁暴和极光,严重影响着电子通信系统的正常工作。此外,雷达天线在低温风雪条件下容易积雪裹冰,尤其是由多条行馈组成的平面阵,积雪裹冰不仅增加了天线的负载,而且降低天线的透风性,损害加速,甚至引起停机。冰雪对雷达天线的电磁波辐射和吸收性能也将产生影响,其程度受到天线形式、频段以及冰雪覆盖厚度、范围、杂质成分等条件的影响。这些情况严重削弱了电子用频设备和通信系统的工作效率。北极地区特殊的地磁场环境,也可能会使船舶电子设备出现失灵情况。

(五) 补给困难

俄罗斯北方沿海对外开放的 20 多个港口大部分缺乏应有的设备和功能,补给能力也非常有限。如果船舶在该水域发生紧急情况,应急救援在短时间内很难迅速赶到。同时,一旦船舶出现任何机械故障,或船壳损坏,很难找到合适的船厂和船坞提供维修服务。

三、生态环境风险

北极特殊的地理位置和特有的环境因素,使之成为地球上最脆弱、最敏感的生态系统。北极海底地貌特征复杂、海陆通行条件很差、生态环境脆弱,一旦出现溢油等事故后很难得到及时处置,有可能引起严重的生态灾难。

北冰洋冰川在夏季消融所形成的大大小小的冰山,以及时有发生的暴风雪,导致油井井喷和其他泄漏事故的危险性大大增加。一旦发生大规模的泄漏事故,对于北极的生态环境将是灾难性的。在温暖水域,类似 2010 年墨西哥湾那种原油泄漏造成的影响,需要 5 年才能逐步消散,而寒冷水域的恢复速度要比这慢得多。

即使在破冰船等航海技术已经十分发达的今天,北极航线依然是世界上最危险和困难的航线。2009 年的《北极海运评估报告》述称,仅 1995 年到 2004 年间北极海域发生的船舶事故就高达 293 起。比如,1989 年 3 月 24 日,"埃克森·瓦尔德兹"油轮在阿拉斯加附近威廉王子海峡中触礁,船体严重损坏,约有 40 000 吨原油流入海峡。原油形成的黏稠薄膜遍布于 1 000 多千米长的海岸线,覆盖了海滩及与之毗邻的森林防护带,严重污染海域。海獭、海豹、鲸鱼、秃鹰以及其他各种鸟类大量死亡。原油泄漏事件对于威廉王子海峡造成了严重的生态灾难。数以万计的动物当即死亡。根据保守估计,共有 250 000 只海鸟、2 800 只海獭、300 只斑海豹、250 只秃鹰、22 只虎鲸以及亿万条三文鱼和亿万个鲱鱼蛋受污致命。即使在一年之后,原油泄漏迹象不大明显的时候,间接的污染影响仍然存在。因为吃了被污染的海洋生物,许多海獭和海鸟在几个月内生病死亡。岸边的动物们也因食用受污染的猎物,而大量地病亡。

气候变化对北极生态环境的影响更让人们担心。融化的北极使海洋环流遭到破坏,北极永久冻土的融化还会导致很多甲烷和二氧化碳被大量释放出来,从而很大程度上加剧全球的温室效应,进而形成更大范围的恶性循环。北极冰原的彻底瓦解,将使海平面上升 7 米,淹没北极与亚欧大陆的沿岸地区以及重要城市,许多沿海地区和设施面临更多风暴潮袭击。气候变化使北极植物群落发生迁移,物种多样性、范围和分布发生改变,鳕鱼、北极熊等物种急速减少,对北极原有生物圈产生深刻的影响。

另外,许多远古的被冰封的微生物病毒等都有可能被重新"解放"出来,从而对人类的生存构成难以估量的威胁。有报道称,俄罗斯已经出现人感染古老炭疽病而死亡的案例,可以预见,以后这种案例可能会越来越多,尤其是在相对比较寒冷的地区。

第三节 "冰上丝绸之路"面临的挑战

东北亚历来是各国竞技的主战场,尽管中俄政治互信加深,合作前景广阔,但是,域外国家的介入以及东北亚各国基于自身利益的考量,从现状来看,竞争仍然大于合作。建设"冰上丝绸之路"仍面临较多挑战。

一、美国对"冰上丝绸之路"的负面认知

"冰上丝绸之路"建设能否顺利实施,不仅需要中俄两国的战略指引与通力合作,也离不开美国等域外关键大国的理解和支持。美国作为世界上唯一的超级大国,染指全球事务,称霸世界的惯性无疑是中俄共建"冰上丝绸之路"最为重要的外部影响因素之一。从整体上看,美国媒体、学界、智库对中俄共建"冰上丝绸之路"的意图和潜在影响尽管存有少量的理性声音,但是绝大多数充满质疑和担忧。普遍认为中国具有拓展国际影响力的地缘战略动机和意图,会威胁到美国在欧亚大陆的利益和领导地位,对维护美国北极利益而言,挑战多于机遇。杰克·德基把"冰上丝绸之路"倡议和"一带一路"联系起来,认为,中国"冰上丝绸之路"倡议公开了其北极野心,即通过经济合作扩大其在该地区的影响力,进而进行地缘政治力量投射。据此,他认为要对中国这一地缘战略目标进行限制[1]。希瑟·康利、安妮-玛丽·布雷迪等人认为,中国希望在所有北极治理问题中享受公平待遇,尊重中国追求北极利益的权利,提高在极地事务中的发言权,并通过增加在北极的科学考察和经济活动来实现[2][3]。爱丽丝·希尔认为,"在当前北极地区的地缘战略棋局中,美国的棋子很少,移动次数更少,"联邦政府目前缺乏一个完全的北极资助计划,无论是建造额外的破冰船还是深水港[4]。这些观点引发了美国对中国可能威胁其在北极秩序建构过程中主导权的担忧。也有学者认为,北极生态环境脆弱,北冰洋近乎一个封闭的海洋,一旦发生原油泄漏和其他污染事件,将对北极环境、生态系统带来负面影响。中国不断扩大的北极投资可能对北极生态环境构成威胁。这种观点引发了美国对"冰上丝绸之路"建设可能破坏北极生态环

---

[1] Durkee Jack. China: The new "Near-Arctic State"[EB/OL]. [2019-04-15]. https://www.wilsoncenter.org/article/china-the-new-near-arctic-state.

[2] Conley Heather A. China's Arctic dream[EB/OL]. [2019-04-15]. https://csis-prod.s3.amazonaws.com/s3fs-public/publication/180402_Conley_ChinasArcticDream_Web.pdf.

[3] Brady Anne-Marie. China in the Arctic[EB/OL]. [2019-04-15]. https://www.wilsoncenter.org/article/china-the-arctic.

[4] Hill Alice. Arctic security poses icy chess game with Russia, China[EB/OL]. [2019-04-15]. https://thehill.com/blogs/pundits-blog/energy-environment/334253-arctic-security-poses-icy-chess-game-with-russia-china.

境的担忧。上述种种负面认知对美国决策层产生重要影响,正在逐渐演变成美国政府决策的行动。特朗普政府在相继出台的《国家安全战略》和《国家防务战略》报告中将大国竞争作为首要关切,提出:"应对与中国和俄罗斯之间的长期竞争是国防部的首要任务。"美国政府把中国视为主要竞争对手,对中美"竞争制衡"关系定位的明晰,作为北极理事会成员国之一的美国,正在利用自身对北极事务治理的话语权,对中国参与北极事务极尽阻挠之力。美国国务卿蓬佩奥更是声称"中国在北极没有任何权利"。在这种明显带有"冷战"思维的氛围下,强化对中俄的"遏制"短期内不会改变。美国基于其在北极国家利益的考量,对"冰上丝绸之路"建设的消极态度,也不同程度反映了美国战略界的强烈焦虑,由舆论攻击、军事牵制向地缘经济竞争扩展,正在动用各种力量对"冰上丝绸之路"建设进行阻挠和限制,包括通过其强大的在北极治理中的影响力来对其盟国施压,干扰其盟国对"冰上丝绸之路"的正确理解和判断。

二、东北亚地缘政治形势复杂

目前北极航线开发及运行的最大挑战仍来自北极国家内部,在美国、俄罗斯、加拿大、丹麦、芬兰、瑞典、挪威、冰岛这8个国家中,美国、俄罗斯、挪威三国的影响力最大。这些国家对于北极能源开发存在较大争议,而航线开辟又将涉及过境问题,复杂的国家间博弈给未来航线运行带来巨大的不确定性。

北极国家对北极的争夺难以降温。北极地区地缘政治局势紧张体现在两个方面:一方面是北极海底大陆架主权的归属问题;二是由主权问题引发的北极军事化问题。近年来,俄罗斯、加拿大、挪威、丹麦等多个北极国家向联合国大陆架界限委员会(CLCS)提出针对各自北极圈内大陆架外部界限的提案[1]。特别是俄罗斯的提案涉及巴伦支海、白令海、鄂霍次克海、中北冰洋与挪威、美国、日本、加拿大和丹麦的大陆架边界划分。相关国家并不认可俄罗斯对北方海航道提出的主权主张以及大陆架外部界限提案。俄罗斯与相关国家不能达成一致,有关国家的大陆架提案重叠,彼此争论不休,各不相让,缺乏一定程度的信任,成为北极合作的法律障碍。目前,美国与俄罗斯在北极问题上暗中较劲,为了抢夺北极地区的丰富能源和北极航线的巨大利益,围绕北极及北极航线归属权的争夺正在逐步升级。加拿大、俄罗斯、丹麦等国家纷纷向联合国提出对北极的领土要求。北极航线利益相关国家之间的关系也是模糊不定,地缘政治格局尚不明确。北极周边国家的立场也将影响"冰上丝绸之路"建设。

---

[1] CLCS. Submissions, through the Secretary-General of the United Nations, to the Commission on the Limits of the Continental Shelf, pursuant to article 76, paragraph 8, of the United Nations Convention on the Law of the Sea of 10 December 1982[EB/OL]. [2018-05-12]. http://www.un.org/depts/los/clcs_new/commission_submissions.htm.

随着对主权领土的争夺,北极地区军事化进一步加剧。俄罗斯加强了在北极的军事存在,2009年12月,俄罗斯北极战略司令部正式成立。北极其他国家也纷纷强化在北极的军事存在,加快军事部署。奥巴马时期的美国,相继颁布了《北极地区国家战略》《海岸警卫队北极战略》《国防部北极战略》等政策文件,不断加大对北极军事投入,联合北极其他国家,举行"联合勇士""冰点""寒冷反应"等军事演习,以应对来自俄罗斯的军事"威胁"。此外,加拿大、挪威、丹麦等北极国家,或组建北极部队,或将北极地区纳入其国防战略,或频繁举行军事演习以宣示主权。虽然各国在北极地区爆发大规模冲突的可能性不大,但北极军事化趋势的不断加强,势必会加剧地区紧张局势,进而影响北极航道的开辟以及北极资源的正常开发,威胁着"冰上丝绸之路"建设。

作为"冰上丝绸之路"沿线国的日本、韩国与中俄,包括韩日之间也有绕不开的领土以及大陆架纷争。虽然从自身经济发展的角度考虑有参与的愿望,但是,由于受制于美国对"冰上丝绸之路"的态度,还在观望。朝鲜半岛局势虽然有所缓和,但是朝鲜半岛问题错综复杂,短期内还难以彻底解决。"冰上丝绸之路"建设的外部环境还存在不确定因素。中俄政治互信的深化是中俄共建"冰上丝绸之路"的基础和前提,但是不排除中俄都有各自的战略考量。"冰上丝绸之路"之于俄罗斯的政治意图十分明显,而中国有意借此实现与美国博弈均衡的政治想法也不言而喻。当前美中俄之间的三角关系正在发生改变,虽然从短期来看,美俄之间仍有不可调和的矛盾;但从长期来看,美俄联合制中的可能性是存在的。① 大国之间的博弈呈现常态化的特征。可以说,"冰上丝绸之路"在国际社会看来是一种带有强烈政治目的和利益诉求的国际合作形式,因此也会极易受到来自利益冲突的部分国家的掣肘甚至公开反对。与此同时,"冰上丝绸之路"将会引发大国在北极航线问题上的立场和态度以及大国关系模式的重大变化,腹地国家政治态度将有所转变。

三、"逆全球化"的经济环境以及经济制度的差异

2008年金融危机之后,"逆全球化"思潮迅速升级且动作不断:民粹主义、英国脱欧、美国退出TPP、发达国家制造业再回流、贸易保护主义盛行②。2018年以来,美国特朗普政府秉持"美国优先"原则,凭借世界经济超级大国地位,发起"贸易战"并任性"退群",公然批判WTO规则,导致国内贸易保护主义升级。贸易领域成为"逆全球化"的核心领域,全球对外贸易遭到重创。在"逆全球化"思潮的影

---

① 刘广东,于涛.中俄共建"冰上丝绸之路"的博弈分析:基于主观博弈的视角[J].太平洋学报,2019,27(5):92-100.

② 冯宗宪."逆全球化"挑战与新全球化的机遇[J].国际贸易问题,2018(1):7.

响下,欧美发达国家参与区域合作的意愿下降,国际组织被边缘化。[①] 尽管欧美"逆全球化"的动因和指向不同,但是这种思潮给世界经济繁荣增长带来了较大不确定性。关税贸易壁垒的重新应用以及知识产权贸易壁垒的应用,均对国际贸易起了较大阻碍作用。不仅多边主义进程会进一步受阻,而且,现有的多边规则也会遭到蓄意破坏。

"冰上丝绸之路"的沿线国家是发达经济体最为集中的区域。传统"一带一路"沿途国家众多,发展程度差异明显,"一带一路"参与国在经济水平、技术水平、教育水平、医疗水平,营商环境等方面落后于我国。而"冰上丝绸之路"的沿线国家,在社会发展方面均高于我国与俄罗斯,诸如生产力高度发达、人均 GDP 较高、技术水平领先、产业结构合理,国家相对富裕。从科技创新方面来看,沿线国家在全球均占据显著位置,诸如瑞典第 2 位、美国第 4 位、丹麦第 6 位、芬兰第 8 位、冰岛第 13 位、加拿大第 18 位、挪威第 19 位;而我国和俄罗斯只分列第 22 位和第 45 位,竞争优势不明显。从经济制度上来看,"冰上丝绸之路"沿线国家的市场机制和体系相对健全,经济运行机制和市场法律规范相对成熟、企业现代化管理水平高、在劳工权利等诸多方面均有较完善的社会保障制度;而我国的社会主义市场经济体系正处在逐步完善的过程中,俄罗斯的经济部门尚不完整。从全球化视角来看,"冰上丝绸之路"沿线国家的开放程度较高,国际化水平较高、国际贸易对于国家经济的发展贡献巨大、金融资本全球化开放、跨国公司的发展已成规模[②]。"逆全球化"思潮与经济贸易不平衡、制度的差异叠加极易引发贸易摩擦与贸易壁垒,导致国际贸易链条的断裂。

四、俄罗斯的戒备心态

20 世纪 70 年代末开始,中国实行改革开放政策,经济高速发展,一跃成为世界第二大经济体,而与之相反的是,苏联解体,经济一落千丈。俄罗斯作为苏联最大的继承国,经济非但没有提振,相反却严重休克。虽然普京上台,实行一系列经济拯救政策,经济有所恢复,但是和苏联时期已经不可同日而语。"中国龙"的崛起和"北极熊"的衰落形成了鲜明的对比,在俄罗斯人心中产生了严重的失衡。促使俄罗斯在与中国合作时始终抱有一种敏感复杂的戒备心态。

正常供需关系导致的远东移民问题使俄罗斯感到担忧和焦虑。俄远东联邦区地域面积 618 万 km²,超过俄罗斯面积的三分之一;根据 2002 年的人口统计,整个俄罗斯远东联邦区的人口为 670 万,约占俄罗斯总人口的 1/23。人口密度为每平方公里 1 个人,这使得俄罗斯远东地区是世界上人口最稀疏的地区之一,

---

① 欧定余,彭思倩.逆全球化背景下东亚区域经济共生发展研究[J].东北亚论坛,2019,28(4):59-70.
② 杨剑.共建"冰上丝绸之路"的国际环境及应对[J].人民论坛·学术前沿,2018(11):13-23.

而且人口数量还在逐渐减少。与之相反,中国东北三省人口超过1亿人,人口密度为每平方公里大约120人,是俄远东地区的约120倍。俄罗斯开发远东地区,需要大量的劳动力,由于俄罗斯自身劳动力的不足,吸引了一部分中国人移民到俄罗斯寻找工作。这种市场经济条件下正常跨界流动的中国公民为俄罗斯经济发展作出了重大贡献,但是也使俄方产生了不安和恐惧心理。俄罗斯的观点逻辑是:中国在向俄罗斯进行人口扩张;认为中国的移民将威胁到俄远东地区民族和领土安全;认为向俄远东地区移民是中国政府欲收复"远东失地"而采取的一种战略手段;认为鼓励中国人向俄远东地区迁移也是中国政府同国内人口过剩做斗争的一种手段;认为中国通过移民对俄实施"经济扩张"①。虽然中俄两国高层的政治互信度极高,但民间互信度较低。中俄两国的普通公民、媒体和企业之间缺乏了解和互信,且存在偏见。如很多俄罗斯人偏执地认为,"中国人一来,所有的东西都会被抢走",这样的偏执观点在媒体中也常常出现。这种庸人自扰的逻辑思维为双方合作蒙上了一层阴影。

中国和平崛起使向来以强国自居的俄罗斯感到不安。冷战后中国经济的高速发展,中国军事力量的壮大,使俄罗斯对中国有较强的戒备心理,将中国看作潜在的地缘威胁。类似"中国威胁论"的论调开始在俄罗斯出现,并且有较大的市场,特别是在俄罗斯政界和精英中经常出现此种言论。他们担心强大的中国会对原属于中国的部分西伯利亚领土产生诉求,甚至直接用武力夺回西伯利亚。这种戒备之心在中俄武器贸易中体现得相当明显。第一,俄罗斯卖给中国的武器大多为防御性武器或无法对俄构成直接威胁的武器。在对华武器出口方面,俄罗斯要求本国装备的武器至少要保持15年左右的技术优势才允许对华出口。俄罗斯军事评论家利多夫金曾说:"在对华军售问题上,俄罗斯有一个底线,即不向中国出售进攻性武器,特别像坦克、装甲车和战术导弹这样的武器装备。"这一原则至今没有改变。第二,俄罗斯宁愿将很多核心技术卖给"富甲一方"的印度也不会卖给中国,因为他们担心中国的工程师有可能从有关技术中学到更多东西,以此来进一步提高中国的自主产品的质量。

中国参与俄罗斯远东开发使俄罗斯地方和基层产生疑虑。一是针对远东地区生态环境和资源的疑虑。有一些观点认为,中国参与远东大规模开发对该地区生态环境、土壤水质的负面影响;俄罗斯将为中俄合作付出能源、就业岗位甚至出让土地的代价;中国未严格遵守环保标准和相关法律,以及没有尊重和顾及本地居民的利益。比如,中国商人在贝加尔湖建设水厂项目。在该项目中国商人预计投资2 000万美元,计划在贝加尔湖中每年提取1.9亿升纯净饮用水,并生产成瓶装水销售,其中20%销往俄罗斯,剩下的80%销往以中国为首的东亚国家,将

---

① 邓志涛.俄境内所谓中国"移民问题"的对策性思考[J].世界经济与政治论坛,2005(3):77-80.

为当地民众创造 150 个就业岗位。在 2016 年通过了俄罗斯国家环境监察组织的环保评估,获得了建设许可。但是,当地居民以保护环境为由在互联网上联署示威,在线下进行"散步",媒体推波助澜,地方政府不同部门之间采取不同的标准,政府官员甚至出尔反尔,粗暴地将施工项目裁决为违法,甚至惊动了俄国家杜马和总理梅德韦杰夫,导致该项目计划受阻。二是针对北方海航道建设上的疑虑。在北方海航道建设上俄罗斯心事重重,担心其主导地位受损。俄罗斯一直宣称对北方海航道水域拥有历史性权利和管辖权。认为北方海航道为国内航线,法律、管理制度、破冰船队的建设都是为保障其在北方海航道的领导地位服务的,俄罗斯担心一旦中国参与开发,就将成为航道开发参与国、航道使用国以及航道运输商品生产国,就将向其让渡一定的主导权和决策权,因此,担心中俄建设"冰上丝绸之路"会损害俄罗斯的主导地位。

当今在远东的中国人中有些人素质不高,个别人甚至还从事违法犯罪活动。中国人自身的变化加上一些俄罗斯人对中国人的排斥心理,使"中国威胁论"在俄罗斯社会中有一定的市场。

五、相关地区港口物流支撑能力不足

随着气候变暖导致的北极冰川融化以及各种通航技术保障条件的完善,北极东北航道实现常态化通航的概率越来越大。常态化通航需要充足的物流作支撑,然而现实情况是俄罗斯 GDP 大约维持在 1.6 万亿美元,仅有中国的九分之一左右,俄罗斯北极地区不具备足够的工业生产力以及贸易能力来维持"冰上丝绸之路"稳定的贸易与运输,俄罗斯北极地区的年 GDP 总量不如我国辽宁省,其主要产业仍然以资源、矿物的开采和出口为支柱,且因人口稀少导致严重缺乏劳动力以及消费市场。北方海航道货流多为俄罗斯北极沿岸运输,国际过境货流极少,根据俄罗斯官方统计,2011—2013 年,完全穿越北方海航道的过境运输次数分别为 41 次、46 次和 71 次,但 2014~2016 年却分别下降为 22 次、18 次和 19 次[①]。2016 年经由北方海航道的境内货运量为 726.6 万 t,过境通行的数量仅 19 次,从俄罗斯港口出发的通航数量高达 1 570 次,占总通航次数的 92.1%[②]。2017 年经北方海航道的境内货运量有近 974 万 t,而完全穿越北方海航道的过境货运量仅为 20 万 t,而且需求波动比较大,货运量不稳定;航道现有的航运组织形式也较为落后,未形成有序、高效的北极运输系统,无法为"冰上丝绸之路"的发展提供有效支持。因此,"冰上丝绸之路"如果仅局限在双边层面,则无法形成对等的贸易合

---

① 赵隆.中俄北极可持续发展合作:挑战与路径[J].中国国际问题研究(英文版),2018(6):115-132.

② 2016 年度俄罗斯北方海航道通航数据发布[EB/OL].[2019-03-11]. https://www.eworldship.com/html/2017/ship_inside_and_outside_0508/127831.html.

作,最终甚至有可能沦为中俄单向的能源输送[①]。从体量上来讲,俄罗斯无法独立作为与中国对等的经济体完全覆盖"冰上丝绸之路"的贸易需求。俄罗斯北极沿岸地区的港口支撑能力较弱,货运需求不足,到目前为止,北极航道的战略价值高于经济价值。

六、装备保障能力不足

俄罗斯(包括苏联时期)因长期关注西部而忽视东部、发展陆地建设而忽略海洋开发的国家发展战略,不仅导致东西部社会经济发展水平严重失衡,而且在海洋开发和利用技术等领域滞后于其他环北极国家。

俄罗斯北极地区自然和气候条件极端,经济及社会设施集中在偏远有限的领土,交通不便,又处于高纬度,每年的冰期很长,大部分港口常年处于冰封状态,恶劣的自然环境阻碍了港口的进一步发展,港口配套设施极其陈旧,基础设施建设严重滞后。即使条件比较好的摩尔曼斯克港的年吞吐量也仅仅是 1 000 万 t 左右。在货源上,北极航道更多的依赖东北亚国家,即中日韩三国,虽然中日韩三国对北极航道开发都有兴趣,但三国目前利用东北航道运输的货物主要以干散货船和液化天然气为主,在 2013 年中国"永盛"轮通过北极航道之前无集装箱船通过,而且船体载货规模也比较小。加之额外的破冰以及护航费用,导致运输成本居高不下,又由于受当前国际贸易结构的影响,商船很难实现往返都能配货,空仓返程现象较为普遍,制约着商船的运输效率和运营收益。使一部分船企放弃了这条航线。

截至目前,北冰洋只有大约 9% 的地区根据国际标准绘制了航海地图。2009 年,加拿大抢先绘制出了全世界首张北极综合地图。但在实际操作上,船舶在高纬度和冰区航行,其地理位置和自然环境都给船舶导航带来许多困难。在北极冰区,除 GPS 导航仪外,其他辅助导航仪器包括计程仪、雷达、磁罗经等使用时存在很大的局限性;陆标定位、无线电定位、天文定位也会受干扰。一般的通信设备过了北纬 75°就因不能接收同步卫星信号而无法使用,航行区域也没有任何其他船舶可供参考和识别。北极航线具有低温、冰区、强风暴、陌生海区等特点。常规的导航设备,如 GPS 和磁、电罗经等,在北极航线中易产生较大的定位误差,给航行安全带来很大的安全隐患[②]。此外,北极水域没有浮标,需要依赖卫星导航和海图,而且海图过期和不准确现象比较普遍,目前还没有服务于北极地区的通信系统。鉴于北方海航道的长度,沿岸需要维修服务的深水港口以及为石油天然气开发的基地港口。但是,北方海航线补给支撑港口不发达,不能及时提供燃料补给以及恶劣天气时船舶的停靠。

[①] 姜胤安."冰上丝绸之路"多边合作:机遇、挑战与发展路径[J].太平洋学报,2019,27(8):67-77.

[②] 卜庆滨,张戴晖,于家根.我国北极航线深入发展的主要问题及对策研究[J].中国水运,2018,18(9):25-26.

第四章 "冰上丝绸之路"建设需求及全面对接

"冰上丝绸之路"倡议将给俄罗斯远东及北极地区发展带来新的机遇,开发建设势在必行,中国作为"冰上丝绸之路"的参与者要积极关注俄罗斯方面的建设需求,做好全面对接工作。

第一节 "冰上丝绸之路"建设需求

"冰上丝绸之路"建设就是要打通北极航线,使沉睡的北极成为贸易往来的便捷通道。目前,北极建设需求巨大,包括基础设计建设需求、融资需求和技术需求。

一、基础设施建设需求

北极航线基础设施涵盖码头、航道、港口间的连通公路或铁路、破冰船等"硬设施",也包括天气、水文和海冰数据等信息"软设施"。

(一)航线基础设施

北方海航道是俄罗斯在北极的主要交通干线,是发展北极交通系统的基础。北方海航道路经北冰洋各个海域,连接欧洲和远东的港口。北方海航道被视作横跨欧亚大陆的海上交通走廊,是俄罗斯优先发展的项目,将在俄罗斯能源运输中发挥极其重要的作用。

自20世纪30年代开始,苏联政府就投入了巨大人力和财力开发以北方海航道为核心的衔接叶尼塞河、鄂毕河以及勒拿河的江海联运运输网络。数据显示,该交通网络有效推动了北极区域的经济和社会发展,俄罗斯北极地区的人口从1926年的320万上升到1989年的970万,并且北极区域的自然资源也通过该网络源源不断地输送到南部地区,推动了俄罗斯区域经济的协调发展[①]。苏联解体后的叶利钦时代,国内面临严重的经济困难,军事实力相对下降,经济社会问题十分严重,北极地区地处偏隅,无暇顾及。北方海航道的功能被严重削弱,货运总量降至最低。与此同时,由于缺乏资金,北方海航道的基础设施体系缺乏维护,设备

---

① 赵宁宁.当前俄罗斯北方海航道的开发政策评析[J].理论月刊,2016(8):169-174.

老化不能更新,地方官员腐败严重,吃拿卡要,管理松散,导致几十年运转良好的北方江海联运运输网络崩溃。因而,完善航道沿线的基础设施建设,建设受到国际社会欢迎的国际海运新要道,是俄罗斯振兴北方海航道的基础保障。未来 10 年俄将大力发展北极地区石油天然气产业,积极推进港口城市基础设施建设,将北极航道打造成有竞争力的海路,到 2024 年前将该航道年货运量提升至 8 000 万 t,液化天然气年运量将达 1.2 亿 t[①]。

(二)港口建设

北极东北航线港口主要分布在俄罗斯的北部沿海以及北欧地区,沿线大大小小的港口有几百个。俄罗斯北冰洋沿岸港口众多,主要集中在俄罗斯的西北部即巴伦支海海域以及北欧地区,发展潜力巨大,其中重要港口包括迪克森、杜金卡、季克西、佩韦克、摩尔曼斯克、阿尔汉格尔斯克、萨贝塔等。这些港口基本都是苏联时期建设的,基础设施落后,设备老化严重,大型船舶无法停靠,设施装备有待改造更新,经济效益不高。由于投入资金不足、经营权变更等因素,从 1987 年到 2011 年港口的货运量下降到不足苏联时期的 1/3,几个港口甚至停止运营[②]。因此,新建、改建和扩建港口成为俄罗斯充分发挥北方航道潜能的主要内容。

港口建设是北极运输基础设施重要的一个环节。目前俄罗斯在北极已启动或正在规划的交通发展项目中,数量最多的就是港口现代化以及新建或改造港口的工程。俄罗斯北极有四个一级港口,即交通便利港,分别为摩尔曼斯克、阿尔汉格尔斯克、维季诺和坎达拉克沙,这四个港口承载了北极地区 80% 的货物转运量。但是,这些港口集装箱码头、大吨位码头基础设施薄弱,集装箱装卸能力和大吨位船只的通过和装卸能力差,航运成本增高。俄罗斯北极的二级港口即资源依托港,其基础设施更差,船舶通过能力更低。俄罗斯迫切希望就港口建设项目开展国际合作。俄罗斯规划的代建项目包括:摩尔曼斯克交通枢纽和彼得洛巴甫洛夫斯克—堪察加斯克港口的基础设施建设项目、北极海岸现代化建设项目,以及对河海联运的可能性进行研究论证的项目。俄方计划在俄北方中部的亚马尔半岛完成萨贝塔海港和货物转运码头建设,新建阿尔汉格尔斯克海港等。在运输和物流方面,亚马尔液化气工程、萨贝塔港、摩尔曼斯克港"北纬通道"铁路建设等项目被确定为俄罗斯国家战略基础设施项目[③]。由于开发石油天然气的需要,俄罗

---

① 俄罗斯拟大力发展北极地区基础设施建设,提高年货运量[EB/OL].[2020-03-12]. http://chinaru.info/zhongejmyw/zhongemaoyi/59037.shtml.
② 杨剑,等.北极治理新论[M].北京:时事出版社,2014:11.
③ Владимир Путин принял участие в пленарном заседании V Международного арктического форума? Арктика? территориядиалога? [EB/OL].[2019-11-16]. http://www.kremlin.ru/events/president/news/60250.

斯还预计在因迪家湾、别卢希亚湾、佩琴家湾和雅思(яс)湾兴建多用途港口[①]。

(三) 公路、铁路建设

俄罗斯规划建设"滨海1号"(哈尔滨—绥芬河—格罗捷阔沃—符拉迪沃斯托克/沃斯托奇内/纳霍德卡—亚太地区港口)、"滨海2号"(珲春—克拉斯基诺—波谢特/扎鲁比诺—亚太地区港口)国际运输走廊,主要是将俄罗斯东北亚港口与我国黑龙江、吉林两省实现公路和铁路连接,但由于俄罗斯境内公路基础设施陈旧和中俄铁路轨距不同需要换装,因此,极大地制约物流效率。俄罗斯希望通过中国的资金支持,共建"滨海1号"和"滨海2号"。

俄罗斯北极地区交通运输体系的欠发达,成为经济社会发展的主要制约因素,也阻碍了俄罗斯北极地区的资源开发。因此,俄罗斯认识到在北极地区建立高效的交通基础设施体系至关重要。俄罗斯计划建设的铁路项目有波卢诺奇诺耶—鄂毕湾、亚马尔液化天然气项目、白海—科米—乌拉尔铁路建设项目、摩尔曼斯克交通枢纽建设项目。

波卢诺奇诺耶—鄂毕湾铁路包括"鄂毕湾—博瓦年科沃"线路、"纳德姆—萨列哈尔德"线路和"科罗恰耶沃—伊加尔卡"线路。这条线路建成将实现极圈乌拉尔矿石产区、亚马尔石油天然气产区同乌拉尔工业区的连通[②]。

亚马尔液化天然气铁路项目将会通往位于亚马尔半岛鄂毕河河口西岸的新北极港口——萨贝塔港。它将在现有的1 097 km长的铁路的基础上作延伸,现有的这条铁路连接了俄罗斯北部小城镇奥布斯卡亚、博瓦年科沃和卡尔斯卡亚以及萨贝塔港[③]。

白海—科米—乌拉尔铁路干线连接俄西北部北极沿岸和俄西部内陆。利用计划建设的阿尔汉格尔斯克深水港作为海陆连接点。投资建设连接北部港口的铁路网,再经由西伯利亚铁路贯穿至中国,不但能够促进中国东北部和西北部两地商品进一步出口俄罗斯北部地区和北欧,还将为航道海运提供支撑,进一步形成自身交通网络和区位的优势。白海—科米—乌拉尔铁路建造项目,这一铁路建造项目为俄罗斯2030年前发展北方海路基础设施计划的一部分,同时也是俄北极地区大型投资项目之一。据估计,白海—科米—乌拉尔铁路建设项目需要3 600亿卢布。

摩尔曼斯克交通枢纽发展项目被列入联邦专项规划"俄罗斯交通系统发展",

---

① 俄罗斯国际事务委员会.北极地区:国际合作问题:第二卷[M].熊友奇,等译.北京:世界知识出版社,2016:50.

② 俄罗斯国际事务委员会.北极地区:国际合作问题:第二卷[M].熊友奇,等译.北京:世界知识出版社,2016:41-42.

③ 俄罗斯将在北极地区修建铁路 将创下"全球最北"纪录[EB/OL].(2018-10-31)[2019-10-18]. https://world.huanqiu.com/article/9CaKrnKefw6.

启动深水海港终端站建设，用于转运煤炭、石油和集装箱，还要为增加客流创造条件。该项目计划建设全长 46 km 的直达港口的铁路支线，从出口站到十月铁路局拉夫那站的线路，以及通过科拉湾的铁路桥。所有这些工程成本估价为 410 亿卢布①。

为进一步助力北极能源开发，俄罗斯计划投资建设和升级一系列基建设施项目。其中，俄罗斯天然气巨头诺瓦泰克计划在 2019 年年底前将其 LNG 转运从挪威转移到本国水域，并在 2022 年实现在摩尔曼斯克建立永久 LNG 转运码头的计划。

根据俄政府 2018 年通过的"2025 年前俄联邦北极地区发展规划"，政府将拨款 1 600 亿卢布用于发展北极地区。

（四）冰区作业设备建设

在破冰建设方面，中方可以考虑利用自身在集装箱船建造方面的丰富经验，在合作框架内与俄罗斯共同建造适于航道航行条件的冰级集装箱船。此外，中国还可以考虑投资研发建造与俄罗斯共有的破冰船，提高破冰船的引航重量上限至 7 万吨，同时借鉴俄方经验，提前培养一批破冰船、冰级船建造、冰区航行、引航方面的专业人才，便利中方在将来大吨位货船通过北方海航道时的破冰引航和完成北极科考任务。

俄罗斯政府高度重视北极地区的国家安全与经济发展，大力推进北极地区运输基础设施建设，但资金缺乏长期制约着北极战略的实施。完善北方航线上的水文、通信、导航和保障设施，打造核动力破冰船队，修建新的港口、机场、铁路线，都需要巨额的投资。俄罗斯计划通过吸引国内和国外投资来实现上述项目，根据未来中期规划，仅联邦政府就需要拨款 7 000 亿～10 000 亿卢布，2014 年以来俄罗斯面临的国内经济危机与欧美制裁，短期内这些项目很难实施。

二、"冰上丝绸之路"融资需求

美国古根海姆投资公司（Guggenheim Investments）预计，未来 15 年，北极基建资金缺口达 1 万亿美元，涵盖铁路、公路、新能源、海事、社会基础设施等项目。其中，古根海姆公司预计，潜在的新能源项目累计需要投资 500 亿美元，海事基础设施项目需要投资约 160 亿美元②。美国海事杂志《海事行政》2017 年 8 月 16 日援引美国一份智库报告显示，中国在北纬 60°以北地区的投资已经接近 900 亿美

---

① Страница не найдена—ТАСС[EB/OL]. [2019 - 12 - 09]. https://tass.ru/spb-news/2556873％202016 - 01 - 01％EF％BC％89.

② 北极航道发展存在巨大的基础设施缺口 中企如何占先机？[EB/OL]. (2019 - 05 - 29)[2019 - 09 - 11]. https://dy.163.com/v2/article/detail/EGBN8EI705490TJA.html.

元,其中与北极有关的投资项目达21个,价值超过10亿美元[①]。

鉴于巨大的资源储备和可能提高的通航能力,北极的经济价值不断提高。然而,在缺少先进能源开发技术和资金的条件下,俄罗斯难以独自对北极地区能源进行全面开发[②]。根据目前已确定的项目,2024年前俄罗斯开发北方海航道的资金需求高达7 350亿卢布,其中需国家财政支持的部分为2 740亿卢布,预算外融资约4 600亿卢布[③]。这些投资还仅限于港口、进港航道及防冰设施等近港基础设施项目,不包括搜救、灾害预警、沿岸陆地交通等项目的投资。由于受到美国和欧盟等西方国家的经济制裁,加之国际油价大幅回落,俄罗斯财政受到严重的负面冲击。2017—2020年,俄罗斯大规模削减了北极发展经费,目前只保持了120亿卢布的规模[④],这对于庞大的航道开发资金需求而言,无异于杯水车薪。2018年12月,俄罗斯还宣布,打算在2024年前投资5.5万亿卢布(约合人民币5 900亿元),2050年前投资13.5万亿卢布,支持北极地区的基础设施建设、自然资源的开发,而这其中联邦政府仅计划出资0.9万亿卢比,占计划投资额约6.67%,剩下的12.6万亿卢布还需要企业支持。北极沃斯托克石油项目——不仅包括油田开发,还包括管道、道路和港口基础设施——将耗资1 570亿美元(10万亿卢布)。俄罗斯石油巨头将寻求日本投资者为该项目提供10%~40%的融资[⑤]。为了鼓励投资,2020年3月,俄国家杜马通过俄北极油气项目矿产资源开采税优惠法案。法案规定,部分液化天然气领域新项目和北极地区可享受矿产资源开采税优惠。另外,如对万科尔油气田进行基础设施投资,也可享受一定优惠[⑥]。

三、"冰上丝绸之路"的技术需求

"冰上丝绸之路"通过基础设施连通,促进主要经济要素在内陆经济和海洋经济之间流动。北极地区高纬度,低温、磁暴、冰雪等极端天气特点决定了北极技术创新应放在破冰技术、防冻技术以及全球导航定位系统与地理信息系统的综合运

---

① 英媒称气候变暖群雄逐鹿北极 中国亮牌"入局"[EB/OL].(2018-01-30)[2019-09-13]. https://news.sina.com.cn/c/2018-01-30/doc-ifyqyqni5051628.shtml.

② Басильев А. В. Ситуация в Арктике и основные направления международного сотрудничества в регионе/Арктический регион:проблемы международного сотрудничества. Хрестоматия в 3 томах, 2013 г., Т.1 с.14-24.

③ 2024年前俄对北极航线的投资额将达7 350亿卢布[EB/OL].(2019-04-02)[2020-03-02]. http://ru.mofcom.gov.cn/article/jmxw/201904/20190402852996.shtml.

④ 陆钢."冰上丝绸之路"的商用价值及其技术支撑[J].人民论坛·学术前沿,2018(11):35-39.

⑤ 俄罗斯石油巨头就大型北极石油项目寻求日本投资[EB/OL].[2020-03-12]. http://chinaru.info/zhongejingmao/lubuhuilv/59462.shtml.

⑥ 俄杜马通过俄北极油气项目矿产资源开采税优惠法案[EB/OL].[2020-03-19]. http://www.crc.mofcom.gov.cn/article/ecotradeconsult/202003/416810.html.

用技术等。

（一）破冰技术

北极水域海冰存在是船舶航行安全的最主要挑战。无论是开发北极资源,或开辟航道,都离不开"货真价实"的破冰船队。在北冰洋航行时,面对厚实的冰层以及漂移、裂解和融化的冰块,船只如果破冰技术不过关是非常危险的,也是不允许的。俄罗斯对于经过东北航道的船舶设定了较高的破冰技术要求。破冰技术对于提升人类在北极未来活动的安全性是至关重要的。俄罗斯虽然拥有世界上最大规模的破冰船舰队,但是,绝大多数是苏联时期建造的,已经步入报废期,建设一个技术先进的现代化的破冰船船队还需要时日。北极开发需要破冰技术进一步突破,目前,尽管俄罗斯总体上的破冰技术没有哪个国家能够撼动,但是,俄罗斯破冰船体系更新换代还没有完全解决。现有的航道破冰船无法完成对载重4万 t 以上的船只的引航(商家为了节约成本,会采用承重 7 万 t 以上的油轮或液化气运输船进行运输)。适合冰区航行的造船技术和航行技术、冻土地区和脆弱环境下的资源利用技术,激光破冰技术都是技术创新的重点领域。在世界范围内,破冰专项技术不断取得重要进展,水平也远在俄罗斯之上。例如,日本、韩国在极地特种船舶研制,特别是液化天然气运输船方面已经处于全球尖端水平;芬兰的"侧向"破冰技术引领破冰船型创新;中国则在极地高端油气开采装备、极地港口综合建设等方面取得了较快进步。世界各国在极地航行技术领域所取得的实质性进步引起了俄罗斯的高度重视,开始积极寻求国际合作,引入国际资本和技术,加强各国技术力量协同,形成研发合力。

（二）防冻技术

恶劣的寒冷气候与险恶的海洋地理条件,随时可能对航行的船只造成伤害。超低气温还会降低一些船舶组件的有效性。一旦出现冰冻,还会为船舶的船体、推进设备和附属物件增加额外的负重。防冻技术的重要性在于它直接关系到北冰洋航行的商用成本与船员安全。北极地区的低温气候对船舶航行提出很高的防冻技术要求,包括船体结构材料的抗冻性,船舶甲板、海水吸口、甲板管系、通风开口、压载舱透气管开口、液压动力装置等重要部位的除冰技术,船员和货物的安全保护,北极航行船舶所消耗的燃油加温和保暖等[①]。另外,锚泊设备、驾驶台和通导设备、安全设备、消防设施和起货设备等防冻措施、压载水舱的加热措施、海底阀箱的防冰堵设施等船舶构造和设备系统也需要防冻技术加以保障。为此,北极相关国家都在加紧研发防冻技术,以提高北极活动的有效性,降低北极航线的商业性成本。美国正在研发防止结冰的涂层和特殊加温装置,以降低船体及搭载

---

① 陆钢."冰上丝绸之路"的商用价值及其技术支撑[J].人民论坛·学术前沿,2018(11):35-39.

设备的结冰风险,保证低温环境下作业任务的顺利完成。在北极航线水域提供人员与船舶的防冻服务,这也是外国货船在选择"冰上丝绸之路"航行时对俄罗斯的最基本要求。

(三) 全球导航定位系统与地理信息系统的综合运用技术

在中低纬度地区海上航行一般都是通过罗盘判断方向的。罗盘的原理是使用地磁场。在高纬度地区,磁场几乎都是向上的,罗盘使用失效。例如,2013年"永盛"轮首航从白令海峡进入北极,亦即自南向北,从低纬进入高纬时,在北纬73°附近时磁罗经还基本正常。但当船舶自北向南,从高纬进入低纬,船位已经到达北纬69°附近,而磁罗经还没有回复正常,而且误差仍然较大[①]。只能使用GPS、北斗和格洛纳斯等这些全球导航卫星系统导航。开发先进的极地气候导航系统,是保证船舶航行安全的重要保证。地理信息系统是随着计算机技术的发展以及数据处理能力的提升而发展的。在大数据时代,全球卫星导航系统须与地理信息系统(GIS)有机结合,才能对"冰上丝绸之路"商用价值的开发提供有力的技术支撑。中俄共建"冰上丝绸之路"过程中会遇到很多技术性难题,有些是宏观层面的,有些是微观层面的。不管哪个层面,都需要有一个技术平台集成。

此外,"冰上丝绸之路"建设急需的技术创新,还包括环境保护的极地技术装备,在参与北极基础设施建设中提高技术标准、环境保护能力以及创新要素,推动冰区勘探、大气观测、海洋考察等科学考察技术装备的升级、采用无人操作的自动化和智能化观测技术,促进可再生能源开采和航行技术、各种科学监测和探测技术、适合极地环境的工程技术、适合冰区航行的造船技术和航行技术、冻土地区和脆弱环境下的资源利用技术,都是技术创新的重点领域。同时,促进北极数字互联互通和逐步构建国际性的基础设施网络,也是"冰上丝绸之路"发展的一个重要指标。

第二节 中俄共建"冰上丝绸之路"的全面对接

中俄两国贸易互补性很强,特别是在远东和北极地区,两国地理相近,贸易相通,人员往来密切,"冰上丝绸之路"更是两国合力打造的引领东北亚发展,实现合作共赢的发展之路,为此,我国应从战略规划、项目合作、资金等方面实现全面对接。

一、战略规划对接

中俄政治互信的高水平为两国在北极和远东地区全方位合作奠定了基础,而

[①] 钟晨康.北极东北航道安全策略[J].中国船检,2013(11):84-87.

战略契合又为两国合作提供了巨大的空间和具体的指向。东北是我国的工业重地,为国家建设和发展作出了重大贡献。但是,由于资源枯竭和结构性矛盾,东北经济出现了一定的困难。国家高度重视东北经济出现的问题,制定实施了东北等老工业基地振兴战略。2007年8月,国家发改委、国务院振兴东北地区等老工业基地领导小组办公室颁布《东北地区振兴规划》;2012年颁布《东北振兴"十二五"规划》《东北振兴"十三五"规划》。规划围绕实现东北地区振兴的目标和重点任务,完善加快东北地区振兴的政策措施,健全规划实施机制,保障规划顺利有效实施。振兴东北地区等老工业基地,是党中央领导集体审时度势、谋划全局,全面建设小康社会的又一重大战略部署,是继实施沿海发展战略、开发浦东新区、西部大开发战略后的又一重大战略决策。

东北老工业基地振兴的目标是加快经济结构调整的步伐,提高资源利用效率,保护生态环境,形成全方位对外开放格局,进一步发展对外经济合作,为东北亚经济发展提供新动力。

"向东看"发展战略是新一届普京政府外交战略的核心要件。2009年底,俄罗斯总理普京签署第2094号俄联邦政府令,批准俄联邦《2025年前远东和贝加尔地区经济社会发展战略》(以下简称《战略》)。《战略》集中俄罗斯各科研机构、远东和西伯利亚地区全权代表机构、各联邦主体以及该地区商业组织的智慧,是俄罗斯联邦有关区域经济社会发展的重要纲领性文件。《战略》认为,地理位置决定远东和贝加尔地区对外合作的重点是与东北亚国家的经济合作。其中,边境合作是保证俄罗斯东部地区经济社会稳定发展的重要措施。《战略》把远东和贝加尔地区与东北亚国家边境合作的战略目标定位为:优化对外贸易结构,促进经济社会发展,提高居民生活质量,实现稳定地区人口数量的地缘政治目标。《战略》提出了远东和贝加尔地区参与东北亚国际经济合作的主要领域,包括交通、信息通信技术、能源、高科技、采矿、林业、农业、渔业、旅游业、人文和生态等。其中,把与中国东北地区的合作视为优先方向之一。在交通领域,提出深化俄中在航空领域的合作,推动俄罗斯东海岸几个大城市开设到中国的国际航线,发展现有的格罗杰科沃和外贝加尔斯克铁路边检站,建设"下列宁斯阔耶—同江(中国)"跨阿穆尔河(黑龙江)铁路桥;在电信服务领域合作,在俄罗斯和中国边境地区将实施相关合资项目,建设俄中国际高速通信干线,提供可靠、高质量的通信服务和因特网服务系统。

俄罗斯"向东看"的重要目标就是将东北亚地区建成外交战略的新支点和经济增长的新引擎,而这也给东北亚地区国家加强区域合作,改善地区安全环境提供了新课题、新机遇。

中国东北老工业基地振兴战略与俄罗斯"向东看"战略时间、目标契合。中国东北地区和俄罗斯远东地区接壤,经济贸易互补性很强。战略的有效契合以及实现对接为中俄共建冰上丝绸之路提供了基础和前提。

按照规划,两国可以在交通、信息通信技术、能源、高科技、采矿、林业、农业、渔业、旅游业、人文和生态等领域实现对接。

二、项目对接

(一) 石油、天然气合作项目

北极是世界级的战略地区,资源十分丰富。碳氢能源富集,不久的将来,北极地区将成为主要能源供应基地。据预测,很大一部分碳氢能源集中在俄罗斯所属区域。根据现有评估数据,在俄罗斯所属区域大约储存有 500 亿 t 石油和 80 万亿 m^3 天然气。这样的储量,如果按照 2011 年的石油开采水平,足以保障 100 年的开采时间。而相应的天然气开采水平,则可以保障 120 年的开采时间。中俄两国能源合作前景广阔。

作为世界发展中大国,中国正在迅速工业化,需要稳定可靠的能源和原材料供应,而一个日益强大的俄罗斯也需要进入中国这个世界上最庞大的市场。因此,互惠合作在两国发展战略中占据越来越重要的位置。

2013 年 3 月,习近平主席访问俄罗斯期间,双方签署了俄方通过东、西两线对华增供原油的合作协议。每年增供原油总量达到 2 200 万 t,包括从东线在现有中俄原油管道年供油 1 500 万 t 的基础上逐步增供,2018 年起达到总供油量 3 000 万 t;从西线通过中哈原油管道每年对华供油 700 万 t 至 1 000 万 t。未来俄还将通过海运向中俄天津炼油厂每年供应原油 910 万 t。至此,俄罗斯每年向中国供应原油将有望增加到 4 900 万 t。

2014 年 5 月,俄罗斯总统普京访华期间,双方签署了中俄东线天然气合作协议。这个项目的签订,标志着双方在天然气领域合作取得了历史性突破。俄在 30 年内将每年通过中俄东线天然气管道向中国供气 380 亿 m^3,中国境内的用户将超过 5 亿人。普京总统称其为全球规模最大的建设工程。

2014 年 1 月,中国石油与俄罗斯诺瓦泰克公司完成对亚马尔 LNG 公司 20% 股权的交割。中国石油正式进入油气资源竞争日趋激烈的北极地区。这个大型上游投资开发项目集天然气和凝析油开采、天然气处理、液化天然气(LNG)制造和销售、海运为一体,计划年产天然气 250 亿 m^3,将建成 3 条 550 万 t/a 生产线,配套年产 LNG 1 650 万 t 和凝析油 100 万 t,这个项目建成后,中国每年可以获得 400 万 t 的液化气,为我们国家的清洁能源供应提供基础。目前,该项目 1 期已经投产。亚马尔项目,是中国能源公司第一次进入能源勘探、开发、生产、LNG 工厂建设和运营的全过程开发,对于中国未来的液化天然气开发项目都有重大的示范意义。前不久,诺瓦泰克宣布,其第二个北极圈 LNG 项目,年加工能力为 1 980 万 t 的北极 LNG 2 项目,也将有中石油和中海油两家中国公司投资入股。此外,作为北极地区大型能源项目 Yamal LNG 项目的重要参与者,俄罗斯红星造船厂的建设改造也是一个巨大工程,其耗资 2 020 亿卢布(约合 30.8 亿美元),其中,1 460 亿卢布(约合 22.27 亿美元)用于建设船厂设施,其余用于住宿设施和基础设施建设。目前,已有青岛北海船舶重工有限责任公司、南通中远重工有限公司等中国船企承接了红星造船厂的造船设施项目,包括 4 万 t 举力浮船坞、1 200 t 级龙门吊、320 t 级与 100 t 级起重机、高架起重机等,仅 7 座高架起重机的合同总额就约 26 亿卢布(约合人民币 2.72 亿元)[①]。

2014 年 11 月 9 日,中国石油和俄罗斯石油公司签署了购买万科尔项目 10% 股份的框架协议。万科尔油气田位于俄罗斯东西伯利亚北部,占俄罗斯目前原油产量的 11%。其原油是东西伯利亚—太平洋石油管道输油的主要来源,并有相当一部分供应中俄原油管道。万科尔项目入股的模式有助于中俄深化油气上下游一体化合作。

2017 年 4 月,中石油工程建设公司与 NIPIgas 签署了阿穆尔气体处理厂项目第二标段(共三个标段)EPC 总承包合同,合同金额 25.2 亿美元[②]。

2019 年 9 月 5 日,俄罗斯远东航运集团(FESCO)与中国运输企业 Best Ship Energy Management Co. Ltd 公司和浙江瑞能海运有限公司达成协议,开发从远东到中国的液化气罐式集装箱联运业务[③]。

按照中俄双方签订的协议,今后双方还将在石油领域加强一揽子合作,进一步扩大煤炭领域合作,加强清洁煤炭技术的合作等。

(二) 港口项目合作

港口合作是"冰上丝绸之路"建设的基础工程,近年来,中俄环日本海合作不断取得进展。

2014 年 5 月,在上海亚信峰会上,吉林省与俄罗斯苏玛集团签订了合作建设扎鲁比诺万能海港的框架协议,计划为旧港换新颜,建成以集装箱运输为主的重要国际货运港口。

2015 年 11 月,大连港集团与俄罗斯远东运输集团在莫斯科签署战略合作协议。根据协议,大连港集团将就位于远东自由贸易区内的远东运输集团纳霍德卡港的码头堆场、港口设备、冷库等基础设施改造,以及集装箱中转站的设立、大连到纳霍德卡港运输航线的开辟、推进满洲里口岸跨境运输合作等开展前期研究,

---

① 中俄北极合作升温,船企破冰跟上? [EB/OL]. [2020 - 03 - 05]. http://www.shipoe.com/news/show - 29956. html.

② 参与"世纪大单"航天科技承接中俄能源合作项目[EB/OL]. [2020 - 03 - 11]. https://www.thepaper.cn/newsDetail_forward_3939626.

③ 俄罗斯远东航运与中国企业联合开发液化气运营业务[EB/OL]. (2019 - 09 - 05)[2020 - 02 - 13]. http://dy.163.com/v2/article/detail/EOB84G6L0511IJL1.html.

并就相关基础设施的经营与远东运输集团进行股权合作洽谈。大连港等港口可利用自身区位优势与腹地资源,与俄罗斯北方海沿岸港口开展北极项目合作。

2017年6月,天津港(集团)有限公司和俄罗斯符拉迪沃斯托克商贸港有限公司签署合作谅解备忘录。双方在建立战略合作伙伴关系的基础上,将进一步加强在港口装卸、海铁联运及基础设施建设等方面的深入合作,利用西伯利亚铁路开展货物运输,积极推进双方集装箱业务发展和港口信息系统的资源共享,通过大货主、船东和海上承运人大力发展中国与俄罗斯两国之间的集装箱国际海运业务,共同推进中俄海上双边贸易加快发展。

2019年俄罗斯总统普京在投资合作洽谈会上表示,希望中国企业能够参与俄罗斯斯拉维扬卡港的升级改造工作。斯拉维扬卡港是俄罗斯远东地区最大的贸易港口之一,年吞吐量达到数百万吨。目前,该港与中国的大连港、上海港、宁波港、黄埔港等港口有海上货运航线,是俄罗斯对华贸易的主要港口①。

在亚马尔项目中,除投资外,有七家中国制造企业也参与了项目的模块建造,包括中石油下属中国寰球工程公司所在联合体参与项目码头栈桥模块的建设。

加强港口合作建设是中俄双方合作开发北极航线的重要环节,也是促进中俄两国关系发展的有效途径。对此,我国在与俄罗斯的港口合作方面,可积极投资参与扩建北冰洋沿岸港口摩尔曼斯克港项目,重视对普里莫尔斯克港石油输出中心的投资建设,改善港口的基础设施条件、服务结构和生产过程,为中俄两国的石油贸易运输提供便利。对于自然条件优越、前景广阔的港口如不冻良港——海参崴港(符拉迪沃斯托克),以及作为俄罗斯重点扶持项目的大型深水港口——塔曼港,可加大投资力度和合作范围、拓宽参与经营的渠道和模式。

（三）渔业项目合作

渔业合作是中俄两国传统的合作领域,中俄在边境水域联合开展渔政执法,共同养护鲟鳇鱼特有珍稀物种资源、开展增殖放流等行动。20多年来,中俄两国互谅互让、互惠互利,在边境水域的渔业生产、资源养护、打击非法捕鱼等方面开展了持续、深入的合作,取得了丰硕的成果,对养护边境水域渔业资源、促进中俄双方渔业增效和渔民增收等方面发挥了积极作用。

中国是世界第一水产养殖大国,水产养殖产量连续多年稳居世界第一,养殖技术先进,养殖经验丰富。俄罗斯远东地区拥有的可供养殖用的大陆架占全俄的79%,海水水质优良,是发展水产养殖业的良好基地。但该地区水产养殖业规模较小,养殖产量在世界水产养殖总量中所占的比重微不足道,整个俄罗斯的水产养殖产量仅为10~12万t,远东地区为6~8万t,养殖对象主要是鲟鱼和鲑鳟鱼。

---

① 再抛橄榄枝,俄邀请中国参与港口建设,中俄经济合作加深[EB/OL].[2020-03-11]. http://www.chinaports.com/portlspnews/2859.

远东地区优良海水远远没有得到有效利用。近年来,俄罗斯远东地区关注水产养殖业的发展,采取措施发展水产养殖业。据俄远东发展部网站 2017 年 1 月 20 日消息,根据俄渔业养殖水域使用权拍卖计划,2017 年一季度,拟提供远东地区渔业养殖区块 54 块,总面积 5 223.53 hm^2。其中,萨哈林州 3 块,总面积 31.88 hm^2;哈巴罗夫斯克边疆区 18 块,总面积 389.45 hm^2;滨海边疆区 33 块,总面积 4 802.2 hm^2[①]。据俄远东发展部网站 2017 年 4 月 19 日消息,根据《俄渔业发展国家规划》,2017—2020 年,俄联邦财政将向远东地区提供 139 亿卢布资金,用于支持鱼产品加工和仓储基础设施现代化改造、水产养殖、港口渔业设施改造以及管控和打击非法捕捞。这为中国水产养殖业进军俄罗斯提供了战略机遇,也为务实合作创造了条件。

2017 年,中国"烟台同翔食品有限公司"将向滨海边疆区海产品加工企业一期工程投资 3 300 万美元。注册了俄罗斯法人企业,该企业将从事海产品的生产、加工和销售。该公司作为在俄罗斯远东从事水产养殖的第一批中国企业之一,将采用最先进的技术发展水产养殖业。借助该公司拥有的船队和大型基地,在各国找到销售市场。11 月,该企业还申请取得符拉迪沃斯托克自由港入驻企业地位并获得批准[②]。

在渔船建造领域,2015 年 2 月 6 日,由中俄合作建设的首批渔船在旅顺口区滨海船厂下水,此次为中国和俄罗斯两国在渔业海上作业捕捞领域的首次合作,也是辽宁省大型渔业企业对俄罗斯开发远东地区政策的积极响应。中方合作方大连祥海林远洋渔业有限公司以提供远洋渔业捕捞渔船的使用权作为投资条件,与俄方萨哈林州渔业公司合资成立了东北渔业有限责任公司,俄方提供入渔许可与捕鱼配额等,允许中国在俄罗斯 12 海里以内进行捕捞作业,渔获收入按股份比例分配。2012 年,中国政府和俄罗斯政府在北京召开会议,农业部、渔业渔政管理局与国际合作处等参与并确定项目实施,国家发改委对渔船建造提供财政支持,中俄双方此次合作共建造 4 艘远洋渔船。

(四)公路、铁路合作项目

2014 年 10 月,中俄双方签署"莫斯科—喀山"高铁发展合作备忘录,拟推进构建北京至莫斯科的欧亚高速运输走廊。俄罗斯高铁项目线路途经莫斯科、弗拉基米尔、下诺夫哥罗德、切博克萨雷、喀山等地,中车长客的技术专家对包括车体、

[①] 2017 年一季度俄远东地区拟拍卖 5 000 多公顷水产养殖水域[EB/OL].(2017 - 01 - 22)[2019 - 03 - 12]. http://finance.sina.com.cn/roll/2017 - 01 - 22/doc - ifxzutkf2297682.shtml.

[②] 俄远东发展部:中国企业将向远东联邦区水产养殖企业投资 3 300 万美元[EB/OL].[2019 - 12 - 25]. http://www.sohu.com/a/211869209_99931612.

转向架、门系统、卫生系统等都进行了有针对性的研发,以应对该区域的极端低温①。

中国铁建即将成为俄罗斯白海—科米—乌拉尔铁路项目的投资商和承包商,负责提供资金及项目模型。白海—科米—乌拉尔铁路(Belkomur)是俄罗斯北极地区的重要基建项目之一,按照规划,该铁路全长1 252 km,预计总投资达7 000亿卢布(约732亿元人民币),建成后将使北极地区与俄罗斯西西伯利亚地区的运输联系更加紧密②。

(五)破冰船建造项目

破冰船方面,中远海运集团下属的中远海运能源公司,联合日本商船三井,共同投资、建造和运营专门为亚马尔项目建造的ARC7冰级LNG运输船。

中国正在积极与俄罗斯的机构展开工作,与俄克雷洛夫斯基国家科学中心联合落实建造船只的工作项目。中国造船厂乐于与俄罗斯企业合作,因为俄罗斯在制造破冰船领域目前有更多的经验。而俄罗斯企业也愿意合作,因为可以增加收益。

三、资金对接

俄罗斯之所以邀约中国共建"冰上丝绸之路",其中很重要的一个因素,就是可以充分利用中国的资金。第一,中国有足够的资金对俄罗斯进行投资,2015年中国对外投资达到了1 456亿美元,已经成为世界第二大对外投资国,有充足的资金投资"冰上丝绸之路"建设项目,据俄方统计,2019年1~7月,中方企业投资远东跨越式发展区和自由港项目49个,协议的金额27亿美元,是远东第一大外资来源国。双方在基础设施、农林开发、能源资源、港口物流、科技创新等领域的合作项目稳步推进③。第二,俄罗斯北极开发需要大量的资金。俄罗斯的经济总量和我国广东省相当,面对远东地区及北方海航道的开发,其自身的经济体量是难以承受的。与中国和其他国家合作开发是解决俄罗斯资金短缺的有效途径。可以实现双方或多方共赢的结果。从实际情况来看,俄罗斯已经在一些大额资金项目上与他国展开了合作。

在石油化工领域,总投资约为269亿美元的亚马尔液化天然气项目便是其中

---

① 中俄高铁合作项目将在极端低温中挑战400公里/时[EB/OL].(2017-05-27)[2020-03-02].The Paper https://www.thepaper.cn/newsDetail_forward_1695788.

② 突破欧美限制!中俄北极合作将迎来一个关键项目,总投资732亿元[EB/OL].[2020-03-10].https://www.360kuai.com/pc/942609b91eaf876b5?cota=3&kuai_so=1&sign=360_57c3bbd1&refer_scene=so_1.

③ 商务部:前7月中国对俄罗斯全行业直接投资同比增13%[EB/OL].(2019-09-12)[2020-03-11].https://www.dzwww.com/xinwen/guoneixinwen/201909/t20190912_19170977.htm.

一例。该项目由俄罗斯诺瓦泰克公司(持股50.1%)、法国道达尔公司(持股20%)、中国石油天然气集团公司(持股20%)和中国丝路基金(持股9.9%)合资成立的亚马尔液化天然气公司开发。俄罗斯已过半数的股份,实现了对项目的控股权,又吸收了中法的资金,实现了项目的开发。

中国石化作为西布尔战略投资者,目前持有西布尔10%的股份。2020年中石化和西布尔将在丁腈橡胶(NBR)项目的进行合作,双方将在中国合资新建一个年产能5万吨的丁腈橡胶工厂;双方还将在俄罗斯合资新建一个年产能不小于2万t的氢化苯乙烯-丁二烯嵌段共聚物工厂。2020年底,西布尔还将确定是否在俄罗斯远东地区建设阿穆尔天然气化工项目。在实施该项目的情况下,中石化将在该项目中拥有40%股份[1]。

在北极海洋运输领域,中国企业以合资的方式参与开发。2019年6月7日中远海运集团与俄罗斯诺瓦泰克股份公司、俄罗斯现代商船公共股份公司以及丝路基金有限责任公司合资成立北极海运公司。此举,将为两国企业共同开发利用北极航道提供新的契机、注入新动力[2]。

俄罗斯远东渔业领域的开发,也需要吸收中国的资金参与。据俄罗斯远东水产品拍卖行股份公司发布消息称,该公司与黑龙江经济技术合作公司签署协议,以建设符拉迪沃斯托克水产品交易所。"交易所综合体的建设将依靠中国国家开发银行向俄罗斯公司提供的贷款来启动。实施投资项目第一阶段的贷款额为10亿卢布(约合1 694万美元)。"[3]日本海和鄂霍次克海南部俄沿岸附近拥有超过15万hm^2海域闲置并适宜水产养殖,该海域拥有亚太地区市场价值高且畅销的水产养殖品种,如海参、扇贝等。中国是世界上第一养殖大国,掌握最先进的养殖技术,拥有丰富的养殖经验,中俄双方在水产养殖领域的合作。可以实现资源和资金技术的完美结合。中国大连温连水产有限公司计划对俄罗斯远东地区海产养殖进行投资。俄滨海边疆区政府发布消息称,中国公司打算投资2亿美元在该边疆区养殖扇贝、海参和贻贝。把俄罗斯境内的海产养殖生产规模提高30%[4]。

中国已经是俄罗斯远东地区最大的贸易和投资伙伴国,也是俄罗斯加快远东地区经济发展的关键合作对象。经济贸易和投资合作是双边关系中的重要方向。根据《中俄在俄罗斯远东地区合作发展规划》(2018—2024年),俄罗斯正在实施

---

[1] 中俄将分别合资建设两个大型石化工厂[EB/OL].[2020-03-11].http://www.chinaru.info/zhongejingmao/lubuhuilv/59877.shtml.

[2] 中俄签约成立北极海运公司[EB/OL].[2020-03-11].http://www.eworldship.com/html/2019/ShipOwner_0607/150020.html.

[3] 中俄将在符拉迪沃斯托克建设水产品交易所[EB/OL].[2020-03-12].https://www.sohu.com/a/154570315_421212.

[4] 中企拟投资2亿美元在俄罗斯远东养殖扇贝海参[EB/OL].[2020-03-12].http://www.fishfirst.cn/article-84791-1.html.

一系列优惠政策,旨在通过建立良好的营商环境,为俄罗斯及外国投资者提供在全俄乃至亚太地区有竞争力的税收和行政优惠政策,提升远东地区的国际竞争力。鼓励投资的项目包括18个跨越式发展区里的投资项目、符拉迪沃斯托克自由港投资的项目、天然气和石油化工项目、固体矿产项目、国际运输走廊项目(包括滨海边疆区港口,中国东北省份货物运输,以及一系列跨境界河桥梁建设)、农业、林业、水产养殖、滨海1号、2号国际交通廊、跨境桥梁建设、黑瞎子岛开发、俄罗斯岛开发等。俄政府向投资者提供基础设施建设资助,并借鉴国际先进经验采取其他措施支持外商投资。据俄罗斯海关在线发布数据,截至2019年底,在跨越式发展区和符拉迪沃斯托克自由港入驻企业中,有52家中资企业。中国投资总额超过3 000亿卢布[1]。

四、技术对接

北极地区面临着开发强度与生态环境之间的巨大矛盾。脆弱的生态环境一旦遭到破坏将是不可逆的。北极的开发是建立在"绿色"的基础上,"绿色"是北极治理和北极的可持续发展的关键。技术的创新和突破又是关键中的关键,其重点应放在解决气候变化、资源、环境、北极资源勘探与利用技术以及防冻高技术性能船舶问题上,因此,围绕通信、破冰、防冻、低温通用技术、交通运输、北极大数据、基础设施和物流领域的应用进行研究,对于提升人类在北极未来活动的安全性和环境保护能力是至关重要的。我国科技工作者应努力为北极地区基础设施建设和数字化建设以及冰区作业装备的技术需求贡献力量,重视绿色开发技术的利用。我国是海工装备大国,海洋工程装备产业是我国当前加快培育和发展的高端装备制造产业之一。经过近年来的快速发展,我国海洋工程装备制造企业在产品层次、产业分工、经营规模等方面都有很大提高,从总装建造向配套设备和零部件制造领域不断延伸,我国在全球海洋工程装备市场的竞争地位已有显著提升,技术日臻成熟,中俄双方可以在科学监测和探测技术、适合极地环境的工程技术、适合冰区航行的造船技术和航行技术、冻土地区和脆弱环境下的资源利用技术,加强合作对接;我国的北斗系统能提供多个频点的导航信号,能够通过多频信号组合使用等方式提高服务精度,具有实时导航、快速定位、精确授时、位置报告和短报文通信服务五大功能,中俄双方可以在卫星定位及导航技术方面加强合作。此外,中俄双方也可以在注重环境保护的极地技术装备,北极基础设施建设中提高技术标准、环境保护能力以及创新要素,推动冰区勘探、大气观测、海洋考察等科学考察技术装备的升级,鼓励开发和利用新的低成本技术,采用无人操作的自动

---

[1] 中国对远东地区自由港和跨越式发展区项目投资总额超过3 000亿卢布[EB/OL]. [2020 - 03 - 12]. http://chinaru.info/zhongejingmao/lubuhuilv/59438.shtml.

化和智能化观测技术,促进可再生能源开采和航行技术方面进行合作研究。利用我国海洋超级计算平台,开展极地科学数据的研究和应用,集成和融合北极多学科数据,与全球观测数据进行整合,依托大数据技术开发全球气候变化和气象海洋灾害监测预报系统,构建北极海洋大数据平台[①]。

第三节 "冰上丝绸之路"合作方式分析

中俄共建"冰上丝绸之路"的过程,也是中俄利益博弈过程。从短期来看,中俄双方基于自身对博弈形式而展开的主观博弈而形成的均衡必然是合作,这符合双方的共同利益,任何一方没有背离该均衡的动机,因此,从短期来看该博弈均衡是稳定的。从长期来看,由于外部环境的变化和中俄各自的内生性积累导致了中俄对博弈形式的认知发生变化,当俄罗斯综合实力逐步下降,俄罗斯的自我认知发生改变,不在坚守做"世界独立一极",更为关注现实利益时,当美国承诺俄罗斯足够大的利益,与其联合制衡中国时,就可能发生俄罗斯背离最初共建"冰上丝绸之路"的承诺,这将对中国的利益造成负面影响,造成利益损失。因此,在双方共建"冰上丝绸之路"的过程中,中方应该从短期和长期两个视角进行考虑,决定参与方式,避免未来因俄罗斯背离原有承诺而带来的损失。

一、弥合认知差异,寻求最大利益公约数

俄罗斯与中国共建"冰上丝绸之路"主要是基于双方利益的考虑,因此,中俄需要将俄国的利益和诉求与中国的改革开放决心和现实行动力进行沟通、磨合,寻求两个国家利益的最大公约数。在经济合作过程中,针对目前俄罗斯疑虑戒备的心理状态,必须增强俄罗斯参与"冰上丝绸之路"共建过程的利益获得感觉。具体来说,在"冰上之路共建"过程中,应确保俄方利益的获取,通过增加俄罗斯的利益获得感,使其更有动力参与"冰上丝绸之路"建设,降低俄罗斯偏离短期博弈均衡的可能性。"冰上丝绸之路"建设是中俄双方共同的利益追求,要构建利益锁定机制,形成利益共同体。当博弈的外部条件发生变化时,俄罗斯偏离短期均衡可能受到来自中方在其他领域经济惩罚的威胁,从而阻止俄罗斯偏离短期均衡,保障中方利益。

二、利益锁定,注重分阶段投资及阶段利益获取

"冰上丝绸之路"建设过程中应分阶段投资,保持策略选择的灵活性。分阶段投资带来的灵活性实质上是赋予了中方一种期权,即面临未来不确定性情况下的

---

① 李大海,张茇楠.冰上丝绸之路海洋科技创新战略研究[J].中国工程科学,2019,21(6):64-70.

一种选择权,如果发生了不利于中方的情况,中方可以选择不继续投资,并在一定程度上撤回原有的投资。

在共建"冰上丝绸之路"的过程中,每个阶段都应获取相应的收益。从短期来看,应该关注能源获取方面的收益。要视俄方的反应和投资的效果来决定下一阶段的投资方向和投资额度。如果每个阶段的投资,中方都能获取相应的收益,而不是把所有的收益放在未来,就可以有效地帮助中方规避因未来的不确定性而带来的风险。在港口投资模式方面,我国可以合作伙伴的方式参与港口投资建设,或以合资的形式与俄罗斯的港口经营方共同投资组建企业,共同经营。同时,建议俄罗斯适当放宽对港口后方的临港工业园区的开发经营权的控制,鼓励开放经营,允许投资方共同参与管理经营,充分实现港区一体化,提高港口的运作效率。总体而言,对于俄罗斯的港口投资与合作开发,我国应把握时机,在推进俄罗斯港口基础设施的现代化发展的同时,保证我国的投资项目获得较高的收益。

三、注重多元,加大对俄其他领域的经济投资

中俄贸易商品结构单一,主要集中在能源领域。要推动中俄在航空航天领域、现代化农业、军工业、食品加工、林业、远东地区基础设施、装备制造业等其他高技术含量的新兴产业领域的投资合作,构建集生产、加工、集散、物流、保险为一体的完整产业链。通过对俄其他经济领域的投资,一方面短期可以获得经济利益,另一方面增加俄方对中国的经济依赖程度。这在一定程度上增加了俄方在长期博弈中背离最初共建"冰上丝绸之路"承诺的成本。如果在未来俄罗斯有背离行为,那么其他经济领域带来的损失,远超背离行为而带来的收益,如此一来综合考虑,背离就不再是俄罗斯的最优选择。因此,可以在比较利益的基础上,进行平等合理的商品交换,使富有的资源实现优化配置、有偿共享,促进共同发展。

四、加强次区域合作,重视地方外交

地方外交是我国外交的重要组成部分,地方外交也是国家外交的驱动力,地方外交的助力是加速推进国家战略实施的催化剂。次区域合作"是指国土相邻的若干国家在相邻的边疆地区所开展的各种经济合作以及由此形成的跨国经济网络。"[1]次区域合作有助于跨境经济问题的解决。"冰上丝绸之路"倡议提出后,东北三省都提出了对接的规划。辽宁省制定了《辽宁"一带一路"综合试验区建设总体方案》,提出构建"陆海空网冰"互联互通五维枢纽;[2]吉林省发布《沿中蒙俄开

---

[1] 柳建文."一带一路"背景下我国国际次区域合作问题研究[J].国际论坛,2017(3):1-7.
[2] 辽宁印发"一带一路"综合试验区建设总体方案[EB/OL].[2020-04-05]. http://ln.people.com.cn/n2/2018/0910/c378315-32033252.html.

发开放经济带发展规划(2018—2025年)》,提出吉林省全面融入中蒙俄经济走廊,积极参与"冰上丝绸之路"建设,成为东北亚经济合作发展的中心。① 黑龙江省制定了《"中蒙俄经济走廊"黑龙江陆海丝绸之路经济带建设规划》,提出全面建成面向俄罗斯、连接亚欧的综合跨境输网络,形成经济规模较大、带动能力较强的外向型经济体系。② 这些规划的具体实施需要东北三省与俄罗斯远东和北极地区深度融合,通过地方外交搭建交流平台,建立交流机制。目前,中俄合作中高层热、地方冷的现象亟须破解。东北三省应充分利用与俄接壤和合作交流广泛的优势,提高各种平台的利用效率,加强次区域合作,充分利用次区域合作政治风险小,经济成本低的特点,加强经济外交;面对地方外交参与者众、容易造成管理碎片化的现象,加强外交能力建设;③积极对接国家现有的磋商机制,加强中俄合作的制度性建设,进一步加强友好城市建设,完善民间交流机制。

五、政治互信,消弭嫌隙

当前中俄双方有较好的合作政治基础,加大两国政治互信既符合中方当前利益,也符合未来长远利益。通过增强两国政治互信,未来即使美国有联俄制中的策略提出,也不会得到俄罗斯的响应,从而有利于维护中方在建设"冰上丝绸之路"过程中的利益。尽管中俄关系在不断发展,但是,当前的中俄关系呈现出一些显著的特点:政治关系热、经济关系冷,中央热、地方冷,官方热、民间冷,政府热、企业冷等。中俄共建"冰上丝绸之路"倡议的提出,正是希望可以通过全面的战略合作,改变当前两国间不均衡的政治与经济合作局面④。共建"冰上丝绸之路"是俄罗斯进一步与中国构建联盟关系的一个良好契机。一方面,开发"冰上丝绸之路"需要相当长的一段时间,在一定程度上能够保证联盟关系的长期稳定;另一方面,"冰上丝绸之路"的合作建设涉及经济、政治、能源、技术等多方面的沟通交流与利益捆绑,势必也会促进中俄联盟关系的逐渐加深。因此,中俄两国要放下现实的政治利益博弈,开展全面合作,从而实质性地推进"冰上丝绸之路"的建设。

---

① 吉林发布《沿中蒙俄开发开放经济带发展规划(2018—2025年)》[EB/OL]. [2020-04-05]. https://baijiahao.baidu.com/s? id=1640662197160251457.
② 中共黑龙江省委 黑龙江省人民政府《"中蒙俄经济走廊"黑龙江陆海丝绸之路经济带建设规划》[EB/OL]. (2015-04-15)[2020-04-05]. http://news.my399.com/local/content/2015-04/15/content_1505125.htm.
③ 王明进. "一带一路"背景下边疆地方政府外交[J]. 区域与全球发展,2018(6):57-67.
④ 杨鲁慧,赵一衡. "一带一路"背景下共建"冰上丝绸之路"的战略意义[J]. 理论视野,2018(3):75-80.

六、人文交流,建立信任

人文交流是促进中俄两国民心相通,民意相融,世代友好的基础,也是增进相互了解和彼此信任的前提,更是两国经贸合作的最大助力。借助"冰上丝绸之路",可以加强中俄两国人文交流,实现两国文化互鉴和文化认同。中国吸收俄罗斯优秀的传统文化,并将中国的传统文化逐步渗透到俄罗斯,为克服中国公司跨国经营的文化障碍提供基础与保障。俄罗斯吸收和了解中国优秀的传统文化,并将俄罗斯的优秀传统文化传播到中国,为双方彼此接触对方的人文元素,感受彼此的文化精髓创造条件。中俄两国可以在人文交流的碰撞中形成更多的国际认同和信任,构建出两国之间可以共同谋发展、不同文化与文明之间可以求同存异的友好局面。通过增加两国之间的人文交流,促进两国人民感情的提升,有利于中国获取俄罗斯民众的支持基础,从而使得俄罗斯政府不会背离其民意,在共建"冰上丝绸之路"不选择伤害中方利益的策略。

七、沿路合作,扩大"朋友圈"

中国应本着"多元共建"的原则,同"冰上丝绸之路"沿线国家积极开展开放式、多元化、宽领域的国际合作,加强与北方海航道下游的北欧国家——芬兰、挪威、瑞典、冰岛等国进行合作。特别是亚欧基础设施的互联互通与国际大通道合作建设,借助中国同北欧国家的传统友谊和良好互信,在共建"冰上丝绸之路"问题上探索同北欧国家的合作路径。吸引日韩朝三国深入参与"冰上丝绸之路"建设,增加从东北亚地区向俄罗斯北部及欧洲的货运量。"冰上丝绸之路"的建设,给沿线国家带去切实的实惠。因此,应该在如下几个方面,开展沿线国家间的合作。从经济因素方面来讲,"冰上丝绸之路"虽然是以运输线路为前提,但也能够带动地区经济发展。从交通方面来说,沿线国家和城市的交通条件将大幅改善。沿线城市的交通建设将成为两国落实建设"冰上丝绸之路"的重点及优先工程,各国沿线陆海港口、海关等多部门合作机制将得到不断完善,为沿线地区经济融合创造有利条件。从贸易方面来看,"冰上丝绸之路"的"外溢效应"将会不断惠及域外国家。从文化方面来说,"冰上丝绸之路"可以为沿线国家之间开展文化合作创造更多机会,使地区间的文化领域合作将愈加深入,也将促进地区文化在理论与实践层面的相互扬弃与相互转化。

第五章　辽宁参与建设的现实基础

辽宁沿海经济带拥有优越的区位条件,丰富的海域资源,扎实的海洋产业发展基础,是东北地区对外开放的门户,工业实力雄厚、交通网络发达,是我国北方沿海发展基础较好的区域。随着国家"一带一路"向北延伸,辽宁沿海经济带将充分发挥区位优势、资源优势、产业优势,形成对冰上丝绸之路的支持和带动作用,对于促进区域协调发展和推动形成互利共赢的开放格局具有重要战略意义。

第一节　地缘区位优势

辽宁面临黄海、渤海,岸线资源丰富,全省有大陆海岸线 2 178 km 和岛屿海岸线 622 km,沿海港口 6 个,分布在大连、丹东、营口、锦州、盘锦、葫芦岛 6 个省辖沿海城市。其中大连的发展目标被中央确定为东北亚重要的国际航运中心。辽宁地处东北亚中心腹地,是东北唯一既沿海又沿边的省份,参与东北亚区域合作优势明显。

一、环渤海区域对接冰上丝绸之路的重要门户

辽宁地处东北亚地区核心地位,战略地位十分重要,是对内和对外贸易的重要门户。从对内来看,辽宁是东北与环渤海经济区、东北经济区与京津冀都市圈的结合部,是东北地区通往关内的交通要道,东北与华北贸易的连结点,不仅能够承接京津冀经济圈的技术和经济辐射,还承担起东北亚经济圈战略转移的物流通道的重要角色;辽宁作为东北亚经济圈的关键地带还可以辐射和服务到吉林省、黑龙江省和内蒙古自治区的呼伦贝尔市、兴安盟、通辽市、赤峰市和锡林郭勒盟(蒙东地区)等内陆腹地。从对外来看,辽宁向东北经吉林、黑龙江、内蒙古与俄罗斯相邻,是东北地区和内蒙古连接欧亚大陆桥的重要门户和前沿地带;东部以鸭绿江为界河,与朝鲜民主主义人民共和国隔江相望;南临渤海和黄海,紧邻日韩发达经济体。不仅可以获得日、韩的资金和技术转移,还可以充分利用俄、蒙、朝的矿产资源和中草药等战略资源。2009 年 7 月,辽宁沿海经济带开发上升为国家战略,战略定位为:"立足辽宁,依托东北,面向东北亚,把沿海经济带发展成为特色突出、竞争力强、国内一流的产业聚集带,东北亚国际航运中心和国际物流中心,建设成为改革创新的先行区、对外开放的先导区、投资兴业的首选区、和谐宜

居的新城区,成为带动东北地区振兴的经济带"①。经过十多年的发展,构建了东北地区对外开放的大平台,基本形成了内外联动、互利共赢、安全高效的开放型经济体系,扩大了与其他国家和地区的经济合作,特别是面向东北亚的区域合作取得了重大进展,开发门户的地位更加凸显。

二、东北亚区域经济合作的重要"节点"

辽宁位于东北亚区域的中心,处于东北亚经济合作中的"节点"地位,与日本、韩国、朝鲜隔海隔江相望,与俄罗斯、蒙古陆路相通,是东北亚地区重要的装备制造业基地。辽宁装备制造业综合竞争力位于全国第二位,其中,辽宁通用设备制造业、专用设备制造业排名全国第一位②。辽宁装备制造业规模大、基础好、体系全、领域广,多个领域在国际上具有一定竞争力。辽宁沿海经济带形成了以大连港、营口港为龙头,锦州、丹东等港口为支撑,盘锦、葫芦岛港为辅助的相对完整的区域港口物流产业集群。2015年辽宁省紧紧围绕国家提出的冰上丝绸之路建设规划,提出加快三条大通道建设。一是加快建设以大连港等为海上起点,过南海经印尼、辐射南太平洋区域和经白令海峡到欧洲北极东北航道(辽海欧)的海上大通道;二是重点建设以大连港、营口港为起点,连接辽鲁陆海甩挂运输航线,经满洲里、俄罗斯到欧洲(辽满欧)的物流大通道;三是积极争取建设以锦州港、丹东港为起点,至蒙古国乔巴山的铁路出海通道,并最终到达欧洲(辽蒙欧)的蒙古国出海大通道。辽宁在冰上丝绸之路中起到了蒙俄经济走廊的重要作用。2014年9月,中、蒙、俄三国共同达成协议,在协议中首次提出了中蒙俄经济走廊的概念,中蒙俄经济走廊将成为中蒙俄经济连接的重要载体。我国与蒙古国经过磋商决定,蒙古国商品出海口落户锦州港,辽宁各个港口将成为中蒙俄经济走廊建设中的中坚力量,这种跨国的经济合作不仅给港口带来发展优势,同时也为辽宁沿线城市发展带来机会。辽宁省沿海经济带在全省进出口中扮演领头羊角色。2016年,辽宁省沿海经济带进出口总额占全省外贸进出口总额的72.8%,其中,出口占全省出口总额的70.36%;进口占全省进口总额的75.41%。从出口方面来看,在沿海经济带6市中大连依旧一枝独秀,排名第一,增长速度最快的是葫芦岛,盘锦和丹东下降幅度明显。从进口方面来看,在沿海经济带6市中,排名第一的仍旧是大连。从商品出口结构来看,2016年机电商品出口额174.8亿美元,占全省出口额比40.1%,高新技术产品出口额48.1亿美元,占全省出口额比11.2%。2016年8月,中国(辽宁)自由贸易试验区设立,企业进出口经营活动有很大的自由度,进

---

① 辽宁沿海经济带战略定位[EB/OL].(2011-03-12)[2020-02-16]. http://www.china.com.cn/2011/2011-03/12/content_22119163.htm.

② 苗颖.辽宁装备制造业竞争力的比较分析[J].辽宁经济,2017(9):20-21.

出的货物不受数量限制,货物可以在区内自由的买卖存储,进出辽宁省的贸易活动均可在区内自由展开。商品进区以及在区内开展经贸活动更加自由,通关、检验及运输手续都得以简化。辽宁成为东北亚区域经济合作的重要"节点"区域的功能进一步完善,是未来东北亚自由贸易区的最佳承载地。

三、欧亚大陆通往太平洋的重要通道

作为东北地区唯一的沿海省份,辽宁分布着大连、丹东、锦州、营口、盘锦、葫芦岛6个沿海城市及10个沿海县(市)。海岸线横跨渤海和黄海,海域面积约6.8万km^2。拥有大陆海岸线2 290 km,占全国的1/8,居全国第五位,宜港岸线1 000 km,深水岸线400 km,优良商业港址38处。拥有大连港、营口港两个吞吐量超亿吨大港,万吨级以上生产性泊位132个,最大靠泊能力达到30万吨级,已同160多个国家和地区的300多个港口有贸易往来。大连是中国北方重要的国际航运枢纽,位居西北太平洋的中枢和东北亚经济圈中心,是欧亚大陆桥的重要连接点,是我国面向太平洋最近的国际港口,是东北亚和欧美等地相互转运最快捷的通道,历史上曾经三度成为自由港。大连港拥有世界一流、国内最完善的港口集疏运条件,东北地区98.5%以上的外贸集装箱、100%的商品车、60%以上的外进原油从大连港转运,是名副其实的东北外贸第一大港;营口港是中国第八、世界第十二大港口,已发展到4个港区,与50多个国家和地区的150多个港口通航,海铁联运总量居全国第一。锦州港是国家一类开放商港,年吞吐量达1 400多万吨,跻身于全国港口二十强,已与世界30多个国家和地区通航,是中国东北西部和内蒙古东部最便捷的进出口通道。丹东港是中国大陆海岸线最北端的天然深水不冻良港和东北亚物流现代化的枢纽港,年综合吞吐量超2亿t,已与日本、韩国、美国、巴西、俄罗斯等100多个国家的港口开通了海上货物运输业务,年国际旅客进出港近20万人次,是东北地区东部出海大通道最便捷的出海口。

辽宁拥有沈山、哈大等区域干线铁路和烟大轮渡,沈大、沈山、丹大等多条高速公路,铁大、铁秦等输油管道。其中,营口位于"一带一路"中蒙俄经济走廊陆海衔接处,是我国跨区域内贸集装箱多式联运和"北粮南运"核心组织枢纽,中欧班列陆海联运无政府补贴运行的集结组织中心,入选2019年国家物流枢纽建设名单,成为东北地区唯一入选的国家物流枢纽。丹东地处东北亚中心地带,海、陆、空交通非常发达,铁路距平壤220 km,距首尔420 km,沈丹客运专线、丹大快速铁路两条高铁以及东北东部铁路,加上已开通的沈丹、丹大、丹海、丹通四条高速公路,使丹东成为东北东部最便捷的出海大通道,与沈阳、大连形成"一小时"经济圈。盘锦位于辽宁中部城市群与京津唐城市群之间的连接带,距沈阳120 km,距大连350 km,是沈、大等大中城市经济圈的组成部分。锦州和葫芦岛境内有京哈公路、京沈高速公路、京哈铁路和秦沈电气化铁路4条交通大动脉。

辽宁拥有大连、丹东、锦州3个空港,87条国内航线和46条国际航线。大连国际机场已开通航线150条,与13个国家和地区的89个城市通航,27家航空公司参与机场运营,2010年大连国际机场旅客吞吐量突破1 000万人次,成为中国东北地区首家千万级机场。2016年大连国际机场旅客吞吐量首次突破1 500万大关。2018年旅客吞吐量实现1 877万人次。投资265亿元的世界最大海上机场大连金州湾国际机场正在加紧建设,机场建成后,将开通中西部—大连—北美、大连—中西部—欧洲的洲际航线,加密日韩航线,联合东南、西南地区开通经大连中转的东南亚航线,将成为东北及环渤海地区经济增长的新引擎。丹东机场是国内先进的支线机场之一,已开通至北京、上海、深圳、青岛、烟台等城市航班,阶段性开通丹东至韩国首尔和朝鲜平壤临时包机航线,正向功能完备的国际口岸机场迈进。锦州机场是辽宁西部唯一达国际4C级标准的机场,开通九条航线可直达中国上海、广州、深圳、昆明等城市,形成了东北地区最发达、最密集的综合运输体系。

辽宁拥有约2 000 km^{2}的低产或废弃盐田、盐碱地、荒滩和1 000多平方公里可利用的滩涂;镁、硼、钼、石油、天然气等资源储量较大;宜港岸线约1 000 km,80%以上尚未开发;双台河口湿地、丹东鸭绿江口湿地等国家级和省级自然保护区陆域面积1 300多平方公里。到2016年底,辽宁沿海经济带六市总人口2 120.2万人,占全省48.4%;地区生产总值12 065亿元,占全省54.7%;进出口总额665.2亿美元,占全省76.9%;港口货物吞吐量10.9亿t,集装箱吞吐量1 879.7万标箱。其中,大连地处东北亚地区的中心位置,拥有得天独厚的口岸优势,是欧亚大陆桥运输的理想中转港,是中国最大的石油液体化学品集散地和中国北方重要的对外贸易港,是东北地区最大的货物转运枢纽港,承担了东北地区70%以上的海运货物和90%以上的外贸集装箱运输。大连已经具备建设国际航运中心的基本条件。

第二节 海洋产业优势

辽宁省委、省政府以及沿海各市全面贯彻落实党的十八大提出的建设海洋强国的战略部署,转身向海,贯彻落实习近平总书记提出的"海洋是高质量发展的战略要地。要加快建设世界一流的海洋港口、完善的现代海洋产业体系、绿色可持续的海洋生态环境,为海洋强国建设作出贡献"的讲话精神,全力推进海洋强省建设,海洋产业快速发展。辽宁是我国北方沿海发展基础较好的区域,具有诸多的比较优势。

一、海洋渔业

"十二五"期间,辽宁海洋渔业克服国际金融危机和国内经济环境复杂多变等不利因素的影响,保持了平稳较快发展。2015年末,全省渔业经济总产值达到 1 366亿元,位居全国第七,年均增长10.7%;渔业经济增加值达到672亿元,位居全国第七,年均增长9%;水产品总产量达到523万t,位居全国第六,年均增长4%;渔民人均纯收入达到16 639元,位居全国第六,年均增长6.2%;出口创汇达到29亿美元,占全省大农业出口额一半以上,位居全国第四,年均增长10%。近海捕捞强度得到有效控制,远洋捕捞渔船344艘,位居全国第三,产量19万t。发展渔业龙头企业41家,水产品加工企业915家,水产品加工量237万t。休闲渔业蓬勃兴起。2019年,实现海洋渔业增加值415亿元,比2018年增长2%。

辽宁组建了12个国家级和省级重点实验室和工程技术中心,完成国家及省部级重大攻关项123项,培育出一批具有自主知识产权的优良品种,海参、扇贝、河蟹、海蜇、裙带菜等相关研究走在全国前列,形成了一批具有自主知识产权的渔业科技创新成果,通过国家审定的水产新品种6个,获得省、部级以上科技成果奖励22项,其中《刺参健康养殖综合技术研究与产业化应用》项目获国家科技进步二等奖。发展科技型渔业企业34家。水产技术推广体系日臻完善,"五位一体"的推广网络实现全覆盖,培育科技示范户3 500户,建成产学研示范基地15处,推广生态健康养殖面积10万亩,科技贡献率达到58%。渔业经济综合实力显著增强,在全省农业经济中占有举足轻重的地位。①

二、海洋石油化工业

辽宁沿海经济带已形成了门类齐全,产业基础比较雄厚的综合性石油、石化、化学工业体系。辽河—葵花岛、太阳岛、海南—月东、笔架山4个油气田位于辽东湾北部,西起葫芦岛东至鲅鱼圈连线以北的辽河油田滩海油气勘探区,成为辽河油田油气储量和产量的重要接替区。辽宁省将建设大连、盘锦世界级石化产业基地。以长兴岛(西中岛)石化产业基地为核心,以松木岛化工园区为辐射,重点发展有机化工原料和化工新材料、催化剂、医药中间体、电子化学品等高端精细化学品,构建循环经济产业体系,重点打造完整的炼油—PX—PTA—聚酯—差别化纤维产业链。以辽东湾新区石化及精细化工产业园区为核心,以辽宁盘锦精细化工产业园区和辽宁北方新材料产业园为辐射,重点发展化工新材料、精细化工产品和高分子新材料产业,培育完善乙烯、丙烯、碳四、芳烃四大产业链。2019年海洋油气业实现增加值10亿元,比2018年增长42.9%;海洋化工业实现增加值21亿元,比2018年增长10.5%。

大连长兴岛经济技术开发区东北唯一一个石化产业基地,是国家七大石化产业基地之首。现有30万t以上级原油码头达3座,原油罐区1 100万t。全区共

---

① 参见:辽宁省海洋与渔业发展"十三五"规划。

建成30多个泊位,19个泊位对外开放,其中对外开放的化学品泊位6个,泊位设计通过能力为1 860万t/a。长兴岛港区已经成为东北地区单体最大的保税原油仓储基地。区内设立大宗贸易交易中心,为从事石油化工等大中型贸易企业以及服务型企业搭建交易平台。2019年5月,大连恒力石化2 000万t/a炼化一体化项目(全球最大混合脱氢装置)一次性投产成功,标志着长兴岛世界级石化产业基地建设取得重大进展。

辽东湾新区石化及精细化工产业园区是目前中国北方最大的石化基地。园区按照功能划分为石化片区和精细化工片区。目前,盘锦市拥有石化企业300多家,拥有宝来集团、华锦集团、辽河石化、长春石化、浩业化工等一批行业龙头企业,还有沙特阿美石油公司、德国南方化学、西班牙戴纳索等国外巨头投资的企业。2019年2月,沙特阿美和中国兵器工业集团、辽宁盘锦鑫诚集团签署合作协议,计划在辽东湾新区石化及精细化工产业园区建设炼化一体化项目,三方拟投资超过695亿元。该项目包括1 500万t/a炼油、150万t/a乙烯、130万t/a对二甲苯装置。2019年9月,总投资超800亿元的辽宁宝来企业集团有限公司与荷兰利安德巴赛尔工业公司合资石化项目落地盘锦。盘锦市将建设成为世界级石化及精细化工产业基地。

石化工业是辽宁沿海经济带工业的支柱产业,以销售收入指标进行考核,辽宁省在全国列山东、江苏之后居第三位,在省内各工业部门中位居第一位。在石油加工方面,辽宁、山东、广东长期占据着产值比重的前三名,这三省的产值综合占全国的20%。

三、海洋工程装备制造业

辽宁省海洋工程装备和船舶修造企业主要分布在大连、葫芦岛、盘锦、营口、丹东沿海5市。现有大连湾、旅顺开发区、葫芦岛龙港、辽河入海口(盘锦、营口)四大造船集聚区。形成了集造船、修船、海洋工程装备、游艇制造、船舶配套为一体的上下游互动的船舶产业集群。2018年,辽宁省拥有规模以上船舶工业企业74家,其中:从事船舶及相关装置制造企业60家,从事海洋工程装备总装制造企业4家,从事船舶修理企业10家。大连船舶重工已经可以设计建造大型自升式钻井平台、半潜式钻井平台和海上浮式生产储油船,并可提供全部详细设计和部分基本设计服务。大连中远海运重工在浮式生产储卸油装置(FPSO)改装持续保持国内领先地位,在深水海工作业船、极地冰区模块运输船等高端海工和特种船产品生产上技术先进,质量上乘。在大连船舶重工、大连中远海运重工、渤船重工等龙头企业的带动下,涌现出大连华锐重工、大连迪世船机、大连嘉洋、辽宁顺达机械(葫芦岛市)等一批海洋工程配套企业,推出一系列世界级海工装备产品。企业订单数量不断增长,发展势头良好。作为环渤海海洋工程装备积聚区的重要组成部分，辽宁省海洋工程装备总体生产能力和研发能力具有一定的优势。目前，海洋工程装备重点产品主要包括：自升式海洋平台、半潜式海洋平台、立柱式平台（SPAR）、张力腿平台（TLP）、液化天然气浮式生产储卸装置（LNG—FPSO）、风电设备安装船、深海锚泊系统、动力定位系统、海水淡化设备等。在以上9个重点产品中，辽宁省在自升式海洋平台、液化天然气浮式生产储卸装置（LNG—FPSO）2个产品竞争力最强，位居全国前列。半潜式起重平台和张力腿平台产品设计取得重大进展，有望打开新的市场；以"海洋石油982"第六代深水半潜式钻井平台成功交付为标志，表明辽宁省在深水钻井平台建造方面取得重大突破，并在在国内有重大的影响。

作为环渤海海洋工程装备积聚区的重要组成部分，辽宁省海洋工程装备总体生产能力和研发能力具有一定的优势。经过近几年的快速发展，辽宁省已形成了包括科研、生产、配套、修理在内的比较完整的船舶产业体系，具有建造各种吨位的常规船舶、超大型油轮和高附加值船舶的能力。2017年，辽宁省船舶行业造船完工500.0万载重吨，同比增长8.4%；新承接订单623.4万载重吨，高于全国60.1%的平均增幅。2019年海洋船舶工业实现增加值114亿元，比2018年增长16.3%。

四、海洋交通运输业

辽宁省港口资源比较丰富。辽宁沿海港口已基本形成了以大连、营口港为主要港口，丹东、锦州、盘锦、葫芦岛港为地区性重要港口的分层次发展格局，全省港口共拥有大窑湾、长兴岛、鲅鱼圈、仙人岛、笔架山、大东等20余个港区。

"十二五"期间，辽宁港口基础设施建设投资完成1 022亿元，超计划116亿元，是"十一五"的1.9倍。大连港30万t原油码头等96个泊位建成投产，营口仙人岛港区30万吨级航道工程等10条高等级航道投入使用，港口生产性泊位总数达到410个，新增港口通过能力1.5亿t，达到5.8亿t，现有规模化港区主航道均达15万吨级以上。截至2017年底，全省沿海港口共拥有生产性泊位421个，港口综合通过能力达到6.37亿t，其中集装箱泊位26个，通过能力805万标箱。

"十二五"期间，辽宁港口货物吞吐量累计完成47.4亿t，其中集装箱吞吐量8 210万标箱，分别是"十一五"的1.9倍和2.2倍，大连港、营口港一度跻身世界十大港口行列。2016年，辽宁省港口货物吞吐量达到10.9亿t，比上年增长4.0%，港口集装箱吞吐量1 879.7万标准箱，比上年增长2.3%。其中，大连港货物吞吐量4.4亿t，比上年增长5.3%，其中，外贸吞吐量1.4亿t，增长6.8%；集装箱吞吐量958.3万标箱，增长1.4%。营口港口货物吞吐量3.5亿t，增长4.0%，其中，外贸货物吞吐量7 955万t，增长0.6%，集装箱608.7万标箱，增长2.8%。2017年，辽宁港口共完成货物吞吐量11.26亿t，居国内沿海省份第四位;其中集装箱吞吐量1 949.8万标箱,居国内沿海省份第五位。截至2017年底,辽宁港口群总资产约为2 500多亿元。

辽宁省海洋交通运输形成了以大型豪华客滚运输为代表的渤海湾旅客运输网络;以高速客船、客滚船、旅游客船互为补充衔接的多节点陆岛运输网络;以油品、化学品、液化天然气、集装箱、散杂货等运输能力齐备的大型运输船队构成的海上货运网络;以海铁联运、海陆联运等多种灵活机动的运输方式组成的多式联运网络。

五、滨海旅游业

辽宁沿海经济带拥有群岛组合、海洋牧场和海珍品资源、巨型腹地客源等核心优势,沿海六市的旅游规模占据全省的半壁江山。辽宁滨海旅游区是国内游客旅游的重要目的地之一,旅游产品类型多样,包括海滨、湿地、山水、文化观光型产品,海滨、温泉、乡村度假型产品,海上垂钓、温泉疗养等休闲类产品,海上运动、沙滩运动等时尚运动类产品,民俗节庆、赛事等节事类产品。辽宁滨海旅游业对辽宁经济的发展至关重要。2016年,辽宁省滨海旅游业接待国内外旅游超过2亿人次,占全省旅游总人数的46%,旅游总收入达2 244.1亿元,占全省旅游总收入的53%,星级饭店及旅行社的数量分别为269家和560家,占了全省的47.83%和54.11%,滨海旅游的入境旅游人数快速增长,达到189.9万人次,占全省入境总人数的69%。形成了以大连为龙头,营口、盘锦、锦州、葫芦岛和丹东为两翼的国内外闻名的滨海旅游和避暑胜地。2019年滨海旅游业实现增加值839亿元,比2018年增长13.4%。

为了满足中产阶层的消费需求,辽宁沿海加快推进邮轮和游艇等旅游新业态。大连作为辽宁最重要的滨海旅游城市,正在推进大连中国邮轮旅游发展试验区建设,推动大连始发的多港挂靠邮轮航线的开发。吸引邮轮公司开辟挂靠大连港的航线,推进大连邮轮母港建设,将丹东港、营口港、锦州港打造成为访问港,支持拓展邮轮产业链,引导邮轮旅游规范发展,形成布局合理的邮轮港口体系。2018年,大连港邮轮出入境游客量达到了8.5万人次,全国排名第七。大连港2018年出入境游客量同比增长22%,排在全国第四。2018年大连港接待邮轮37艘次,比2017年31艘次高19%。其中,访问港艘次为5艘次,高于2017年的3艘次。访问港的游客量为1.2万人次,增长率为248%[①]。辽宁涉及游艇销售、培训、托管、制造、俱乐部等游艇相关企业共计30余家,最具代表性的游艇码头是大连星海湾游艇码头和东港国际游艇港,拥有360个游艇泊位。滨海旅游业逐渐成为辽宁省经济增长最快、效益最好的新兴朝阳产业。

---

① 谢燮.对大连邮轮旅游发展的思考[N].大连日报,2019-02-25.

六、海洋医药及生物制品业

辽宁沿海经济带海洋医药及生物制品产业集聚区在大连双 D 港。大连双 D 港生物医药产业基地规模以上生物技术与医药企业 49 家,年产值过亿元的企业 7 家,过千万元的企业 10 家,生物技术与医药产业产值突破 100 亿元大关(2009 年),约占全国 10%。以辉瑞制药、欧姆龙、珍奥集团等大企业为龙头,以美罗、汉信、亚维、雪奥等科技企业为骨干的产业集群已经形成,集群优势和辐射带动效应明显。生物制品研发方面具备较强实力,聚集大连工业大学、大连海洋大学、大连医科大学、大连化物所、辽宁省海洋水产科学研究院等海洋生物制品研发机构。这些研发机构,深入挖掘海洋生物资源的药用及保健价值,建立其海洋生物活性物质提取、分离、纯化技术平台,开展药效物质基础和作用机理研究,开发成分明确、疗效显著的海洋药物及保健食品,海洋生物资源可持续开发自主创新能力显著提升。大连花园口经济区是辽宁省政府和大连市政府重点打造的生物产业基地,依托花园口得天独厚的环境优势和坚实的产业基础,广泛吸收生物制药、生物制剂、生物制造、生物环保等生物类产业项目。

第三节　政策和人才优势

辽宁省作为国家工业的摇篮,为国家作出了巨大的贡献,尽管暂时存在困难,但是,国家赋予了辽宁很多优惠政策,助力辽宁腾飞,辽宁省也制定了相关政策,成了政策洼地。辽宁大专院校云集,科研院所众多,科技实力强劲。这些,为辽宁再次腾飞奠定了政策和人才基础。

一、政策优势

2003 年 8 月 3 日,党的十六大首次提出东北老工业基地的振兴方略。2003 年 9 月 10 日,温家宝总理主持国务院常务会议,讨论并原则同意《关于实施东北地区等老工业基地振兴战略的若干意见》。至此,"振兴东北"正式上升为国家战略决策。2003 年 9 月 29 日,中共中央政治局讨论通过《关于实施东北地区等老工业基地振兴战略的若干意见》。

2005 年为落实中央振兴东北的战略部署,国务院下发了《关于促进东北老工业基地进一步扩大对外开放的实施意见》,明确指出,进一步扩大对外开放是实施东北地区等老工业基地振兴战略的重要组成部分,也是实现老工业基地振兴的重要途径。为贯彻实施中央经济发展战略,辽宁省委、省政府经认真研究论证,在 2005 年省委、省政府提出了打造"五点一线"沿海经济带的战略构想。

2006 年 1 月辽宁省政府为支持"五点一线"建设,印发了《关于辽宁省鼓励沿海重点发展区域扩大对外开放的若干政策意见》。该文件12项新增优惠政策中有9条涉及财税政策。

2006年6月"五点一线"战略扩展为辽宁省丹东、大连、盘锦、营口、锦州、葫芦岛全部的沿海城市。

2008年初决定适当扩大辽宁沿海经济带重点支持发展区域范围,赋予其相应政策,以此来推动辽宁沿海经济带又好又快发展。

2009年7月1日,国务院总理温家宝主持召开国务院常务会议,讨论并原则通过《辽宁沿海经济带发展规划》(以下简称《规划》)。至此,辽宁沿海经济带发展已经上升为国家战略,并成为东北老工业基地振兴的推动力。《规划》从区域合作、服务、产业结构、节能环保、社会事业等方面部署了辽宁沿海经济带2020年前的发展规划。《规划》最重要的是强调了辽宁沿海经济带的战略地位,对辽宁和整个东北的新型工业化道路起到推动作用;同时,优化结构调整也点出了辽宁要走新型工业化道路的发展走向。

在推进辽宁沿海经济带开发开放战略的实施过程中,国家相关部委出台了相关政策对辽宁沿海经济带进行重点支持,包括中央预算内投资、财税增量返还、免收涉企行政性收费、金融支持、下放经济管理权限以及拓展融资渠道、人才引进、创新管理体制和运行机制、改善软环境等方面的优惠政策措施。

辽宁省政府出台了《辽宁沿海经济带发展促进条例》《辽宁沿海经济带三年攻坚计划(2018—2020年)》等政策。大连、丹东、锦州、营口、盘锦、葫芦岛六市市长共同签署了《辽宁沿海经济带六城市协同发展行动计划(2018—2020年)》及《辽宁沿海经济带六城市协同发展框架协议》。省发改委和省财政厅在税收减免、财政返还、项目贷款贴息、招商引资奖励、鼓励外贸出口、帮助融资并提供优先贷款担保、免行政事业性收费等方面发挥财政资金引导作用,聚焦重点行业和重大项目,对在辽宁沿海经济带落地的高新技术产业、战略性新兴产业、现代服务业等新动能培育项目,以及国家级创新平台项目给予支持,打造东北振兴区域性发展高地。2007年至2012年,省级财政累计安排辽宁沿海经济带贴息资金18亿元,拉动银行贷款714亿元,带动产业总投资2093亿元,通过贷款贴息的方式,支持现有企业转型升级改造为新动能培育项目,取得了良好效果[①]。2011年,辽宁沿海经济带相关重点园区新增符合补助条件的"七通一平"类基础设施投资额255亿元,新建(扩建)道路2139延长公里,铺设管网5317延长公里,完成土地平整213 km^2。2012年再安排20亿元专项资金,继续支持沿海经济带重点园区基础设施建设工作。2018年省财政已拨付资金1.4亿元,对辽宁沿海经济带12个

---

① 辽宁省18亿元财政贴息带动沿海产业投资2 093亿元[EB/OL]. (2012-08-07)[2020-03-11]. http://www.gov.cn/gzdt/2012-08/07/content_2199752.htm.

战略性新兴产业项目给予支持,拉动固定资产投资 93.9 亿元。2018 年《辽宁省人才服务全面振兴三年行动计划(2018—2020 年)》出台,带动全省上下形成人才加速集聚的良好局面。辽宁省级财政安排 5 亿元支持重大人才工程实施,各地区普遍加大人才投入力度,对新引进或培养的高级人才及以上人才,省政府一次性给予每人最高 100 万元奖励,全球排名前 200 的高校博士来辽从事博士后研究一次性获 20 万元奖励,在辽创办企业的各类人才按贡献度一次性给予最高 300 万元奖励,成功设立国家级重点实验室可获最高 500 万元奖励。葫芦岛市安排 1 亿元、铁岭市安排 5 000 万元作为人才工作专项资金。

二、人才资源优势

辽宁省现有研究生培养机构 45 个,其中包括 8 个科研机构和 37 所普通高校;共有普通高等学校 115 所(含独立学院 10 所),其中中央部委属 5 所,省属 58 所,市属 19 所,民办 33 所;按办学层次分,本科院校 64 所、高职专科学校 51 所。此外另有独立设置的成人高校 19 所。2017 年,全省研究生毕业生达 3.0 万人,普通本专科毕业生 26.9 万人。在毕业生总数中,有近 75% 的毕业生选择在辽宁就业,也就是每年将有 22.4 万研究生和本专科学生在辽宁就业,持续不断地为辽宁沿海经济带输送人才。辽宁省高度重视人才培养和使用工作,积极为人才开展工作搭建平台。截至 2017 年 7 月,辽宁省全省专业技术人才总量已达 323 万人,占全省总人口的 7.4%,其中高级职称人才 48 万人。全省在职技术工人总量 483 万人,占全省总人口的 11%,其中高技能人才 100.7 万人。全省已建设众创空间 105 家,集聚科技创业人才及团队 5 100 余个。目前辽宁省吸纳的高层次人才中,工作关系在辽宁的"两院"院士达 53 人,国家"千人计划"专家 141 人、"万人计划"专家 78 人,国家杰出青年科学基金资助 110 人、"长江学者奖励计划"特聘教授 64 人、"百千万人才工程"国家级人选 76 人,创新人才推进计划国家级人选 78 人,中科院"百人计划"人才 103 人。其中,享受国务院政府特殊津贴专家 8 148 人,位居全国前列。全省在企事业单位建立院士专家工作站 196 家,柔性引进院士专家 520 余人次,承担重大科技专项和重点科研项目 380 余个。全省已建设 15 个省级以上高新区,累计培育高新技术企业 1 800 余家,吸纳大专以上科技人才 31 万人。全省已组建省级以上工程技术研究中心和重点实验室 1 053 个,产业技术创新平台 128 个,产业技术创新战略联盟 76 个①。2018 年"兴辽英才计划"选拔产生杰出人才 10 名、领军人才 226 名、青年拔尖人才 273 名,高水平创新创业团队 48 个。实施省自然科学基金、省博士科研启动基金计划,培育各领域中青年后备

---

① 辽宁专业技术人才达 323 万人 8 148 人享受政府特殊津贴[EB/OL]. (2017-07-19)[2020-01-12]. http://ln.qq.com/a/20170719/017942.htm.

人才 1 647 名;新招收博士后研究人员 593 名,新建国家级高技能人才培训基地 5 家、省级及以上技能大师工作室 21 家,新增技能人才 12.9 万人、高技能人才 4 万人;选派省级科技特派团 43 个,培训新型职业农民 1.9 万人,培训农民技术员 2 369 人。辽宁省大力实施高校院所服务全面振兴专项行动。省内 26 所本科高校和 18 所高职院校与地方签订校地合作协议 60 个,与企业签订校企合作协议 346 个。辽宁省推进建设省级以上重点实验室、工程技术研究中心、众创空间等创新平台超过 1 700 家,近 5 万名科技人才在平台中成长成才、发挥作用。到 2020 年,辽宁全省人才规模实现稳步增长,专业技术人才达到 350 万人,具有高级技术职称人才达到 52 万人,高技能人才达到 112 万人。

第六章 "冰上丝绸之路"驱动辽宁省经济发展的机理

中俄共建"冰上丝绸之路"将极大地提升辽宁省的区位优势,进而对辽宁省经济的发展产生短期与长期的影响。本章将对"冰上丝绸之路"驱动辽宁省经济发展的机理进行分析。

第一节 地缘政治风险与辽宁经济困境

要说明"冰上丝绸之路"对辽宁经济发展有促进作用,首先应找出辽宁省当前经济减速的成因,进而分析冰上丝绸之路对制约辽宁省经济发展的相关因素的影响。因此本节着重从地缘政治风险的视角分析辽宁省经济困境的主要成因。

一、辽宁面临的地缘政治风险

地缘政治风险是根据地理要素和政治格局的地域形式,分析和预测世界或地区范围的战略形势和有关国家的政治行为所形成的风险。地缘政治是政治地理学说中的一种理论。它主要是根据地理要素和政治格局的地域形式,分析和预测世界或地区范围的战略形势和有关国家的政治行为。地缘政治理论的根源,可以追溯到德国地理学家弗里德里希·拉采尔在1897年所提的"国家有机体"论,以及之后发表的"生存空间"概念。但是"地缘政治"这一词,则是源自瑞典学者鲁道夫·契伦(瑞典语:Rudolf Kjellén)。契伦进一步发展拉采尔的理论,用地理来解释政治现象。当前,"地缘政治"意指"国家所处的地理环境与国际政治的关系"。各种地缘政治理论的研究虽然都是以地理环境作为基础,但依据重点有所不同,过去多从历史、政治、军事等方面考虑,而后来对经济、社会等方面的作用日益重视。

辽宁省是我国东北的重要省份,南濒黄海、渤海二海,以鸭绿江为界与朝鲜隔江相望,靠近韩国与日本。辽宁地区周边国家利益交错,地缘政治历史上就尤其复杂,当今更是世界地缘关系发展变化最为复杂的地区之一。其中主要的地缘政治风险来源于朝鲜半岛。长久以来,朝核危机引发的地缘政治风险对区域经济产生了很大的冲击。辽宁省因为邻近朝鲜,首当其冲面临风险。

长久以来,学术界对辽宁省经济困境的成因的研究多集中于经济因素,忽略了地缘政治风险的影响。实际上,投资、出口乃至机制体制改革等因素对经济的影响存在较大的内生性。一方面,这些因素确实会对经济产生影响,另一方面经济发展反过来会影响这些因素。在全国生产要素自由流动的大环境下,上述经济因素并非影响辽宁省经济发展的根本性因素,制约辽宁经济发展的重要因素是地缘政治风险。

二、分析方法

地缘政治风险对辽宁经济的影响是持续的,但某些重要节点的影响会格外突出。本节以朝核危机的重要节点来评估地缘政治风险对辽宁省经济短期发展的因果效应。根据反事实框架(the counterfactual framework),可以假想辽宁地区如果未受地缘政治风险的影响将会怎样,受到影响与未受影响二者之差即为"处理效应"(treatment effect)。通常寻找控制组(control group),在各方面与受政策地区相似却未受干预的其他地区,作为处理组(treated group)的反事实替身。通常很难找到最理想的一个控制地区(control region),在各方面都接近于处理地区(treated region),即受到地缘政治风险影响的辽宁。

2003 年 Abadie 和 Gardeazabal 提出"合成控制法"(synthetic control method, SCM),以 SCM 研究 1975 年之后,西班牙巴斯克地区(Basque Country)恐怖活动的经济成本,使用西班牙其他地区的线性组合来构造合成的控制地区,并使合成控制地区的经济特征与恐怖活动爆发前的巴斯克地区尽可能相似,然后把此后"合成巴斯克"的人均 GDP 演化与"真实巴斯克"进行对比。

根据合成控制法,虽无法找到辽宁的最佳控制地区,但可对中国的若干省份进行适当的线性组合,构造一个更为优秀的"合成控制地区"(synthetic control region),并将"真实辽宁"与"合成辽宁"进行对比,以此分析地缘政治风险对辽宁省经济发展的因果效应。具体做法如下:

假定我们有 $k+1$ 个省份在 $t\in[1,T]$ 期内的经济发展数据,其中 P_{it}^N 表示第 i 个省份 t 时刻不受地缘政治风险影响的经济增长水平;P_{it} 表示第 i 个省份,t 时刻受到地缘政治风险影响的经济增长水平。其中第 1 个省份,即辽宁省在时间点 T_0 受到地缘政治风险的影响,其他 k 个省份为对照组。辽宁省受到地缘政治风险影响后的经济增长水平是已知的,可以通过相关年鉴得到,但辽宁未受到地缘政治风险影响的经济增长水平是未知的。

这里设定模型 $P_{it}=P_{it}^N+D_{it}\alpha_{it}$。$D_{it}$ 是一个虚拟变量,当第 i 个省份 t 时间受到地缘政治风险冲击,则 $D_{it}=1$;反之则取 0。那么当 $D_{it}=1,t>T_0$ 时,有 $\alpha_{it}=P_{it}-P_{it}^N$,为了得到 α_{it},我们必须知道 P_{it} 和 P_{it}^N。其中 P_{it}^N 是不能观测到的,因此,采用 2010 年 Abadie 提出的因子模型来估计一个反事实的 P_{it}^N,则

$$P_{it}^N = \delta_t + \boldsymbol{\theta}_t z_i + \boldsymbol{\lambda}_t u_i + \varepsilon_{it} \tag{6.1}$$

公式(6.1)中 δ_t 是时间趋势；z_i 是不受地缘政治风险影响的控制变量；θ_t 是 $(1 \times r)$ 维未知参数向量，λ_t 是 $(1 \times F)$ 维无法观测到的公共因子向量，μ_i 是 $(F \times 1)$ 维不可观测的省份固定效应，ε_{it} 是不可观测的短期冲击，均值为 0。通过这个决定方程来估计 P_{it}^N。假设第一个省份辽宁($i=1$)受到了地缘政治风险的影响，而其他 k 个省份 $i=2,\cdots,k+1$ 都没有受到地缘政治风险的影响。可以求出一个 $(k \times 1)$ 维的向量权重 $\boldsymbol{W} = (w_2,\cdots,w_{k+1})^T$，满足 $w_k \geqslant 0$，且 $w_2 + \cdots + w_{k+1} = 1$。每个向量 $\boldsymbol{W}$ 的特定值都是对 k 个省份的特定权重。

$$\sum_{k=2}^{k+1} w_k P_{kt} = \partial_t + \theta_t \sum_{k=2}^{k+1} w_k z_k + \lambda_t \sum_{k=2}^{k+1} w_k \varepsilon_{k_t} \tag{6.2}$$

假定存在一个向量组 $\boldsymbol{W}^* = (w_2^*,\cdots,w_{k+1}^*)$ 有：

$$\sum_{k=2}^{k+1} w_k^* P_{k_1} = E_{11}, \quad \sum_{k=2}^{k+1} w_k^* P_{kT_0} = P_{1T_0}, \quad \sum_{k=2}^{k+1} w_k^* z_k = z_1 \tag{6.3}$$

如果 $\sum_{i=1}^{T_0} \boldsymbol{\lambda}_t^T \boldsymbol{\lambda}_t$ 为非奇异阵，则有：

$$P_{it}^N - \sum_{k=2}^{k+1} w_k^* P_{kt} = \sum_{k=2}^{k+1} w_k^* \sum_{t=1}^{T_0} \boldsymbol{\lambda}_t \Big(\sum_{t=1}^{T_0} \boldsymbol{\lambda}_t^T \boldsymbol{\lambda}_t\Big)^{-1} \boldsymbol{\lambda}_s^T (\varepsilon_{kt} - \varepsilon_{is}) - \sum_{k=2}^{k+1} w_k^* (\varepsilon_{kt} - \varepsilon_{1t}) \tag{6.4}$$

Abadie 证明，一般情况下，也就是用 $\sum_{k=2}^{k+1} w_k^* P_{kt}$ 作为 P_{it}^N 的无偏估计来近似估计 P_{it}^N，因此可以得出 α_{it} 的估计值：

$$\hat{\alpha}_{it} = P_{it} - \sum_{k=2}^{k+1} w_k^* P_{kt} \tag{6.5}$$

三、控制组与冲击时点的选择问题

（一）控制组选择

合成控制法(synthetic control method)的关键是选择合适的控制组，正确的合成虚拟的研究对象。一方面，控制组的选择应该是未受到政策实施影响的相关省份，即控制组省份应未受到地缘政治风险建设的影响。根据现有文献的研究，由于地理上与朝鲜接壤，东北三省受到"朝核危机"而引发的地缘政治风险的冲击较大，因此在控制组的选择过程中，将排除吉林与黑龙江二省。另外由于辽宁为沿海省份，其经济特征不同于内陆省份，在"反事实"控制组的选择过程中，为了避免产生偏误，不能很好地分析出"处理效应"，也将相关内陆省份排除。最终选择天津、河北、山东、江苏、浙江、上海、福建、广东和海南 9 个省份进入"反事实"控制组。

（二）冲击时点选择

本节选择 2016 年作为地缘政治风险冲击辽宁省的时点。地缘政治风险之后达到了某一临界值之后才会引发人们的关注，从而对区域的经济形成冲击。"朝核危机"问题由来已久，实际上朝鲜的核武计划，启动于 1950 年代。20 世纪 90 年代初，朝核危机开始爆发，美国根据卫星资料怀疑朝鲜开发核武器。此后爆发了多轮"朝鲜核危机"，但美国主要是采取制裁措施为主，并未打算对朝鲜采取军事行动。因此"朝核危机"前期引发的地缘政治风险并未达到临界值，未对区域经济产生较大的冲击。

2012 年，朝鲜新任领导人金正恩上台，并开始全力推动朝鲜的核计划。2016 年 1 月 6 日和 2016 年 9 月 9 朝鲜进行了第四次与第五次核试验，取得了突破性的进展。2006 年 10 月 9 日的第一次核试验威力为 1 000 t 当量，远低于正常原子弹所该有的 4 000 t 的水平。2009 年 5 月 25 日第二次核试验时，当量已经达到 4 000 t TNT 当量，地震规模 4.5 级。2013 年 2 月 12 日，朝鲜第三次试爆了一枚原子弹，威力达到了 6 500 t 当量，地震规模 4.9 级。而 2016 年 1 月 6 日，朝鲜进行第四次核试验，并宣称自己成功试爆了一枚氢弹，截至朝鲜第四次核试验为止，朝鲜的核武器开发进程一直保持着大约三年一试的匀速，且突破有限。然而自第四次核试验开始，朝鲜却在很短的时间内有了惊人的发展。2016 年 9 月 9 日，朝鲜进行第五次核试验，威力达到了 10 000 t TNT 当量，地震规模 5.04 级。朝鲜在核武器方面的进展引发了国际社会的担忧，特别是 2016 年，美国新任总统特朗普对朝鲜表现出除了极为强硬的态度，一度宣称要对朝鲜进行武力打击。由此 2016 年"朝核危机"引发的地缘政治风险超过了影响区域经济的临界值，对区域经济产生了极大的冲击。因此，本文以 2016 年为地缘政治风险冲击时点。

四、数据与实证结果

本节使用 2010—2019 的省级平衡面板数据来测算地缘政治风险对辽宁经济增长的冲击效应。本节的控制组包括天津、河北、山东、江苏、浙江、上海、福建、广东和海南 9 个省份；处理组为辽宁省。本节结果变量为经济产出，进行模拟分析时选择的预测控制变量包括：产业结构、固定资产投资、劳动力数量、研发投入和出口等 5 个变量。本节所用数据均来自中国统计局网站。

经济产出以各省份的 GDP 度量，单位亿元。鉴于第一产业在现代经济中的比重显著下降，第二产业和第三产业发展一并成为衡量经济发展阶段的重要指标，因此本文采用第三产业与第二产业的比重来定义产业结构高级化的指标。固定资产投资以该省全社会固定资产投资来测度，单位为亿元。劳动力数量以该省年末常住人口来度量，单位为万人；研发投入以规模以上工业企业 R&D 经费测

度,单位万元;出口以经营单位所在地进出口总额测度,单位为千美元。数据的描述性统计如表6-1所示:

表6-1 数据描述性统计

变量名	观察值	均值	标准差	最小值	最大值
经济产出	100.00	37 022.50	24 839.70	2 064.50	107 671.10
劳动力	100.00	5 465.53	3 311.34	869.00	11 521.00
产业结构	100.00	1.22	0.52	0.65	2.85
固定资产投资	80.00	20 244.31	13 769.65	1 317.04	55 202.72
研发投入	80.00	6 576 648.00	5 511 616.00	57 760.00	21 100 000.00
出口	100.00	305 000 000.00	290 000 000.00	8 648 577.00	1 090 000 000.00

通过合成控制法的合成权重表展示了构成合成辽宁的权重组合,共选取个3个省份,具体如表6-2所示:

可看出,根据合成控制法计算的结果,未受地缘政治风险影响的辽宁由3个省份合成,分别是天津、河北和山东。其中,天津的权重最高,为47.4%,其次是河北,权重为33.2%,再次是山东,权重为19.40%。也就是说虚拟的辽宁由47.4%的天津,33.2%的河北和19.4%的山东组成。合成后的辽宁与真实辽宁的各项预测控制变量的对比情况如表6-3所示。表6-3给出了受到地缘政治风险影响之前真实的辽宁与合成的辽宁的对比。可以看出,合成后的辽宁与真实的辽宁基本接近,其中人口方面合成后的略高于实际值,固定资产投资略低于实际值,但产业结构、研发投入和出口等三个指标拟合的效果非常

表6-2 合成权重表

省份	权重
天津	0.474
河北	0.332
上海	0
江苏	0
浙江	0
福建	0
山东	0.194
广东	0
海南	0

好,总体来看,合成后的辽宁与真实的辽宁接近,因此合成控制法比较好地拟合了辽宁省在受到地缘政治风险冲击之前的特征,该方法适宜估计地缘政治风险对辽宁的冲击效果。

表6-3 真实辽宁与合成辽宁的对比

指标	真实辽宁	合成辽宁
劳动力/万人	4 385.60	4 960.40
产业结构	0.74	0.81
固定资产投资/亿元	21 088.82	11 485.29
研发投入/万元	3 053 810.00	3 874 902.00
出口/千美元	102 000 000.00	118 000 000.00

图 6-1 刻画了真实的辽宁省与合成辽宁的 GDP 的演变路径。其中,垂直虚线所对应的年份表示辽宁省受到地缘政治风险冲击的时点,由于朝鲜第四次核试验的时间是 2016 年 1 月份,因此,2016 年地缘政治风险已经产生,因此将虚线位置向前推移一年,至 2015 年。

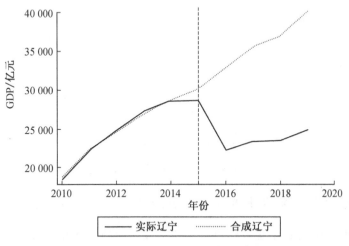

图 6-1　辽宁实际和合成的 GDP

从上图中我们可以看到在"朝核危机"引发的地缘政治风险冲击之前,合成的辽宁与真实辽宁的经济增长路径几乎能够完全重合,说明合成控制法非常好地复制了地缘政治风险冲击之前辽宁的经济增长路径。在朝核危机引发的地缘政治风险冲击之后,辽宁的经济增长明显低于合成辽宁的经济增长,并在以后的年度中持续低于合成辽宁的经济增长,二者的差距逐步拉大。两者之间的差距意味着相对于没有受到地缘政治风险冲击的辽宁,地缘政治风险降低了辽宁经济的增长速度。地缘政治风险对辽宁省经济形成了显著的负面作用,成为辽宁省经济困境形成的主要原因之一。

为了更直观地观察地缘政治风险对辽宁经济增长路径的影响,本节计算了地缘政治风险冲击前后实际辽宁与合成辽宁的 GDP 的差距。图 6-2 显示,从 2010 年至 2015 年,两者 GDP 的差距在 0 值附近上下波动。自 2016 年开始两者的差距明显为负,并且差距持续扩大。可见 2016 年后,由于地缘政治风险的冲击,使得辽宁经济的增长受到了负面影响。

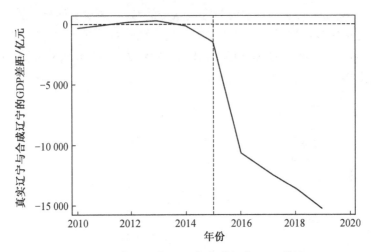

图 6-2 真实辽宁 GDP 与合成辽宁 GDP 差距

五、地缘政治风险冲击辽宁经济的路径

从经济视角来看,地缘政治风险影响已经渗透到全球和区域的金融与能源、投资与贸易等经济领域。地缘政治风险对全球或区域的金融、全球股票市场、全球油价和能源安全等领域造成了巨大影响。在中东和非洲地区,一些国家的国内冲突以及全球范围内的恐怖袭击导致的地缘政治风险严重影响到了国家、地区和世界的经济发展。不断涌现的地缘政治风险严重影响了国际和区域间贸易、投资等商业活动的正常运行[①]。

地缘政治风险对辽宁省经济的冲击,主要是通过影响投资等活动形成的。投资对于风险的反应是敏感的。根据经典金融理论,投资的收益应与投资承担的风险相匹配。要使投资者承担更高的风险,必须给予投资者额外的风险溢价作为补偿,否则投资者会将资本投向风险更低的领域。地缘政治风险的产生,使得在辽宁,乃至东北的投资者面临更大的风险,但却得不到相应的风险溢价作为补偿。理性的投资者比如选择将资本投向其他风险更低的省份。从统计数据来看,2015 年辽宁省全社会固定资产投资为 17 917.89 亿元,而 2016,则迅速降至 6 692.25 亿元,仅约为 2015 年的 37%。投资数字的变化,印证了上述的理论分析。

投资的下降将进一步冲击整个经济系统。投资作为经济产出的重要构成要素之一,与经济增长密切相关。在现代经济周期理论中,投资是经济产出的先行指标,投资变动领先于产出变动,投资的波动幅度要明显大于产出波动的幅度;投

---

① 熊琛然,王礼茂,屈秋实,等.地缘政治风险研究进展与展望[J].地理科学进展,2020,39(4):695-706.

资波动是导致经济波动的主要原因。改革开放以来,我国每一次的经济过热,都伴随着固定资产投资的热潮,固定资产投资对我国经济的拉动作用非常明显。反过来,经济景气指数的上升会刺激投资规模的扩大,即经济增长存在投资引致效应。投资还因对产业结构、产业布局、产业组织的影响,对未来供给能力的直接作用而影响经济增长质量与长期速度[①]。

由于地缘政治风险的冲击,辽宁省经济振兴面临较大困境。而"冰上丝绸之路"的建设将在很大程度上缓解地缘政治风险的冲击。一方面,"冰上丝绸之路"建设将改变投资者对于在辽宁投资的未来收益的预期,从而促使其增加在辽宁的投资,缓解地缘政治风险冲击带来的投资下降。另一方面,区域国家通过参与"冰上丝绸之路"建设,聚焦经济发展,将在一定程度上降低区域的地缘政治风险,这样将缓解因地缘政治风险冲击带来的投资下降。本章余下内容将对"冰上丝绸之路"驱动辽宁省经济发展的机理展开分析。

第二节　"冰上丝绸之路"对辽宁区位的影响机理

东北振兴是我国重要的经济战略。2018年9月,习近平总书记在深入推进东北振兴座谈会上提出新时代东北振兴,是全面振兴、全方位振兴。从地缘上看,东北靠近北极,是我国参与"冰上丝绸之路"建设的桥头堡。"冰上丝绸之路"对于东北经济振兴也会产生巨大影响。辽宁作为东北的重要省份,必然也将获益于"冰上丝绸之路"的建设。本节从短期和长期两个视角,分析"冰上丝绸之路"驱动辽宁经济增长的机理

一、"冰上丝绸之路"对辽宁区位的影响

"冰上丝绸之路"建设将对辽宁的交通区位与经济区位产生重要影响。交通区位状况是凸显相应经济区位优劣的先决条件,也是影响区域发展的关键因素,交通区位的每一次改变都有可能引发区域发展的变动。经济区位的改善也将进一步促进交通区位的提升,因此,二者相互影响,相互促进,最终提升辽宁省在整个区域的区位优势。

辽宁省地处我国东北区域,濒临渤海与黄海。相对于吉林与黑龙江两个省份,辽宁因为濒临海洋,有大连、营口等天然良港,加之辽宁省与其他经济发达省份地理距离更近,辽宁省在交通网络中有较好的交通区位。相较南方省份,辽宁省因地理上靠近日韩,从辽宁的大连港至美国西海岸主要港口的距离更短,但因受制于经济发展水平,距离优势并未得到充分发挥。相对于南方省份,辽宁至东

---

① 杨东亮,赵振全.东北经济失速的投资性根源[J].东北亚论坛,2015,24(5):94-107,128.

南亚和欧洲的地理距离更远，交通成本高，便利程度下降。"冰上丝绸之路"的建设缩短了辽宁省与欧洲，特别是与北欧的距离。根据经济地理中广泛使用的引力模型来分析区域之间的联系强度。可以知道，区域之间的相互作用与城市的规模成正比，与距离成反比[1]。通过优化模型中的相关参数，得到区域的联系强度模型：

$$T_{ij} = k \frac{\sqrt{P_i V_i} \sqrt{P_j V_j}}{D_{ij}^b} \tag{6.6}$$

式中：T_{ij} 为区域 i 与区域 j 之间的相互作用强度；P_i 和 P_j 分别为区域 i 和区域 j 的人口指标，这里为区域的常住人口数；V_i 和 V_j 分别是区域 i 和区域 j 经济指标，这里使用 GDP 来测度；D_{ij} 是两个区域间的时间距离，这里采用两个区域之间的海运航行时间来测度；b 为距离摩擦系数，这里取 2[2]；k 为常数，这里取 1。从现有研究来看，"冰上丝绸之路"的建设能极大地缩短辽宁与欧洲各贸易伙伴的距离，特别是北欧各贸易伙伴之间的航行距离，减少航行时间。因此辽宁与欧洲各贸易伙伴之间的相互作用强度必然增加，在此情况下，辽宁在整个交通网络中的交通区位将得到改善和提升。

从新中国成立至改革开放之前，辽宁省在国民经济中扮演重要角色。一方面辽宁省国内生产总值（GDP）的全国占比较高，辽宁省国内生产总值（GDP）一度在全国排名第一；另一方面，辽宁省是重要的工业基地，是新中国的"工业摇篮"，辽宁为全国提供了大量的原煤产量、发电量、钢材和机床等设备。新中国的第一架战斗机，第一艘导弹潜艇和第一艘万吨巨轮均产自辽宁，可见辽宁省在中国工业发展史中的重要地位。改革开放之后，辽宁省经济的增速落后于南方发达省份，GDP 在全国总量中的占比不断下降。近年来，辽宁省经济发展更是面临了较大的困境，经济一度负增长，固定资产投资放缓，人口流失。

辽宁经济区位优势弱化一定程度上是受交通区位的影响。"冰上丝绸之路"的建设将大大降低辽宁与欧洲贸易伙伴的时间距离，从而增强辽宁省与欧洲贸易伙伴的联系强度，改善辽宁的交通区位。交通区位的改善，将提升辽宁省的经济区位。一方面来自俄罗斯的石油、天然气和初级原材料可以在辽宁汇集，经过炼化加工后向全国输出；另一方面，由于交通区位的改善，向欧洲出口的相关产业将在辽宁省聚集，而产业的聚集将引发人才、技术和资本在辽宁省的聚集，最终提升辽宁的经济区位。

---

[1] Taaffe E J. The Urban Hierarchy: An Air Passenger Definition[J]. Economic Geography, 1962, 38(1):1-14.

[2] 孟德友,陆玉麒. 基于铁路客运网络的省际可达性及经济联系格局[J]. 地理研究,2012,31(1):107-122.

二、短期视角的"冰上丝绸之路"建设对辽宁经济发展影响的机理分析

"冰上丝绸之路"完全建成需要较长时间,北极航道的建设很大程度上受到气候变化的制约。从北极航道当前的利用情况来看,由于航道内的海冰面积大、密集度高、厚度大,船舶仅能在夏季某些月份内通航。据北极理事会(Arctic Council)的乐观估计,要到2030年左右北极地区才有可能出现无冰的夏天,北极地区通航时间可由现在2～3个月延长到5个月以上[1]。而北极地区的全年通航,则可能需要到2050年[2]。因此,要全面发挥"冰上丝绸之路"的影响,全面改善东北的区位要素尚需时间。但从短期来看,融入"冰上丝绸之路"建设仍会对东北经济振兴起到积极的促进作用。

首先,"冰上丝绸之路"建设可以通过带动辽宁省基础设施投资,促进辽宁省经济发展。从地缘上来看,东北地区与俄罗斯毗邻,是我国临近北极航道的重要区域,也是建设"冰上丝绸之路"的桥头堡。要充分发挥"冰上丝绸之路"的联通作用,必然需要在东北地区建设若干战略支点港口,并改善东北的集疏运条件。因此这就需要对基础设施进行大量的投资。基础设施对经济的促进作用已经得到了很多经济学家的证实。一方面,基础设施投资对经济发展有直接的拉动作用。基础设施投资作为国民经济的一项要素投入能引起总产出直接增加,同时还会通过乘数效应带动几倍于投资额的社会总需求进而促进区域经济的发展。另一方面,基础设施投资还能间接地促进经济的增长。第一,基础设施投资能够通过提升全要素生产率促进区域经济发展。1989年Aschauer对基础设施投资对生产率变动的影响进行了研究,发现公共交通、高速公路和机场等主要基础设施对全要素生产率有显著的促进作用[3]。1999年Duggal进一步发现基础设施通过促进全要素生产率的提高而引起经济的长期增长[4]。国内一些学者,如刘修岩、张先锋和丁亚娟等的相关实证研究发现了相同的证据。第二,基础设施还能通过降低企业交易成本,提升企业交易效率,促进区域经济的发展。基础设施投资利于交易成本的降低,提高交易效率,进而促进分工的形成,而后通过扩大分工经济的空间进而促进分工演进和经济增长[5]。此外,基础设施服务对人力资本水平的提升也有促进作用,Agnor认为基础设施服务水平的提升有助于健康水平的提升和教

---

[1] Arctic Council. Arctic marine shipping assessment 2009 report[R/OL]. [2019-11-18]. http://library.arcticportal.org/1400/.

[2] 白春江,李志华,杨佐昌.北极航线探讨[J].航海技术,2009(5):7-9.

[3] Aschauer D A, Is Public Expenditure Productive? [J]. Journal of Monetary Economics,1989,23(2):177-200.

[4] Duggal V G, Saltzman C, Klein L R. Infrastructure and Productivity: A Nonlinear Approach[J]. Journal of Econometrics,1999,92(1):47-74.

[5] 杨小凯.经济学:新兴古典与新古典框架[M].北京:社会科学文献出版社,2003.

育投资的改善,从而提升社会的人力资本水平,有利于经济的健康持续发展①。因此,融入"冰上丝绸之路"带来的基础设施投资增加必然在短期拉动东北经济的增长。东北三省中,仅辽宁省濒临海洋,拥有天然良港,可以作为"冰上丝绸之路"国内的战略支点。而要成为"冰上丝绸之路"的战略支点,辽宁需要对基础设施进行大量的投资,这必将带动辽宁省经济的短期发展,并为经济发展奠定基础。

其次,融入"冰上丝绸之路"建设可以促进基础设施产品、装备的输出,拉动辽宁省经济增长。当前,北极航道的基础设施严重不足。从硬件基础设施来看,俄罗斯北方海航道沿线的港口基本都是苏联时期建设的,码头规模小,港口设备陈旧老化,集疏运条件极差,缺少公路或铁路等基础设施。从软件基础设施来看,北极航线所需的天气、水文和海冰数据等信息"软设施"的也严重不足。因此,"冰上丝绸之路"建设需要大量各式装备与产品。辽宁是我国重要的老工业基地,拥有良好的工业基础。辽宁大连更是我国装备制造业的重要基地之一,装备制造业的产业规模大、门类多、技术力量雄厚,因此,辽宁可以成为提供"冰上丝绸之路"建设过程中所需装备与产品的供应中心。产品装备的输出必然带动辽宁省经济的发展。从需求端来看,出口作为一种拉动需求增长的因素,必然能够带动产出的增加。从供给端来看,出口可以导致技术和知识的扩散,进而推动区域经济的增长。②

最后,"冰上丝绸之路"建设需要大量的资本投入,辽宁可以通过对外投资,提振经济。自然资源的开采、运输和港口等基础设施的建设都需要大量的资金。俄方选择与中方共建"冰上丝绸之路"一定程度上也是寄希望于中方的资金优势。大连作为东北的重要城市,也是区域的金融中心,拥有完善的金融机构体系。凭借其地缘优势,大连有望成为服务"冰上丝绸之路"的金融中心,这必将引起金融资源的聚集。金融资源聚集对本地区经济增长有积极的促进作用,并进一步产生辐射和扩散效应③。因此金融资源在大连的聚集必将促进整个辽宁地区经济的发展与振兴。

---

① Agenor P. Health and infrastructure in a model of endogenous growth[J]. Journal of Macroeconomics,2008,30(4):1407-1422.

② Grossman G,Helpman E. Comparative advantage and long-run growth[J]. American Economic Review,1990,80(4):796-815.

③ 刘红.金融集聚对区域经济的增长效应和辐射效应研究[J].上海金融,2008(6):15-20.

三、长期视角的"冰上丝绸之路"对辽宁省经济发展的影响机理分析

地理因素是影响区域经济发展的重要因素[①]。地理经济学理论认为区域之间的经济联系遵循"距离衰减法则",即区域之间的经济联系强度在空间上具有明显的距离衰减特征,一般趋势是距离越远,联系越弱。从长期来看,"冰上丝绸之路"建设将缩短东北区域与欧洲之间的时间距离。必将提升东北地区与欧洲之间的经济联系,促进东北地区的经济发展。

首先,长期来看,"冰上丝绸之路"建设将降低经济成本,对辽宁区域的企业,特别是对欧出口的企业而言,其运营成本会降低。整个经济运行成本的降低,必将促进辽宁地区经济的增长。由于辽宁与欧洲运输距离的缩短,辽宁企业获得向欧洲出口的优势,而出口的增加直接扩大了地区经济带的总需求,也将拉动辽宁区域经济的增长。另外,市场规模的扩大将促进专业化分工的细化,而分工细化也将进一步促进辽宁区域经济的增长。

其次,"冰上丝绸之路"建设将提升辽宁的开放程度。从广义上来看的"冰上丝绸之路"不仅是一个航运通道,也是该航运通道沿线国家的经济合作。这将密切东北亚区域相关国家与欧洲之间,以及东北亚区域内部相关国家的经济合作。带来资本、人才、信息和技术更大范围,更快速地流动。这将促进东北地区资源的优化配置,提升资源的配置效率,促进整个区域的经济增长。

最后,"冰上丝绸之路"建设将降低东北区域的地缘政治风险。一直以来,东北亚区域的地缘政治环境复杂,矛盾冲突不断。特别是自朝鲜新任领导人金正恩上台以来,东北亚区域地缘政治风险不断升高,由此产生的不确定性对东北地区经济发展带来了较大的冲击,严重影响了资本流入东北地区,制约了东北地区的开放与发展。"冰上丝绸之路"建设将紧密东北亚区域国家之间的关系,降低区域的地缘政治风险。以朝鲜为例,"冰上丝绸之路"建设将为朝鲜提供更大的发展机会[②],有助于朝鲜将其政策重心从军事转向经济建设,从而使区域地缘政治风险趋于缓和。实际上朝鲜已经释放出了要集中力量发展经济的信号[③]。"冰上丝绸之路"建设则为朝鲜提供了一个契机。区域地缘政治风险的减低为资本提供了相对安全的投资环境,有利于资本要素的流入,而资本要素的流入会进一步带动劳动力等要素的流入和科技创新,形成相关产业在东北区域的空间聚集,使东北成为区域新的增长极。

---

① Krugman P, Elizondo R L. Trade Policy and the Third World Metropolis[J]. Journal of Development Economics,1996,49(1):137-150.
② 李振福,邓昭.参与"冰上丝绸之路":朝鲜的条件和策略[J].东北亚经济研究,2019(4):5-17.
③ 李振福,邓昭.参与"冰上丝绸之路":朝鲜的条件和策略[J].东北亚经济研究,2019(4):5-17.

第三节　辽宁嵌融"冰上丝绸之路"的优势、问题与对策

从以上的分析中,我们可以看到,"冰上丝绸之路"对辽宁区域经济发展具有积极的促进作用,辽宁在嵌融"冰上丝绸之路"过程中也有一定的优势,但是也存在不可忽视的问题,必须采取相应的对策,确保融入能够带显著的经济提振效应。

一、辽宁嵌融"冰上丝绸之路"的优势与存在的问题

首先,东北地区具有地缘优势。相较于国内其他区域,东北地区距离北极地区最近,处于东北亚核心位置。东北地区在"冰上丝绸之路"上将具有"向北、向南、向东"的三向优势,是中国内陆地区与"北极航线"衔接的重要枢纽。其次,东北地区有工业基础优势。东北地区是我国重要的工业基地,工业基础雄厚。东北地区的工业体系既具备了短期为"冰上丝绸之路"的建设提供相关装备与产品的能力,也具备了未来与欧洲相关产业对接的基础。再次,东北地区具有政策优势。2003年,我国制定了东北振兴战略。此后中央出台了一系列的促进东北振兴的相关政策,支持东北经济发展。2018年,习近平总书记在深入推进东北振兴座谈会上指出,"东北地区是我国重要的工业和农业基地,维护国家国防安全、粮食安全、生态安全、能源安全、产业安全的战略地位十分重要,关乎国家发展大局"。可以看出,东北地区在我国新一轮对外开放格局中占据重要位置。最后,东北具有融入"冰上丝绸之路"建设的情感优势。东北与俄罗斯毗邻,从历史来看,东北与俄罗斯有很深的渊源。东北至今仍保留着很多与俄罗斯有关的遗迹,如大连旅顺的火车站、胜利塔、日俄战争遗迹等。俄罗斯人对中国认知度最高的区域就是东北。在中俄人文合作的框架下,东北具有发展对俄合作的吸引力。

东北在融入"冰上丝绸之路"建设过程中也有一些不足。首先,东北地区机制体制较为僵化。这使得东北在相关政策的提出时不能灵活创新,积极应变。其次,东北地区营商环境不够理想,制约了资本的流入。再次,东北经济发展总体滞后,特别是在战略新兴产业培育方面落后于南方发达省份。最后,从东北地区总体来看,市场化程度不够,资源配置效率不高。这些不足都制约了"冰上丝绸之路"建设对东北经济振兴的促进作用。

二、辽宁嵌融"冰上丝绸之路"的对策

习近平总书记指出东北应"深度融入共建'一带一路',建设开放合作高地"。"冰上丝绸之路"是"一带一路"倡议的北向延展,东北地区应抓住当前"冰上丝绸之路"建设的机遇。结合"冰上丝绸之路"对东北地区短期与长期的影响机理,有针对性提出相应对策,深度融入"冰上丝绸之路"建设。这既有利于国家战略的实

现,也有利于东北自身的发展。

首先,东北地区应积极寻求国家在"冰上丝绸之路"建设规划中的战略枢纽定位。若国家在"冰上丝绸之路"建设规划中将东北相关城市定位为战略枢纽,东北在"冰上丝绸之路"建设过程中的重要性将会凸显,有利于引导资本流入。加速"冰上丝绸之路"建设的同时,促进东北经济的振兴。

其次,东北地区应结合"冰上丝绸之路"短期影响自身的机理,对基础设施行业与装备制造业和金融业等"冰上丝绸之路"建设过程所需的行业进行政策倾斜,支持相关企业利用"冰上丝绸之路"建设的机遇,发展壮大。

再次,东北应破除机制体制僵化,打造优质营商环境,提升市场化程度,培育战略性新兴产业,以充分利用"冰上丝绸之路"建成后自身地理因素的变化而形成的区位优势,引导资本在东北地区的聚集,形成促进我国经济发展的新增长极。

最后,东北各省在应对"冰上丝绸之路"建设过程中,应相互协同,系统规划,形成合力。这有利于国家战略目的达成,也有利于东北整体的经济振兴。

"冰上丝绸之路"作为"一带一路"倡议的北向延展,将提升东北区域的区位优势。东北地区具备成为"冰上丝绸之路"战略支点的优势与基础。从短期来看,"冰上丝绸之路"建设将通过拉动基础设施投资、带动金融业发展和促进装备制造业发展的路径促进东北地区经济的发展。从长期来看,"冰上丝绸之路"将降低东北地区经济运行成本、提升东北地区的开放程度,减少东北亚区域的地缘政治风险,最终促进资本在东北区域的聚集和产业聚集,使东北成为新的增长极。东北地区在"冰上丝绸之路"建设过程中有其优势,也有不足。东北应结合"冰上丝绸之路"对自身的短期与长期影响机理,有针对性地提出相应的对策,从而更好地把握"冰上丝绸之路"建设带来的机遇。

第七章　辽宁省对接"冰上丝绸之路"建设的重点国别选择研究

辽宁省作为我国北方重要省份,是"冰上丝绸之路"的前沿和重要枢纽,要深度融入"冰上丝绸之路"建设促进自身发展,必须科学地选择经济合作对象,确定重点合作的国别,进而确定与不同国家的重点合作领域。本章着重分析辽宁省对接"冰上丝绸之路"建设过程中经济合作的重点国家,为后续确定辽宁与各国的重点领域奠定基础。

第一节　"冰上丝绸之路"沿线国家

从目前适航的"东北航道"来看,"冰上丝绸之路"的沿线国家包括了日本海沿线东亚的朝鲜、韩国和日本,俄罗斯和北欧国家,包括丹麦、挪威、瑞典、芬兰和冰岛等。下面将从地理位置、历史文化、政治与经济和地缘政治等角度对"冰上丝绸之路"沿线国家进行分析。

一、"冰上丝绸之路"沿线的东亚国家

(一)朝鲜民主主义人民共和国

朝鲜民主主义人民共和国简称朝鲜,位于朝鲜半岛,亚洲东部。朝鲜北部与中国以鸭绿江为界,与我国辽宁省和吉林省隔江相望。朝鲜的东北与俄罗斯接壤,以图们江为界。朝鲜的南部与韩国接壤,双方以北纬三十八度为军事分界线。朝鲜两侧临海,西侧为黄海,东侧为日本海。

历史上,朝鲜半岛与中国的互动最为频繁且最具持续性,因此朝鲜的文化在很大程度上受到了中华文明的影响。朝鲜作为中国文化圈的重要成员之一,吸收和学习了儒家文化特别是朱子思想,时至今日,朝鲜人的生活中仍保存了很多体现中国文化的地方,朝鲜人也过春节、正月十五和上元节等。

朝鲜人口数量世界排名在50名上下,根据美国统计局发表的《2019世界人口现状》资料,2019年朝鲜人口总数为2551万3千名,平均预期寿命为71岁,略

低于世界平均水平①。朝鲜对教育事业比较重视,1948年之前朝鲜的文盲人口高达75%,通过教育,截至2014年,全部扫盲并达到中等教育水平。朝鲜学龄儿童入学率由35%提升到100%。朝鲜现在有各级各类大学300多所。2013年朝鲜在全国范围内普及12年制义务教育②。

朝鲜实施的是社会主义制度,朝鲜劳动党是朝鲜的唯一执政党,其前身是朝鲜共产党。同时,朝鲜继承了斯大林那种集权加动员的社会主义体制和先军政治。从经济层面来看,朝鲜实施的是计划经济制度。20世纪80年代以来,各社会主义国家纷纷进行经济体制改革,实行对外开放,而朝鲜为了维护国家的政治体制,并没有实施改革开放,而是继续实施计划经济,孤立于世界经济体系之外,并且朝鲜经济发展的重点放在了利于国防经济的重工业上,使得其经济体系发展并不均衡,不能实现自给自足。特别是因朝核危机,国际社会对朝鲜实施制裁后,朝鲜经济面临前所未有的困境。

朝鲜半岛地处远东边缘地带的战略核心地位,历来是大国博弈的重要舞台。自朝鲜民主主义人民共和国成立以来,朝鲜基于自身的战略需要,一直希望发展核武器,并付诸实施。朝鲜开发核应用能力引发了地区安全和外交等一系列问题。从20世纪90年代开始,爆发了多轮朝鲜半岛核危机。朝核危机使得区域的地缘政治风险不断增加,对东北亚局势产生了重大影响,对我国东北地区,特别是辽宁的发展也产生了巨大冲击,由于地缘政治风险居高不下,制约了东北地区的投资和对外开放。而投资与对外开放的不足进一步制约了机制体制的改革,最终使得区域经济的发展步履维艰。

(二) 韩国

韩国全称大韩民国(Republic of Korea,South Korea),与朝鲜共处朝鲜半岛,位于朝鲜半岛南部,其北面隔着三八线非军事区与朝鲜相邻。韩国三面环海,东边濒临日本海,西边濒临黄海,东南是朝鲜海峡。

从文化来看,韩国与朝鲜一样,很大程度上受到了中华文明的影响,是中国文化圈的重要成员之一。我国春秋末期的思想家、教育家,儒家学派创始人孔子的名字在韩国是家喻户晓。韩国学者崔昌圭认为:"孔子不仅是中国的,也是世界的。韩国有将近80%的人信奉儒教或受过儒教思想的熏陶。"③大量的经济学研究文献认为:儒家思想在韩国经济社会发展中起到了积极作用。此外,基督教在

---

① 2019年6月17日发布《2019年世界人口展望》的报告显示,全球人口出生时平均预期寿命从1990年的64.2岁增至2019年的72.6岁。

② http://kp.china-embassy.org/chn/cxgk/cxwhjy/t287814.htm.

③ 靳义亭.论儒家思想在韩国经济社会发展中的作用[J].河南工业大学学报(社会科学版),2019,15(2):121-127.

韩国也广为盛行,韩国目前是亚洲的第三大基督教国家(仅次于菲律宾和东帝汶)。18 世纪后半期基督教开始传入韩国,并在韩国快速发展。根据韩国民政厅 2005 年的统计数字显示,韩国的新教教徒人数达到 8 616 438 人,占全国总人口的 34.5%[①]。

2019 年韩国总人口为 5 200 万,2015 年至 2020 年,人均预期寿命为 82.5 岁。2019 年韩国人口排名世界第 28。韩国人口密度很高,2015 年人口密度约为每平方公里 506 人,是世界人口密度最大的国家之一。韩国的人口分布呈现出一定的不均匀,人口主要集中在城市。2015 年,包括首尔、仁川和京畿道在内的首都圈人口总计为 2 514 万,占韩国总人口的 49.7%[②]。韩国整体人口素质较高。1945 年韩国的文盲率为 78%,但经过韩国政府实施了一系列的人口素质提高政策之后,韩国文盲率快速下降,1996 年韩国成为世界上文盲率水平最低的国家之一。同时,韩国的大学生比例达到 37%,上升为世界第一[③]。

韩国经济较为发达,是一个发达的资本主义国家,也是 APEC、世界贸易组织和东亚峰会的创始成员国,经合组织、二十国集团和联合国等重要国际组织成员。20 世纪 50 年代韩国经济从崩溃的边缘走向复苏。自 60 年代开始,韩国开始推行外向型经济发展战略,并取得成功。自 70 年代开始,韩国跻身于新兴工业国的行列,80 年代发展成为国际市场上一个具有竞争力的国家。1997 年亚洲金融危机后,韩国经济由高速增长转至中速增长。产业以制造业和服务业为主,半导体、电子、汽车、造船、钢铁、化工、机械、纺织、化妆品等产业产量均进入世界前 10 名。大企业集团在韩国经济中占有十分重要的地位,主要的大企业集团有三星、现代集团、SK 集团、LG、浦项制铁、韩华集团等。

在政治上,韩国是美国在东亚地区的重要盟友。1953 年,韩国和美国签署了共同防御条约,该条约规定:"缔约双方将在无论何时,任何一方认为一方的政治独立或安全受到外来的武装进攻的威胁,进行共同磋商。"同时,根据共同防御条约,韩国允许美国在韩国无限期驻军。韩美联盟实际上是一种不对称的联盟,双方实力相差悬殊,韩国只能完全依附于美国,而美国则更多的是基于自身的利益行事。由于外交上完全依附于美国,韩国无法开展自主外交,大国平衡外交政策面临"两难选择"[④]。

---

① 艾菊红. 基督教在韩国的本土化实践[J]. 世界民族,2015(4):87-94.
② 百度百科:https://baike.baidu.com/item/%E9%9F%A9%E5%9B%BD%E4%BA%BA%E5%8F%A3/7316909?fr=aladdin.
③ 姚兴云,付少平. 韩国人口政策及其对中国农村人口政策的启示[J]. 西北人口,2009,30(2):120-123,128.
④ 杨鲁慧,赵伟宁. 韩美不对称同盟及其韩国外交的影响[J]. 社会科学,2014(2):10-18.

（三）日本

日本地处东亚，位于中国大陆之东北偏北、朝鲜半岛之东、西伯利亚以南。日本国土面积约 37.8 万 km^2，是一个典型的岛国。其中北海道、本州、四国和九州为大岛，此外还有数千个小岛，众列岛呈弧形。日本位于欧亚大陆以东、太平洋西部，由数千个岛屿组成。日本四周环海，西面濒临日本海，与俄罗斯、朝鲜及韩国隔海相望。日本的西南面是东海，南面面向菲律宾海。

日本与中国一衣带水，历史上日本与中国有频繁的文化互动，早在 2000 年以前，两国人民就有交往。文化发达的汉朝，就将汉文化传播给"大汉国东二万余里的扶桑"。进入唐朝，日本国派出多位学者、使者、僧人到中国留学，出现过众多文化交流的使者。中华文化传入日本后，对日本文化的发展起到了巨大的作用。19 世纪中叶，日本受到西方资本主义思想冲击。开始改革，并走上了发展资本主义的道路，因此在文化上也受到西方文化的较大影响。

日本人口总数量为 1.27 亿人，总量排在世界第 11 名。日本人口密度较高，为 348.3 人/平方公里，约是世界平均人口密度的 7.5 倍，居世界前列（2016 年）。日本的民族构成比较简单，主要民族为大和族。日本的人口素质整体较好。二战之后，日本政府高度重视教育，并取得了显著成效，据经济合作与发展组织（OECD）发布的《教育概览 2019》，日本拥有发达的高等教育系统。2018 年，25～64 岁的日本人群中，接受过高等教育的人口比例超过一半，比 OECD 成员国的平均值高出 13%[①]。

日本经济高度发达，是全球最富裕、经济最发达和生活水平最高的国家之一。2019 年日本的国内生产总值（GDP）约 5.36 万亿美元，是世界第三经济大国[②]。日本是第二次世界大战的战败国，战争对日本经济造成了巨大的创伤。但二战之后，日本努力发展经济，在诸多促进经济增长要素的作用下，日本经济实现了近 20 年的高速增长，创造了"世界经济奇迹"。1973 年石油危机爆发后，日本经济增速开始放缓，到 20 世纪 80 年代中后期，日本经济的后发效应趋于终结，并出现非常严重的"泡沫"。90 年代初"资产泡沫"破裂，资产价格急剧下跌，受泡沫经济崩溃引发的后遗症影响，日本经济长期低迷，被认为是"失去的十年"。当前日本面临非常严重的人口少子化和老龄化的问题，加上特朗普政府上台以来出现的逆全球化的复杂外部性，使得日本经济短期内很难摆脱低速增长的困境。日本与韩国类似，也是美国在东亚地区的重要盟友。美日之间的安保协议使得双方成为较为"亲密的盟友"。此外，日本是第二次世界大战的战败国，其根据《联合国宪章》制定的《和平宪法》对其形成了约束。因此，日本的军事和外交很大程度上与美国的

---

① 参见：http://www.fx361.com/page/2019/0225/6399643.shtml。
② 参见：http://www.southmoney.com/paihangbang/201912/4612402.html。

利益绑定在一起,这使得日本在外交上缺乏自主性,甚至在经济上也不得不向美国妥协。因此,美日关系也被称作"不自然的亲密关系"[①]。

二、俄罗斯

(一)俄罗斯的地理位置

从地理位置看,俄罗斯位于欧洲东部和亚洲大陆的北部。俄罗斯国土面积辽阔,东西长为 9 000 km,横跨 11 个时区;南北宽为 4 000 km,跨越 4 个气候带,总国土面积高达 1 709.82 万 km²,是世界上面积最大的国家。其陆地面积约占整个地球的 11.4%,水域面积占整个地球的 13%,东濒太平洋,西接大西洋,西北临波罗的海、芬兰湾,俄罗斯的北面就是北冰洋,中俄共建的"冰上丝绸之路"所要利用的东北航线[②]的正是穿过北冰洋,东北航道的最关键的一个航段正是在俄罗斯的领海,被为俄北方海航道。

俄罗斯与多国家接壤,其西北面有挪威、芬兰,西面有波罗的海三国:爱沙尼亚、拉脱维亚、立陶宛以及波兰和白俄罗斯。俄罗斯的西南面是乌克兰,2013 年爆发乌克兰危机,2014 年原属于乌克兰的克里米亚自治共和国被并入俄罗斯联邦。俄罗斯的南面有格鲁吉亚、阿塞拜疆、哈萨克斯坦。上述邻国历史上都是苏联的成员国或者苏联的传统势力范围,因此都与俄罗斯有着千丝万缕的联系。俄罗斯的东南面有中国的黑龙江省、蒙古和朝鲜。从地理位置来看,我国东北居于"冰上丝绸之路"建设的最前沿,也是"冰上丝绸之路"建设的桥头堡。

(二)俄罗斯的历史文化

俄罗斯历史起源于东欧草原上的东斯拉夫人,混血的罗斯人是俄罗斯人和白俄罗斯人、乌克兰人的共同祖先。公元 988 年罗斯接受拜占庭的东正教,称为"罗斯受洗"。罗斯接受基督教在俄罗斯文化发展过程中具有极为重要的意义。因为基督教是当时欧洲最先进文化的代表,接受基督教无疑使罗斯文化成为欧洲统一文化的一个组成部分[③]。东正教(基督教的东部分支)的传入拉开了拜占庭和斯拉夫文化的融合,并最终形成了占据未来 700 年时间的俄罗斯文化。由于俄罗斯横跨欧亚大陆的独特地理位置,俄罗斯历史是在东西方文化的交互作用下不断发展前行的,俄罗斯文化的形成受到了东西方两种文化共同的影响,既有东方的因素,也有西方的因素。俄罗斯的发源地和政治文化中心都在欧洲部分,因此西方文化对俄罗斯的文化形成影响更大,同时俄罗斯文化也有其自身的显著特征。

---

① 马修·P.古德曼,朱子阳.美日关系:伪密友与真同盟[J].国际经济评论,2016(3):172-173.
② 东北航道是指西起挪威北角附近的欧洲西北部,经欧亚大陆和西伯利亚的北部沿岸,穿过白令海峡到达太平洋的航线集合(Arctic Council, 2009)。
③ 董瑞芳.俄罗斯文化形成背景分析[J].北方文学(下旬),2017(21):201.

从历史文化来看,俄罗斯的民族主义情节根深蒂固[1]。民族主义作为一种以民族感情、民族意识为基础的纲领、理想、学说或运动,既含有理性认识成分,也含有非理性情感成分;既有认同和肯定本民族文化传统和价值观的一面,又有排斥或否定异民族文化传统和价值观的一面。俄罗斯的民族主义萌发于俄罗斯民族和统一国家形成过程中,从沙俄到苏联,再到现在的俄罗斯,民族主义一直根植于俄罗斯人的文化当中,并发展成为俄罗斯政治文化传统的重要组成部分。

苏联解体后,俄罗斯采取了"休克疗法",经济制度转型出现了严重的问题,并陷入了长期低迷的困境当中。同时俄罗斯的政治外交也面临困境,苏联解体之后,俄罗斯并未融入欧洲,获得欧洲人身份上的认同,并在一系列事件之后,与西方世界交恶,并被西方世界制裁,这进一步加剧了俄罗斯的经济困境。尽管如此,俄罗斯人仍旧活在昔日的荣光之中,在其内心仍旧将自己定位为超级大国。

在中俄共建"冰上丝绸之路"的过程中,我们的战略决策应充分虑到俄罗斯的民族文化,不应仅从俄罗斯的短期战略利益出发。民族文化对于战略选择的影响是长期的。

(三)人口规模与素质

当前,俄罗斯的人口总量约为1.46亿人,世界排名第九。其中俄罗斯族是人口最多的民族,占总人口的79.82%,其次是乌克兰族,占总人口的2.03%,俄罗斯国的男性人口数量:67 832 397,女性人口数量:78 618 911,男性:46.3%,女性:53.7%[2]。相对于广袤的国土面积,俄罗斯的人口相对稀少,俄罗斯人口密度约为9人每平方公里,远低于世界平均水平,是世界上人口密度最低的国家之一。

从人口空间分布看,俄罗斯的人口分布很不均衡,人口密度地区差异显著。呈现出显著的西密东疏的特征,人口主要集中在俄罗斯欧洲地区,而俄罗斯欧洲部分人口密度空间格局则又呈现出中西部人口稠密的特征,主要集中在伏尔加河沿岸区和乌拉尔联邦区南部。其中,乌拉尔区南部,人口密度比较高的主要在塔吉尔和马格尼托尔斯克这两个城市之间的地带,而西伯利亚区居住的人口不到俄罗斯人口的四分之一,该区域主要集中在新西伯利亚、鄂木斯克、克拉斯诺耶尔斯克及伊尔库茨克[3]。相对于欧洲部分的人口密集,俄罗斯远东地区则是人口稀少。远东地区面积为621.6万 km^2,约占俄罗斯国土面积的36%。远东地区人口为659万人,仅占俄罗斯总人口的5%,远东和西伯利亚地区的人口近年来急剧减少,已出现人口危机[4]。

---

[1] 李传勋.俄罗斯对华舆论消极方面的历史文化分析[J].俄罗斯中亚东欧研究,2004(6):7-15,98.
[2] http://www.chyxx.com/industry/201801/607068.html.
[3] 李莎,刘卫东.俄罗斯人口分布及其空间格局演化[J].经济地理,2014,34(2):42-49.
[4] 雷丽平,朱秀杰.俄罗斯远东地区人口危机与中俄劳务合作[J].人口学刊,2011,33(5):66-73.

从时间进程来看,苏联解体以后,俄罗斯一直面临人口数量持续下降的压力,使得俄罗斯面临人口不足的问题。苏联解体之后,俄罗斯人口数据的变化如表7-1所示。

表7-1 俄罗斯人口数据

年份	人口数量:人	人口增长率%	年份	人口数量:人	人口增长率%
1991	147 804 453	0.39%	2005	143 833 240	-0.33%
1992	148 181 414	0.26%	2006	143 480 487	-0.25%
1993	148 379 142	0.13%	2007	143 259 328	-0.15%
1994	148 426 052	0.03%	2008	143 151 706	-0.08%
1995	148 354 779	-0.05%	2009	143 124 912	-0.02%
1996	148 185 810	-0.11%	2010	143 142 380	0.01%
1997	147 925 580	-0.18%	2011	143 184 788	0.03%
1998	147 579 123	-0.23%	2012	143 249 506	0.05%
1999	147 154 807	-0.29%	2013	143 347 100	0.07%
2000	146 662 563	-0.33%	2014	143 666 900	0.22%
2001	146 109 536	-0.38%	2015	146 270 033	1.81%
2002	145 506 821	-0.41%	2016	146 330 004	0.04%
2003	144 889 334	-0.42%	2017	146 389 999	0.04%
2004	144 313 531	-0.40%	2018	146 450 019	0.04%

数据来源:中国产业信息网。

1991年俄罗斯的人口约为1.47亿人。由于经济困境,之后俄罗斯人口增长率一直趋于放缓,从1995年开始,俄罗斯人口出现了负增长,2009年俄罗斯的人口总量约为1.43亿,相对于苏联解体时已有明显的下降。直至2010年,俄罗斯的人口增长率由负转正,但此后人口增长率一直比较低,特别是近几年,俄罗斯的人口增长率一直保持在0.04%。俄罗斯人口数量变化是人口自然变化与人口流动交互作用的结果,大多数地区人口减少是人口自然损失与人口净流出的双重作用所致[1]。

除了人口总量下降之外,俄罗斯还面临人口性别比例失衡与老龄化的问题。从总人口性别比例看俄罗斯男性人口少于女性人口的问题日益严重,2002年俄罗斯男女性别比例为100:114.7,而2010年俄罗斯男女性别比例变为100:116.3。

---

[1] 杨贤芳.日本人口老龄化特征及社会高龄化风险探讨[J].合肥学院学报(综合版),2019,29(6):51-56.

从各年龄段的性别比例看，2002 年，俄罗斯 33 岁以上女性人口超过男性人口，2010 年则为 30 岁以上女性人口超过男性人口。这都说明了，俄罗斯男女比例失衡的问题进一步恶化。苏联解体以后，俄罗斯人口快速趋于老龄化，特别是进入 21 世纪以来，俄罗斯人口老龄化问题进一步加速。截至 2010 年，俄罗斯 60 岁以上人口占总人口的 22.2%，65 岁以上人口占总人口的 12.9%①。

俄罗斯是受教育程度最高的国家，接受中等教育的人口约为 53.5%。俄罗斯在培养高质量的科学家方面也名列前茅，特别是在基础研究领域，俄罗斯仍然是具有相当实力的国家。在康奈尔大学、欧洲工商管理学院和世界知识产权组织（WIPO）于 2014 年 7 月 18 日联合发布的 2014 年全球创新指数（Global Innovation Index，GII）排名中，俄罗斯在 143 个国家排名第 49 位。该报告还指出，俄罗斯的主要优势在于教育（在高等教育居民覆盖率、高校科学和工程学专业毕业生数量方面的指标较高）。俄罗斯拥有较强的知识创造能力（居民专利和实用新型专利申请率高、相对较高的 H 指数）②。

（四）地缘政治

尽管近年来俄罗斯的综合实力趋于下降，但俄罗斯继承了苏联的军事实力，仍是目前世界上最有影响力的大国之一。从地缘上来看，俄罗斯更是具有强大影响力。俄罗斯作为一个横跨欧亚大陆的国家。它的这种地缘特点就决定了俄罗斯在西部方向和东部方向都具有十分重要的地缘利益。而从俄罗斯所处的地缘空间划分来看，其在西方面对的主要地缘空间是"欧洲—大西洋空间"，在东方面对的主要地缘空间则是"亚洲—太平洋空间"。亚太地区是俄罗斯最主要的战略方向之一，因此面向亚太地区的地缘战略必定在俄罗斯的对外战略中占有十分重要的地位③。

苏联解体之后，俄罗斯曾想努力融入欧洲，但欧洲无法接受一个强大的俄罗斯。基于北约东扩等种种分歧，使得欧洲与俄罗斯一直存在较大的矛盾。苏联解体之后，很长时间俄罗斯将其战略重心放在了欧洲和中东地区。自 2009 年起，美国推行重返亚太战略，其全球战略重心明显向亚太地区转移，美日同盟有所强化，这对俄罗斯远东地区的领土安全和战略利益已然构成潜在威胁，迫使俄重视远东地区的防务安全④。2013 年乌克兰危机爆发以来，美国与欧洲联合对俄罗斯实施了多轮经济制裁，使得俄罗斯经济发展面临较大困境，俄罗斯进一步提出了"向东

---

① 国际上对老龄化的界定标准是当一个国家 60 岁以上的老年人口占总人口的 10%，或者 65 岁以上的老年人口占总人口的 7% 就就意味着这个国家开始进入老龄化社会。
② 冯玉军.俄罗斯经济"向东看"与中俄经贸合作[J].欧亚经济，2015(1)：1-47，126.
③ 徐博.冷战后俄罗斯亚太地缘战略研究[D].长春：吉林大学，2013.
④ 卢昌鸿.历史与现实：俄罗斯东进战略研究[D].上海：上海外国语大学，2014.

看"战略。

另一方面,随着全球不断变暖,北极冰盖加速融化,北极航线的全线开通预期逐渐临近,以北极航线为对象的资源争夺和地缘政治斗争将成为新的发展形势,北极航线地缘安全问题也将愈加重要。基于北极航线的战略性价值,2007年7月24日,俄罗斯在北冰洋的海底插上了一面俄罗斯的国旗,并引发欧美国家的不满,俄罗斯并未因此而停止进军北极的步伐。2014年12月,俄罗斯北方舰队基地的北极联合战略指挥部成立并开始运行。种种迹象说明北极航线涉及俄罗斯重要的地缘战略利益。中俄共建"冰上丝绸之路"也是在此背景下展开的,通过双方的合作确保其地缘战略利益。

(五) 俄罗斯的经济与开放程度

苏联解体之后,俄罗斯的经济面临很多困境,一度陷入低迷。2000年普京上台之后,俄罗斯的经济逐渐复苏,但也存在较多问题。2018年,俄罗斯国内生产总值(GDP)约为1.66万亿美元,占当年全球总GDP的1.9%。全球排名第11位,落后印度、巴西、加拿大等十个国家。虽然俄罗斯与中国、美国同为世界上综合实力较强的国家,但在经济上与中美差距较大。2018中国的国内生产总值是13.606万亿美元,占全球GDP比重的15.8%,是俄罗斯的8倍;而美国的GDP则达到了20.49万亿美元,是俄罗斯的12倍多。

从人均数据来看,2018年俄罗斯人均GDP约合人民币7.48万元,高于我国2018年的人均6.46万元,与我国山东省人均GDP接近,2018年山东人均GDP为7.63万元,在全国各省中排在第八位。

从结构来看,俄罗斯的经济高度依赖石油天然气等资源型产品的出口,在2019年《财富》评选的世界500强中,有4家来自俄罗斯的企业上榜,依次是俄罗斯天然气工业股份公司(排第42位)、卢克石油公司(第50名)、俄罗斯石油公司(第86名)、俄罗斯联邦储蓄银行(第255名),可以看出俄罗斯国内具备竞争力的企业均是石油、天然气等国有垄断企业,在互联网以及科技创新领域,俄罗斯的企业竞争力还十分薄弱。

俄罗斯的经济重心在其欧洲部分,与欧盟的经济联系十分紧密。欧盟是俄最重要的经济合作伙伴,对欧贸易占俄外贸总额的一半。2002—2012年,俄欧双边贸易增长了两倍,2012年达到3 365亿欧元。俄对欧出口增长2.5倍,从644.9亿欧元增至2 133亿欧元;进口增长2.5倍,从344.2亿欧元增至1 232亿欧元。欧盟也是俄最重要的投资者,欧盟对俄投资2013年累计达到2 880亿美元,俄罗斯吸引外国直接投资的75%来源于欧盟,俄罗斯对欧盟国家投资也达到800亿美元,占其对外投资总额的60%①。乌克兰危机爆发后,俄罗斯与欧洲经济联系出现了裂痕,但近年来,有所恢复,2018年俄罗斯与欧盟贸易额增长20%。截至2018年,欧盟国家向俄罗斯累计投资额达3 000亿欧元,这表明欧洲企业有意进入俄罗斯,将资金投入到其业务的发展中。在新签署的33项特殊投资合同中,大多数都是俄罗斯与欧洲公司签订的。特殊投资合同机制将在2019年进行改进,首先要重点关注技术引进,而不仅仅是按原计划进行投资。②

除了欧盟,中国也是俄罗斯的重要经济伙伴。2018年中俄双边贸易额达到1 070.6亿美元,首次超过1 000亿美元,创历史新高,增幅达到27.1%,增速在中国主要贸易伙伴中位列榜首,中国继续蝉联俄罗斯第一大贸易伙伴国。

三、欧洲国家

(一)北欧国家

1. 地理位置

冰上丝绸之路穿越北极航道之后,到达北欧(Northern Europe),传统上北欧五国包括丹麦、挪威、瑞典、芬兰和冰岛。丹麦王国位于欧洲大陆西北端,日德兰半岛上。东靠波罗的海与俄罗斯隔海相望,西濒北海,北面隔斯卡格拉克海峡、卡特加特海峡和厄勒海峡与挪威、瑞典隔海相望,南部毗连德国③。丹麦国土面积4.3万 km^2,人口约573万(2016年)。挪威位于斯堪的纳维亚半岛西部。挪威领土南北狭长,海岸线漫长曲折,沿海岛屿很多,被称为"万岛之国",领土与瑞典、芬兰、俄罗斯接壤。挪威国土面积约为38.5万 km^2,人口约为529万(2018年10月)。瑞典王国是北欧最大的国家,位于斯堪的纳维亚半岛。西邻挪威,东北与芬兰接壤,西南濒临斯卡格拉克海峡和卡特加特海峡,东边为波罗的海与波的尼亚湾。瑞典与丹麦、德国、波兰、俄罗斯、立陶宛、拉脱维亚和爱沙尼亚隔海相望。瑞典国土面积约为45万 km^2,人口1 011万(2018年10月)。芬兰共和国位于欧洲北部,与瑞典、挪威、俄罗斯接壤,南临芬兰湾,西濒波的尼亚湾。芬兰拥有众多湖泊,有"千湖之国"之称。其1/3的土地在北极圈内。芬兰国土总面积33.8万平方公里,人口约551.6万(2018年)。冰岛是欧洲最西部的国家,位于北大西洋中部,北边紧贴北极圈,冰岛1/8国土被冰川覆盖,西北隔丹麦海峡和格陵兰相邻,东北部为挪威海。冰岛国土面积为10.3万 km^2,人口约为34万,是欧洲人口密度最小的国家。

2. 历史文化

北欧五国均是年轻国家,大约公元10世纪才各自形成统一王国。其后五国

---

① 冯玉军.俄罗斯经济"向东看"与中俄经贸合作[J].欧亚经济,2015(1):1-47,126.
② http://www.mofcom.gov.cn/article/i/jyjl/e/201903/20190302844322.shtml.
③ https://baike.baidu.com/item/%E4%B8%B9%E9%BA%A6/192454#2.

间进行合并或联合。这种长时间的结盟或联合使得北欧五国的历史背景紧密相连,生活方式、宗教、社会和政治制度也相近。在语言上,五国也较为近似(瑞典文、丹麦文差距稍大,挪威文居中,冰岛文是古挪威语,瑞、丹、挪文基本上可以相通),宗教信仰具有同一性(最早信奥丁神和雷神,后信基督教路德宗),当前,五国信徒比例最高的宗教均为基督教路德宗。

3. 经济发展

北欧五国均属于高度发达的资本主义国家,都拥有极其完善的社会福利制度,经济高度发达,贫富差距极小,国民享受极高的生活品质。2018年全球幸福指数中,芬兰排名第一,挪威排名第二,丹麦排名第三。冰岛排名第四,瑞典排名第九。

丹麦农牧渔业及食品加工业发达,有欧洲乳酪市场之称。在许多工业领域有先进的生产技术和经验。同时,丹麦也是世界上风力发电最发达的国家,拥有全球最大海运集团马士基公司,名牌音响制造商B&O、玩具商乐高等企业。丹麦还是食品以及能源出口大国。挪威拥有高度发达的工业,石油工业是国民经济的重要支柱,挪威也是西欧最大的产油国和世界第三大石油出口国。此外,造纸、造船、机械、水电、化工、木材加工也是挪威的传统发达产业。瑞典是一个以出口为导向的混合经济体。林业在瑞典国民经济中地位重要,除木材原料出口外,瑞典还建立了庞大的纸浆、造纸、家具、林产化工等配套深度加工工业部门,其产量和出口量均居世界最前列。其中针叶树木产品的出口额居世界第二,纸浆出口居世界第三,纸业出口居世界第四。瑞典在保留传统特色同时,优势部门已转向技术集约度高的机械工业和化学工业,大力发展信息、通信、生物、医药、环保等新兴产业。瑞典拥有自己的航空业、核工业、汽车制造业、先进的军事工业,以及全球领先的电讯业和医药研究能力。在软件开发、微电子、远程通信和光子领域,瑞典也居世界领先地位。芬兰经济的主要支柱是制造业,主要以木材、金属、工程、电讯和电子工业为主。芬兰的通信产业以诺基亚为代表,芬兰是号称因特网接入比例和人均手机持有量最高的国家。贸易对芬兰而言十分重要,GDP中大约三分之一来自出口。除了木材和少数矿产,芬兰的原材料、能源和一些工业组件都依赖进口。冰岛的支柱产业是渔业,工业以炼铝等高能耗工业和渔产品加工业为主,外贸依存度高。冰岛1970年加入欧洲自由贸易联盟,1994年参加欧洲经济区,1995年成为世界贸易组织创始成员国。

(二)欧洲其他主要国家

从地理上看,"冰上丝绸之路"经过北欧之后,到达西欧在地理位置上指的是欧洲西部地区。狭义的西欧指欧洲西部濒临大西洋的地区和附近岛屿,包括英国、爱尔兰、荷兰、比利时、卢森堡、法国和摩纳哥。广义的西欧包括法国、英国、德国、意大利、西班牙、比利时、荷兰、爱尔兰、卢森堡、希腊、葡萄牙和丹麦。西欧国家多为发达的资本主义国家,西欧也是工业革命的发源地,目前也是世界上工业发达的地区之一。

第二节 辽宁省对接"冰上丝绸之路"重点国别筛选的理论分析

确定辽宁省对接"冰上丝绸之路"的重点合作国家,应基于辽宁省自身经济发展的历史与现状,以及开展合作的目标,根据现有相关理论确定选择重点合作的主要影响因素。

一、辽宁省经济发展的历史与现状

辽宁省作为我国重要的老工业基地之一,被誉为"共和国长子",新中国成立初期在全国的支援下,在区域比较优势的基础上建成了具有较高工业化水平的高度计划经济体制的重工业基地,为中国经济社会的发展作出了重要贡献。新中国成立以来,辽宁省经济曾经历了辉煌的历史,1954到1959年辽宁省的国民生产总值连续六年居全国第一。辽宁为新中国建立独立的、比较完整的工业体系和国民经济体系作出过历史性的贡献,也为改革开放建立了不朽的功勋。目前,辽宁仍然是中国主要的工业和原材料基地,其装备制造业、重工业和电子信息、汽车等新兴产业仍然在中国工业领域占有重要的地位。

1953—1957年,辽宁省工业总产值占全国工业总产值的14%,居全国第二位,重工业产值占全国重工业总产值的22.7%,占全国第一位;钢铁等初加工原材料产量占全国的一半以上,原油、发电量、水泥、金属切削机床产量占全国三分之一左右,军事工业也占有很高比重。在此期间,辽宁工业总产值中冶金工业占比由19.4%增加到28.4%,机械工业占比由19.2%增加到25.9%,石油工业占比由2.4%增加到4.0%,化学工业占比由7.5%增加到9.8%,而食品工业占比由14.3%降到6.5%,纺织工业由15.2降至7.3%,整个重工业产值占比由57.8%跃升至73.4%[①]。

1978年中国开始进入改革开放,经历了长期封闭的建设发展后,辽宁老工业基地在产业技术和体制机制方面与国际先进水平存在巨大差距,再加上辽宁老工业基地进入改革开放较晚,与沿海地区的差距逐渐拉大,辽宁老工业基地的结构性和体制性矛盾突出,开始表现出发展缓慢和衰退特征,20世纪90年代初期出现的"东北现象",引发了一系列经济社会问题,到20世纪末,"东北现象"已经十

---

① 李向平,宋帅官,赵玉红.辽宁经济衰退的历史缘由与振兴路径[J].地方财政研究,2019(1):4-9,43.

分严重,再加上亚洲金融危机的冲击,辽宁老工业基地经济下滑严重,GDP增速由1993年的14.9%下降到1999年的8.2%,国民经济地位急剧下降,主要供应产品产量和产值在全国的市场份额持续下降,大批企业濒临破产,工人大批失业。2003年10月,中共中央、国务院发布《关于实施东北地区等老工业基地振兴战略的若干意见》,明确了实施振兴战略的指导思想、方针任务和政策措施。随着振兴战略实施,东北地区加快了发展步伐,辽宁作为东北的重要省份,社会经济等方面也取得了较大发展,但相对于南方发达省份,仍面临较大差距,并未彻底摆脱经济发展滞后的困境。

当前辽宁省经济发展过程中,主要面临如下问题:

(一) 产业结构不合理

辽宁省2018年三次产业占比情况:第一产业GDP占比8%,第二产业GDP占比39.6%,第三产业GDP占比52.4%。[①] 根据国家统计局修订后的数据,2018年全国第一产业的GDP占比为7.0%;第二产业比重为39.7%;第三产业比重为53.3%。可以看出,辽宁省第一产业偏高,高于全国平均水平。从第三产业来看,辽宁省的第三产业占比低于全国的平均水平。这主要是因为辽宁经济增长长期以来过于依赖以工业为主的第二产业,尤其是重工业的发展,致使第三产业发展相对缓慢。第三产业比重偏低,已经成为辽宁经济社会发展中的一块"短板"。此外辽宁省的工业产品附加值较低。装备制造业、农产品加工业、冶金业和石化业是辽宁省工业中的主要产业,其中农副产品加工业、黑色和有色金属冶炼和压延加工业等行业产业结构单一、生产方式粗放、初级产品过多、精细加工产品偏少、大众化产品多、知名品牌少,企业利润空间较窄,经营收益主要依靠薄利多销,抵御市场风险的能力不强。[②]

(二) 资本与劳动要素的驱动能力下降、创新驱动不足

一直以来,辽宁经济的增长依赖于资本和劳动力等要素的规模扩张。但近年来,辽宁传统工业,尤其是重化工业发展势头放缓,面临产能过剩压力,阻碍产业转型升级。2017年辽宁规模以上工业增加值同比增长4.4%,低于全国平均水平,传统六大高耗能行业中只有黑色金属冶炼和压延加工业受到原材料价格上涨影响,增加值增幅略高于全省平均水平(5%),其他五个行业增加值增幅均低于平均水平。从产能过剩方面来看,目前,辽宁工业产能利用率仍低于75%,有超过四分之一的产能或设备闲置[③]。产能过剩使得,通过资本规模扩张驱动经济增长

---

① https://www.huaon.com/story/475267.
② 李文国,罗嘉熙.辽宁经济发展中存在的问题与对策建议[J].中国商贸,2014(21):177-178.
③ 宋帅官.辽宁经济发展新旧动能转换问题研究[J].党政干部学刊,2018(6):64-72.

变得不可行。此外,近年来,辽宁省人口呈下降趋势,2014年单独二胎政策和2016年全面放开二胎政策都未能扭转人口下降的趋势。2018年辽宁省常住人口4 359.3万人,比2017年减少15.33万人①。其中大连作为辽宁省经济发展较好的城市,6年间人口下降了16%②。此外,从人口结构来看,辽宁省人口老龄化问题严重。2017年辽宁60周岁及以上人口998.4万人,比2016年增加50.8万人,占22.85%,其中65周岁及以上人口626.8万人,比2016年增加35.5万人,占14.35%。而全国60周岁及以上人口占比17.3%,65周岁及以上人口占比11.4%。辽宁老龄化问题远超全国平均水平,已经步入了深度老龄化社会。

在此背景下,辽宁省迫切需要通过创新驱动经济的可持续发展。但当前辽宁面临创新动力不足的问题。首先是产业技术创新体系不够健全,企业创新的能力与意愿不足,缺少创新的龙头与骨干企业。其次,创新的人才不足。近年来,由于南方发达省份引进人才的力度加大,加之辽宁企业自身的经营困境,使得科技人才大量流失。科技人才是创新驱动经济发展的根本,因此科技人才的缺乏制约了辽宁省基于创新驱动经济发展。最后,缺乏创新环境。基于重工业的传统,辽宁省缺乏创新的环境,政府在鼓励创新方面也有所欠缺,这进一步制约了创新活动的进行。

(三)市场机制不健全

从产权结构来看,辽宁省的国有企业比重偏高,结构调整滞后,国企规模庞大但活力不足,民企发展不够充分、不够稳定。制约辽宁经济发展的主因是体制机制障碍没有完全破解,政府监管体制有待改革,国企市场机制有待完善,民企创新动力需要激活,混改需要提速。

在此背景下,辽宁省迫切需要新的发展机遇。而"冰上丝绸之路"的建设恰好为辽宁省的发展与振兴带来了新的机遇。当前世界经济正遭受新冠疫情的困扰,但新一轮科技革命和产业变革正在酝酿。我国经济发展潜力巨大,经济发展方式加快转变,经济长期向好基本面没有变,新的更大发展机会和增长动力正在加速孕育。新一轮东北振兴和"冰上丝绸之路"建设将使辽宁的发展动能和优势得到充分释放。

二、辽宁对接"冰上丝绸之路"的主要目的

1950年Viner研究了自由贸易区(FTA)带来的经济利益与效应。他在研究关税同盟的经济效应时,开创性地提出了贸易创造和贸易转移,并认为建立关税同盟不一定提高福利,能否提高取决于贸易创造和贸易转移的高低,1960年进一

---

① http://www.chinairn.com/news/20190617/110239684.shtml.
② https://new.qq.com/omn/20200516/20200516A0847P00.html.

步提出关税同盟伙伴之间的贸易比例越高,而且与外部的贸易比例越低,该关税同盟越可能带来福利提升。

中俄共建"冰上丝绸之路"的过程中,辽宁省与沿线国家开展经济合作的主要目的在于发挥辽宁省在要素禀赋的比较优势,通过国际贸易、国际市场体系构建与国际分工合作深化,促进资源在更广阔的市场范围和地域空间优化配置,形成地域专业化效应与规模经济效应,促进辽宁省的经济发展和社会总体福利水平的提升。更具体地说,辽宁融入"冰上丝绸之路"建设,应实现如下目标:

(一) 参与国际分工

国际分工是指世界上各个国家或地区之间在经济上相互依赖的劳动分工,它是一国内部社会分工不断发展和深化进而向国际领域扩展的结果。在全球价值链分工条件下,分工参与国承担的是产品价值链某些工序或环节而不是整个产品的生产,在很大程度上,各国生产并出口的是产品的价值链环节,根据其承担环节对产品价值增值的贡献分享贸易收益。借由"冰上丝绸之路"建设的契机,辽宁省可以更好地融入国际分工体系,不断提升自身在全球价值链分工条件下的地位,提升自身的生产效率,创造更高的经济附加值,进而促进经济整体的可持续发展。

(二) 产业聚集

"冰上丝绸之路"建设将提升辽宁的区位优势,拉近辽宁与欧洲相关贸易伙伴的时间距离。在此背景下,产业在辽宁形成空间聚集,可以降低其运输成本以及其他交易费用,提升其竞争优势。新经济地理学认为,产业聚集能够产生知识和技术溢出效应,而内生增长理论认为,知识的溢出促进经济增长[1]。因此,产业在辽宁形成空间聚集,必将促进辽宁省经济的发展,实现产业在辽宁的空间聚集将是辽宁省参与"冰上丝绸之路"建设的重要目标之一。

(三) 资本与劳动要素聚集

产业聚集的同时,必将带来资本与劳动要素的聚集。而资本与劳动要素的聚集,反过来将进一步促进产业聚集的实现。基于"冰上丝绸之路"建设带来的区位优势的提升,资本与劳动要素在辽宁省的空间聚集变得可能,辽宁省可能成为新的区域经济增长极,因此,促进资本与劳动要素的聚集是辽宁省融入"冰上丝绸之路"建设的又一目标。

(四) 技术升级与创新

当前辽宁省经济发展面临新旧动能转换的问题,要实现经济的可持续发展,

---

[1] 刘军,徐康宁.产业聚集、经济增长与地区差距:基于中国省级面板数据的实证研究[J].中国软科学,2010(7):91-102.

在传统的资本与劳动要素规模增加变得不可行的条件下,必须依靠创新来驱动经济的增长。而技术升级与创新是实现创新驱动经济增长的关键。"冰上丝绸之路"建设提升了辽宁省的区位优势,促进资本与劳动等要素向辽宁区域的聚集,在此背景下,知识的外溢效应也将促进技术升级与创新的发生。因此,辽宁省应更好地利用"冰上丝绸之路"建设的契机,实现技术升级与创新,为实现新旧动能的转换奠定基础。

(五) 机制体制的改革与完善

长期以来,很多学者认为东北经济困境的成因之一是机制体制僵化。由于机制体制僵化,使得劳动、资本等生产要素得不到合理回报,因此产生了劳动力迁移和资本外流的情况。但实际上机制体制与经济发展是相互影响的。固然机制体制对经济增长有制约作用,但反过来,经济发展也会对机制体制改革产生作用,通常随着经济发展,机制体制改革就会被推进,使得机制体制不断完善。特别是随着开放过程的推进,机制体制就会不断地趋于完善。从南方发达省份的经验来看,其机制体制相对于东北而言更为完善,一定程度上得益于其经济发展和对外开放程度。因此,辽宁省应借由"冰上丝绸之路"建设的契机,不断对自身的机制体制进行改革,使其完善,不再制约人的积极性,相反,起到提升人的积极性的作用,使得劳动和资本等生产要素能得到合理回报,最大限度降低经济运行过程中的交易成本,提升经济运行的效率。

三、重点国别选择的影响因素

在重点合作伙伴的选择问题上,现有理论研究了自由贸易协定(Free Trade Agreement,FTA)潜在伙伴的选择。这些研究为我们研究"冰上丝绸之路"建设过程中辽宁省如何确定其重点合作伙伴提供了理论基础。

一些学者从定性分析的角度出发,认为距离是选择贸易合作伙伴的重要因素,中国应采取渐进式多层次并举的辐射模式,优先选择周边国家,而后是其他国家。[1] 陈媛媛、李坤望、王海宁运用经典的引力模型对加入 FTA 前后影响两国双边贸易流量的因素进行了实证分析,证实了选择距离在贸易伙伴选择过程中的重要作用。同时该实证研究还发现贸易伙伴国的一体化程度和其自身市场规模等因素也对贸易增长有显著影响。[2] 曹吉云、佟家栋的研究同样证实了两经济体距离和经济规模等因素的影响,此外还发现两个贸易伙伴的要素禀赋差异、是否有相同官方语言、民主化程度、贸易壁垒、投资自由度、腐败程度和政治稳定程度等

---

[1] 温耀庆,陈泰锋.1993—2005 年美国对外贸易特征实证分析[J].国际商务研究,2006,27(1):13-16.
[2] 陈媛媛,李坤望,王海宁.自由贸易区下进、出口贸易效应的影响因素:基于引力模型的跨国数据分析[J].世界经济研究,2010(6):39-45.

因素都有显著影响①。李荣林、赵滨元基于2002—2010年中国进出口的面板数据进行实证分析,进一步证实了上述研究的结论,认为中国应选择经济互补性强、资源丰富、市场潜力大的国家缔结FTA,逐步扩大区域经济合作的地域范围,建立更广泛的区域经济合作伙伴关系。②

基于上述研究中所涉及的相关影响因素。本节在研究"冰上丝绸之路"建设过程中,辽宁省合作伙伴的重点国别选择时,主要考虑如下因素。

(一) 资源禀赋

合作国家是否具有良好的资源禀赋是选择合作伙伴需要考虑的重点因素之一。从辽宁省融入"冰上丝绸之路"的主要目的来看,合作伙伴的重要性在于能够提供成长过程中所必需的各类资源或者能够提供足够大的市场。因此,合作伙伴具有良好的资源禀赋,将为辽宁与其开展经贸合作奠定较好的基础。以俄罗斯为例,俄罗斯拥有丰富的自然资源,同时俄罗斯经济在很大程度上依赖自然资源的出口,这就为双方的合作奠定了较好的基础。

(二) 经贸基础

潜在合作伙伴是否与中国有良好的经贸基础是另一个重要的影响因素。经贸基础的形成,往往需要长期的积累。如果潜在合作伙伴与中国有较好的经贸基础,则借由"冰上丝绸之路"建设提供的契机,辽宁可以进一步提升与该潜在伙伴的合作。反之,如果没有良好的经贸基础,在一定程度上说明了与该潜在合作伙伴合作存在较大的难度,或者较多的制约。这将对辽宁省与该潜在合作伙伴开展合作形成制约。

(三) 市场规模

潜在合作伙伴的市场规模决定了与其开展合作后,能够带来的出口规模有多大,产生多大的分工效益。因此有必要对潜在合作伙伴的市场规模进行考察。潜在合作伙伴的市场规模越大,从出口的角度来看,其重要性程度越高。

(四) 科技水平

辽宁当前需要进行新旧动能转换,由增加资本和劳动要素规模驱动经济改为基于创新驱动经济。要通过创新驱动经济增长,科技水平的提升就显得尤为重要,通过与具有较高科技水平的贸易伙伴开展分工合作,通过知识的外溢效应,可以促进辽宁自身的科技进步。因此潜在合作伙伴的科技水平是影响双方合作的又一重要影响因素。

---

① 曹吉云,佟家栋.两经济体建立自由贸易区的影响因素研究[J].经济管理,2011,33(11):9-16.
② 李荣林,赵滨元.中国当前FTA贸易效应分析与比较[J].亚太经济,2012(3):110-114.

（五）经济基础

辽宁与潜在贸易伙伴开展经贸合作是一个长期的过程。在一个长期过程中上述各项指标均是动态变化的，但都受到了一个共同因素的影响，即经济基础。一个经济基础较好的国家，在长期发展的过程中，其科技水平会不断提升，市场规模会不断地变大。因此有必要对潜在贸易伙伴的经济基础进行考察，以便从动态的角度选取潜在的贸易伙伴。

（六）空间距离

空间距离是影响国别选择的又一重要因素。在地理空间分析与建模中，距离是一个重要因素。Tobler 描述的地理学第一定律——"任何事物都相关，只是相近的事物关联更紧密"阐述了距离对于地理现象的影响[1]。Miller 指出，第一定律可以从两个方面解读，即空间上相近的区域具有更高的属性相似性和交互强度[2]。在空间交互中，随着距离的增长，交互强度相应减弱，这种现象称为距离衰减（distance decay）。通常，距离衰减有宏观和微观两个层面的表现形式。在宏观层面，由于距离衰减，两个地理实体（或地理对象、地物、节点）之间的交互总量（如两个城市之间的客流量）在其他变量（如城市人口等）相对稳定的前提下，与距离表现为负相关关系。而在微观层面，距离衰减表现为在不考虑其他影响因素下，单个物体、动物或人移动到不同目的地的概率与距离负相关[3]。

另外，由于"冰上丝绸之路"建设是个长期的过程，北极航道短期无法实现全年通航。因此，从短期来看，"冰上丝绸之路"对辽宁经济的影响，更多是基于预期，以及通过与距离辽宁较近的国家开展经贸合作而带来的经济效益。在此背景下，空间距离就成为影响重点国别选择的重要因素之一。

（七）文化距离

文化距离是指潜在贸易伙伴与中国文化之间的文化差异程度和接受程度，主要包括语言方面的差异、生活习惯的差异、社会文化方面的差异等。如果文化距离较大，则表现为潜在伙伴对中国文化的接受程度较低，甚至排斥。在此情况下，开展经贸合作的过程中可能产生较大的交易成本，因此文化距离是重点国别选择的重要因素。

---

[1] Tobler W. A computer movie simulating urban growth in the Detroit region[J]. Economic Geography, 1970, 46(2): 234 – 240.

[2] Miller H J. Tobler's First Law and spatial analysis[J]. Annals of the Association of American Geographers, 2004, 94(2): 284 – 289.

[3] 刘瑜, 龚俐, 童庆禧. 空间交互作用中的距离影响及定量分析[J]. 北京大学学报（自然科学版），2014, 50(3): 526 – 534.

(八) 地缘政治风险

地缘政治风险主要是根据地理要素和政治格局的地域形式,分析和预测世界或地区范围的战略形势和有关国家的政治行为所形成的风险。地缘政治风险的存在使得对外开展经贸合作的收益与损失具有不对称性,一次因地缘政治风险爆发而产生的损失可能是巨大的,导致前期所有的收益都不能弥补一次的损失。因此,重点国别的选择应充分考虑地缘政治风险因素。

第三节 "冰上丝绸之路"沿线重点国别筛选实证分析

一、分析方法

本书采用熵值法(The Entropy Method)确定辽宁省在融入"冰上丝绸之路"建设过程中的合作重点国别选择。熵值法是一种客观赋权方法,该方法通过计算指标的信息熵,根据指标的相对变化程度对系统整体的影响来决定指标的权重,相对变化程度大的指标具有较大的权重。信息熵描述样本数据变化的相对速率,系数越接近于 1,距目标就越近;系数越接近于 0,距目标就越远。与其他方法相比,利用熵值法确定权重,能够消除人为因素的干扰,使评价结果更加科学合理[①]。

本研究数据采用了"冰上丝绸之路"建设过程中,辽宁省 12 个潜在贸易伙伴 2017 年的相关数据。研究对象排除了上述分析的朝鲜,理由主要是基于数据的可得性,朝鲜地区的相关数据缺失。指标选取上,使用了上述分析的除了地缘政治风险的所有指标。排除地缘政治风险的原因是,地缘政治风险虽然对经贸合作有重大影响,但从国家战略的角度出发,通过经贸合作可能有效管控地缘政治风险,二者之间相互影响,有较强的内生性。数据来源主要是国际货币基金组织 IMF 网站、中国经济信息网等相关网站,其中部分数据是直接引用,部分数据经由作者计算得出。

二、指标选取

潜在贸易伙伴选择涉及资源禀赋、贸易基础和科技水平等诸多要素,结合实际资料,依据科学性、全面性、系统性和可行性原则,构建潜在贸易伙伴选择的指标体系。本节选择了资源禀赋、贸易基础、市场规模、经济基础、科技水平、空间距离、文化距离等 7 个指标。在考察对象上,考察了东亚的韩国、日本、俄罗斯,北欧的挪威、瑞典、丹麦、芬兰和冰岛,以及西北欧其余的主要国家,包括英国、法国、德

---

① 吕开宇,李春肖,张崇尚.基于主成分分析法和熵值法的地区农业保险发展水平分析:来自 2008—2013 年中国省级层面的数据[J].农业技术经济,2016(3):4-15.

国和荷兰。其中东北亚的朝鲜并未被列入考察对象,这主要是基于数据的可得性考量,因为朝鲜的相关数据不易获取。

资源禀赋指标以 2017 年出口原油的金额(单位:亿美元)作为代理变量,出口原油越多,则表明该国资源禀赋相对较好;反之,则意味着该国在资源禀赋方面并无优势。贸易基础以 2017 年中国与该国的双边贸易额(单位:亿美元)作为代理变量,双边贸易额越高,则说明双方有较好的合作基础;反之,则说明双方的合作基础相对较弱。市场规模以 2017 年各国的国内生产总值(GDP,单位:亿美元)作为代理变量。经济基础以 2017 年各国人均 GDP(单位:美元)作为代理变量。科技水平以世界知识产权组织发布的 2017 年全球创新指数(GII)为代理变量,指数数值越高,说明该国的科技创新能力越强;反之,则越弱。空间距离以两国首都的直线距离(单位:km)为代理变量,其中俄罗斯比较特殊,其横跨欧亚大陆,与中国接壤,衡量其首都莫斯科与北京的距离,不能很好反映两国的空间距离,因为辽宁实际上与俄罗斯远东地区临近,因此与俄罗斯的空间距离以沈阳至俄远东的符拉迪沃斯托克的距离来衡量。符拉迪沃斯托克市是俄罗斯滨海边疆区首府,也是俄罗斯远东地区最大的城市。文化距离是根据田晖的研究中使用的 Groot 方法计算得出的[①],该指标数值越大,说明两国的文化距离或差异越大。表 7-2 列出了选取的指标及指标属性。

表 7-2 选取的指标及其属性

维度	指标	指标属性
经贸	资源禀赋	正向
	市场规模	正向
	经济基础	正向
	贸易基础	正向
科技	科技创新	正向
距离	空间距离	逆向
	文化距离	逆向

---

① 田晖.国家文化距离对中国进出口贸易影响的区域差异[J].经济地理,2015,35(2):22-29.

(三) 数据的描述性统计与相关性分析

经过数据分析研究得出相关变量的描述性统计情况,见表7-3。

表7-3 相关变量的描述性统计

变量名	观察值	均值	标准差	最小值	最大值
资源禀赋 X_1	12	120.166 7	288.562 2	0	993
市场规模 X_2	12	15 794.73	14 885.06	185.88	43 421.6
经济基础 X_3	12	45 957.5	17 205.54	10 608	74 941
科技创新 X_4	12	56.743 33	6.212 485	40	63.82
贸易基础 X_5	12	935.958 3	1 055.358	5.4	2 972.8
空间距离 X_6	12	6 326.874	2 375.948	956.28	8 213.67
文化距离 X_7	12	4.519 167	1.163 079	2.08	5.86

研究对象中,俄罗斯、挪威和英国属于资源禀赋较好的国家。从市场规模来看,冰岛的市场规模较小,其余各国的市场规模均较大。此外,除了俄罗斯,其余各国均为高度发达的资本主义国家,人均 GDP 较高,科技创新能力较强。东亚国家与中国的文化距离较小;欧洲国家,特别是北欧五国与中国的文化距离较大。各研究指标的相关性如下表所示:由表7-4可以看出,7个指标之间存在一定的相关性,其中 X_1(资源禀赋)与 X_4(科技创新)的相关性为-0.850 5,X_2(市场规模)与 X_5(贸易基础)的相关性为 0.698 6,X_5(贸易基础)与 X_7(文化距离)的相关性为-0.845 2,这些指标之间的相关性较高。

表7-4 相关因子的相关系数矩阵

	X_1	X_2	X_3	X_4	X_5	X_6	X_7
X_1	1						
X_2	-0.054 1	1					
X_3	-0.526 9	-0.445 3	1				
X_4	-0.850 5	0.015 5	0.436 6	1			
X_5	-0.101 2	0.698 6	-0.503	0.049 8	1		
X_6	-0.010 6	-0.278 6	0.427 6	0.057 6	-0.796 3	1	
X_7	0.411 1	-0.490 5	0.273 4	-0.208 4	-0.845 2	0.774 6	1

(四) 基于熵权法确定各指标权重

在构建了"冰上丝绸之路"建设过程中辽宁潜在贸易伙伴的评价指标体系后,需要对各评价指标进行赋权。指标权重的大小直接决定着指标的重要性,影响着潜在贸易伙伴的评价与重点国别的选择。因此,如何确定各指标的权重显得尤为重要。当前,常见的赋权方法主要包括主观赋权法和客观赋权法。主观赋权法是在尊重专家意见的基础上的赋权方法,主要依赖专家多年的经验和知识储备,方法简单,易于操作,得出的结果不会与实际相悖。但主观赋权法过分依赖于人的主观判断,而且专家素质参差不齐,容易影响评价结果。主观赋权法主要包括层次分析法、专家意见法等。客观赋权法是基于客观数值的内在联系计算得出指标权重的赋权方法,不受主观判断的影响,得出的结果更加客观,但由于客观赋权法依赖于数值间的内在联系,当评价指标出现异常值时,得到的评价结果可能与实际不相符。目前,常用的客观赋权法有因子分析法、主成分分析法、神经网络法、熵值法等。本节采用熵值法作为辽宁省选择"冰上丝绸之路"沿线重点贸易伙伴的赋权方法,计算最终绩效得分,使评价结果更为准确。

首先是指标一致化处理。不同的指标由于性质不同,所表达出的内容也不一致,指标根据自身属性,可以分为正向指标、逆向指标。正向指标数值越大表示指标表现越好,逆向指标数值越小表示指标表现越好,本节选取了 7 个指标,其中 5 个指标为正向指标,2 个指标为逆向指标。为了判断最终的评价结果,需要需对评价指标进行一致性处理,将不同属性的指标转化成统一属性的指标,此处将指标统一转化为正向指标,如果指标 X 为逆向指标,可利用以下公式(7.1)转化成正向指标,其中 M 为指标 X 取值范围内的最大值。

$$x' = M - x \tag{7.1}$$

其次,对指标进行无量纲处理。由于不同指标单位不同,无法进行比较,因此在进行评价之前,需将所有指标进行无量纲化,消除量纲不同带来的影响,使数据具有可比性。通过 7 个指标对"冰上丝绸之路"建设过程沿线潜在贸易伙伴的重要性进行评价,其中有的指标以亿美元为单位,有的指标以美元为单位,有的指标以公里为单位,还有的指标是通过计算得出的指数,如创新指数和文化距离等,本身没有单位。因此,为保证评价结果的准确性与科学性,在对"冰上丝绸之路"沿线潜在贸易伙伴评价前,需将 7 个指标均进行无量纲化处理。目前常用的无量纲化处理方法包括极值法、线性比例法、标准化法和向量规范法等,这里我们选用极值法作为"冰上丝绸之路"建设过程中辽宁省潜在贸易伙伴评价指标无量纲化处理的方法。极值法是常用的直线型无量纲化方法,该方法利用指标的极值计算指标的无量纲值,特点是将指标数值全部转化为 0～1 的区间内,最小为 0,最大为 1。极值法的计算公式如下:

对于正向指标,可按如下公式处理:

$$x_{ij}' = \frac{x_{ij} - m_j}{M_j - m_j} \qquad (7.2)$$

公式中 M_j 为 X_{ij} 的最大值,m_j 为 X_{ij} 的最小值。

对于逆向指标,可按如下方式处理:

$$x_{ij}' = \frac{M_j - x_{ij}}{M_j - m_j} \qquad (7.3)$$

另外,无量纲化处理之后,还需要对数变换等后续计算,而若无量纲化之后数值为 0,则无法进行对数变换。为使后续数据处理有意义,参照已有研究的相关做法,本书将无量纲化后的指标全部平移一个最小单位值,以此满足后续计算的基本要求。经数据分析处理后,指标的无量纲化数据见表 7-5 所示。

表 7-5 无量纲化指标

	资源禀赋	市场规模	经济基础	科技创新	贸易基础	空间距离	文化距离
韩国	0.000 1	0.353 3	0.299 8	0.743 2	0.942 7	0.990 5	1.000 1
日本	0.000 1	1.000 1	0.299 8	0.790 6	1.000 1	0.834 1	0.867 8
俄罗斯	1.000 1	0.298 6	0.299 8	0.000 1	0.281 4	1.000 1	0.023 9
丹麦	0.000 1	0.069 0	0.299 8	0.785 2	0.031 0	0.070 2	0.172 1
挪威	0.260 9	0.091 8	0.299 8	0.551 7	0.032 6	0.162 8	0.180 0
瑞典	0.000 1	0.116 0	0.299 8	1.000 1	0.049 6	0.206 4	0.000 1
芬兰	0.000 1	0.052 8	0.299 8	0.776 3	0.018 3	0.258 7	0.399 6
冰岛	0.000 1	0.000 1	0.299 8	0.661 7	0.000 1	0.045 7	0.187 9
英国	0.191 4	0.743 5	0.299 8	0.877 1	0.264 5	0.010 5	0.209 1
法国	0.000 1	0.594 0	0.299 8	0.595 4	0.177 1	0.000 1	0.439 3
德国	0.000 1	0.827 4	0.299 8	0.673 9	0.606 8	0.117 3	0.420 7
荷兰	0.000 1	0.186 9	0.299 8	0.980 8	0.360 2	0.054 0	0.357 2

指标无量纲化后,可以根据熵值法计算各指标的权重。熵的概念是由德国物理学家克劳修斯于 1865 年提出的,最初是用来描述"能量退化"的物质状态参数之一,在热力学中有广泛的应用。1948 年,香农将统计物理中熵的概念,引申到信道通信的过程中,从而开创了"信息论"这门学科。熵值越小,提供的有用信息量就越多,指标也就越重要;熵值越大,表明指标提供的有用信息越少,指标也就越不重要。根据熵值法计算评价指标权重的具体步骤如下:

(1) 根据无量纲化数据,计算第 j 个指标下,第 i 个国家的特别比重和贡献度。

$$p_{ij} = \frac{x_{ij}'}{\sum_{i=1}^{n} x_{ij}} \quad (7.4)$$

上式中，p_{ij} 为第 j 个指标下，第 i 个国家的特别比重和贡献度。各国家在不同指标下的比重和贡献度如下表 7-6 所示。根据贡献度指标，进一步计算熵值、差异系数和权重等指标。

表 7-6　各潜在贸易伙伴在不同指标下的贡献度

国别/指标	资源禀赋	市场规模	经济基础	科技创新	贸易基础	空间距离	文化距离
韩国	0.000 1	0.081 5	0.083 3	0.088 1	0.250 4	0.264 1	0.234 9
日本	0.000 1	0.230 8	0.083 3	0.093 7	0.265 7	0.222 4	0.203 8
俄罗斯	0.688 1	0.068 9	0.083 3	0.000 0	0.074 7	0.266 6	0.005 6
丹麦	0.000 1	0.015 9	0.083 3	0.093 1	0.008 2	0.018 7	0.040 4
挪威	0.179 5	0.021 2	0.083 3	0.065 4	0.008 6	0.043 4	0.042 3
瑞典	0.000 1	0.026 8	0.083 3	0.118 5	0.013 2	0.055 0	0.000 0
芬兰	0.000 1	0.012 2	0.083 3	0.092 0	0.004 9	0.069 0	0.093 8
冰岛	0.000 1	0.000 0	0.083 3	0.078 4	0.000 0	0.012 2	0.044 1
英国	0.131 7	0.171 5	0.083 3	0.104 0	0.070 3	0.002 8	0.049 1
法国	0.000 1	0.137 1	0.083 3	0.070 6	0.047 0	0.000 0	0.103 2
德国	0.000 1	0.190 9	0.083 3	0.079 9	0.161 2	0.031 3	0.098 8
荷兰	0.000 1	0.043 1	0.083 3	0.116 3	0.095 7	0.014 4	0.083 9

（2）熵值计算。计算第 j 项指标的熵值。

$$e_j = -\frac{1}{\ln n}\sum_{i=1}^{n} p_{ij}\ln(p_{ij}), \quad 0 \leqslant e_j \leqslant 1 \quad (7.5)$$

上式中，e_j 为第 j 项指标的熵值，其取值介于 0 与 1 之间，n 为研究对象的数量，本研究中，共有 12 个国家，故 $n=12$。

（3）差异性系数计算。

$$g_j = 1 - e_j \quad (7.6)$$

（4）确定评价指标的权重 w_j，计算潜在贸易伙伴的综合得分。

$$w_j = \frac{g_j}{\sum_{i=1}^{m} g_j}, \quad j = 1,2,3\cdots m \quad (7.7)$$

计算后得到的熵值、差异系数与权重如表 7-7 所示。

表7-7 各指标的熵值、差异系数与权重

指标	熵值	差异系数	权重
资源禀赋	0.337 4	0.662 6	0.437 6
市场规模	0.825 8	0.174 2	0.115 0
经济基础	1.000 0	0.000 0	0.000 0
科技创新	0.958 5	0.041 5	0.027 4
贸易基础	0.766 9	0.233 1	0.154 0
空间距离	0.737 7	0.262 3	0.173 3
文化距离	0.859 6	0.140 4	0.092 8

可以看出资源禀赋被赋予了最高权重,其次是空间距离,再次是贸易基础。经济基础的权重为0,这是由于经济基础与其他变量高度相关,因而该指标并未产生影响。

基于上述指标计算各潜在贸易国的综合得分并排名,具体如下表(表7-8)所示。可以看出,在"冰上丝绸之路"建设过程中。

表7-8 潜在贸易伙伴排名

国别	综合得分	排名
俄罗斯	0.690 8	1
日本	0.515 7	2
韩国	0.470 6	3
德国	0.266 5	4
英国	0.255 3	5
挪威	0.189 8	6
法国	0.152 7	7
荷兰	0.146 4	8
芬兰	0.112 1	9
瑞典	0.084 2	10
丹麦	0.062 4	11
冰岛	0.043 5	12

从上表可以看出,"冰上丝绸之路"建设过程中辽宁省潜在贸易伙伴中,俄罗斯的地位最重要,在综合评价中排名第一,其次是日本和韩国,再接下来欧洲各国。如果将排名前三的国家定义为重点国别,则重点国别的选择结果是:俄罗斯、

日本和韩国。

　　本章对"冰上丝绸之路"沿线国家的基本情况进行了介绍,从理论的视角确定了"冰上丝绸之路"建设过程中辽宁省重点贸易伙伴选择的影响因素,进而确定了7个重点评价指标。通过熵权法,确定各指标权重,并对12个"冰上丝绸之路"沿线潜在贸易伙伴进行综合评价并排名。从评价结果看,俄罗斯、日本和韩国可以成为当前辽宁省在"冰上丝绸之路"建设过程中的重点合作对象。计算结果与当前学术界的主流分析相一致,俄罗斯作为与中国共建"冰上丝绸之路"的伙伴,在"冰上丝绸之路"建设过程中具有重要地位,无疑将成为辽宁省嵌入"冰上丝绸之路"建设的重点贸易伙伴。从地理位置上说,日本和韩国与中国临近,与中国有较好的贸易基础,因此也将成为"冰上丝绸之路"建设过程中,辽宁省的重点贸易伙伴。

第八章 辽宁对俄合作的重点领域

俄罗斯是"冰上丝绸之路"建设的发起国之一,是我国建设"冰上丝绸之路"最重要的伙伴之一,也是辽宁嵌入"冰上丝绸之路"建设过程中的重点国家。本章在明确了俄罗斯的经济结构与特征的基础上,从理论视角分析了辽宁对俄合作重点领域选择的影响因素,最后着重分析辽宁对俄合作的重点领域。

第一节 俄罗斯的经济结构与特征

明确俄罗斯的经济结构与特征是确定辽宁对俄合作重点领域的基础。本节着重分析了俄罗斯的世界经济地位与变化趋势、俄罗斯的经济结构和俄罗斯的经济特征,为后续分析奠定基础。

一、俄罗斯的世界经济地位及其变化趋势

俄罗斯是世界上面积最大的国家,拥有 1 707 万 km^2、横跨欧亚两个大洲的国土。俄罗斯与多个国家接壤,其东南部与我国的黑龙江省接壤。与黑龙江同为东北省份的辽宁,与俄罗斯远东的空间距离也较近。除了南侧,俄罗斯三面濒海,拥有长达 3.76 万 km 的海岸线,从北冰洋一直伸展到北太平洋,其海岸线长度约是我国的两倍。俄罗斯北邻北冰洋,东濒太平洋,西接大西洋,还濒临黑海和里海两个内陆海。俄罗斯作为北冰洋沿岸国之一,享有部分内水、领海、毗连区、专属经济区和大陆架等相关海洋权益。中俄共建的"冰上丝绸之路"正是基于俄罗斯西伯利亚沿岸的东北航道。东北航道横穿俄罗斯的领海,专属经济海域以及公海,对俄罗斯而言有极为重要的战略地位,可见俄罗斯在共建"冰上丝绸之路"过程中有着天然的地理优势。

此外,俄罗斯自然资源十分丰富,拥有世界最大储量的矿产和能源资源,同时也是世界上最大的石油和天然气输出国。2020 年俄联邦审计院报告援引俄罗斯矿物原料基地发展战略指出,俄罗斯已开发油田的探明储量可供开采约 35 年,天然气可供开采 50 多年[①]。俄罗斯的森林覆盖面积为 8.67 亿 hm^2,占国土面积 50.7%,森林储备世界排名第一,淡水资源也非常丰富,世界排名第二。俄罗斯丰

---

① 中国石油新闻网:http://news.cnpc.com.cn/system/2020/05/29/001776932.shtml。

富的资源为中俄两国共建"冰上丝绸之路"奠定了较好的基础,"冰上丝绸之路"的建设将帮助俄罗斯更好地开发利用其拥有的资源,特别是北极的资源,专家们认为北极是世界最后一个未开发的原材料储藏地。据美国数据,北极潜在石油储量为 900×10^8 桶,天然气 47.3×10^{12} m^3,而俄罗斯研究人员的数据大约是美国的 2 倍[①]。中俄北极能源合作前景广阔,中国将通过与俄罗斯共建"冰上丝绸之路",共同开发这一未知的区域。

在历史文化方面,俄罗斯是近 500 年来出现的公认的 9 个世界大国之一。充满荣耀的历史造就了俄罗斯人强烈的民族自豪感、优越感和尊重强者、敬佩英雄的彪悍性格[②]。苏联解体后,俄罗斯继承了苏联的绝大部分遗产,成为世界上最有影响力的大国之一。尽管近年来俄罗斯综合实力出现下降,但历史在俄罗斯人民心中留下了较深的印记,俄罗斯人民一直活在历史的荣光之中。了解俄罗斯的历史文化,以及历史上的成就给俄罗斯人民带来的荣光对当前我国与俄罗斯开展"冰上丝绸之路"建设合作过程中的决策选择有重要影响。如果能充分重视俄罗斯人的这种历史光荣感,更易于推进双方在"冰上丝绸之路"建设过程中的合作。

苏联解体后,俄罗斯由计划经济转向市场经济,采用了西方经济学家推荐的"休克疗法"。但"休克疗法"并未对俄罗斯的经济产生正向作用。相反,"休克疗法"使得俄罗斯经济在苏联解体后的大约 10 年当中,处于不断低迷。1991 年苏联解体时,俄罗斯的 GDP 为 5 179.63 亿美元,约占世界经济总产出的 2.16%,而到 20 世纪末的最后一年,1999 年,俄罗斯的 GDP 下降至 1 959.07 亿美元,仅占世界总 GDP 的 0.6%。苏联解体后 9 年的俄罗斯经济数据如表 8-1 所示。

可以看出,苏联解体后的近十年,俄罗斯经济急剧衰退,在整个世界 GDP 中的占比快速下降,不到解体前的三分之一。经济的低迷,使得俄罗斯综合国力急剧衰退,国际地位和影响力日趋下滑。2000 年,普京出任俄罗斯总统。普京总统有极强的历史使命感,致力于复兴俄罗斯超级大国地位。上台之后,普京总统提出了一系列经济措施整顿俄罗斯的经济秩序,并取得了显著的成效,俄罗斯经济逐步复苏,国内生产总值(GDP)由 2000 年的 2 597.1 亿升至 2006 年的 GDP 达到 9 899.31 亿美元,经济总量首超 1990 年苏联解体前水平。到 2013 年,俄罗斯的 GDP 达到 2.30 万亿美元,相较于 2000,增长了近 8 倍。俄罗斯国内生产总值占世界生产总值的比重,也由 2000 年的 0.77% 上升至 2013 年的 2.97%,恢复到了苏联解体之前 GDP 在世界总产出中的占比水平,具体如表 8-2 所示。

[①] 舟丹.中俄北极能源合作前景广阔[J].中外能源,2020,25(5):20.
[②] 胡晓光.在俄罗斯感受中国影响力:"发展与中国的关系是俄全国共识"[N].参考消息,2018-01-08(11).

表 8-1　苏联解体后 9 年的俄罗斯 GDP 数据

年份	俄罗斯 GDP/美元	世界 GDP 占比
1999	1 959.07 亿	0.60%
1998	2 709.55 亿	0.86%
1997	4 049.29 亿	1.29%
1996	3 917.25 亿	1.24%
1995	3 955.37 亿	1.28%
1994	3 950.77 亿	1.42%
1993	4 350.84 亿	1.68%
1992	4 602.91 亿	1.81%
1991	5 179.63 亿	2.16%

表 8-2　2000—2013 年俄罗斯经济增长情况

年份	俄罗斯 GDP/美元	世界 GDP 占比
2013	2.30 万亿	2.97%
2012	2.21 万亿	2.94%
2011	2.05 万亿	2.80%
2010	1.52 万亿	2.31%
2009	1.22 万亿	2.03%
2008	1.66 万亿	2.61%
2007	1.30 万亿	2.24%
2006	9 899.31 亿	1.92%
2005	7 640.17 亿	1.61%
2004	5 910.17 亿	1.35%
2003	4 303.48 亿	1.11%
2002	3 454.70 亿	1.00%
2001	3 066.02 亿	0.92%
2000	2 597.10 亿	0.77%

实际上普京总统上台之后俄罗斯经济的复苏,很大程度上得益于以能源为代表的资源型产品价格的持续上涨。俄罗斯能源丰富,是国际能源市场的主要输出国之一。能源等资源型产品的价格上涨,使得作为能源出口国的俄罗斯获得了更

多的外汇收入,缓解了经济压力,从经济困境中逐步走出。以原油价格为例,从1999年开始,国际原油价格持续走高,并在2012—2013年达到历史的高位,具体如表8-3所示。俄罗斯作为世界上主要的原油出口国,无疑从原油价格的上涨中获得了巨大的收益。特别是在原油价格上涨的同时,随着中国等新兴国家经济的快速成长和对原油需求的增加,俄罗斯原油出口量也在不断地增加。俄罗斯从原油出口中获得了巨大的外汇收益。这在很大程度上为俄罗斯经济的复苏奠定了基础。

摆脱转型后的经济困境之后,俄罗斯经济快速成长,从1999年至2008年世界金融危机爆发前,俄罗斯经济年均增长率达到6.85%,成为金砖国家(BRICS)中最亮眼的国家之一。

表8-3 布伦特原油历史价格数据

年份	平均价	最高价	最低价	幅度
2013	$108.56	$118.90	$96.84	−0.77%
2012	$111.57	$128.14	$88.69	2.51%
2011	$111.26	$126.64	$93.52	15.94%
2010	$79.61	$93.63	$67.18	19.66%
2009	$61.74	$78.68	$39.41	117.50%
2008	$96.94	$143.95	$33.73	−61.76%
2007	$72.44	$95.92	$49.95	58.89%
2006	$65.16	$78.26	$55.82	1.06%
2005	$54.57	$67.26	$40.75	44.48%
2004	$38.26	$52.28	$29.02	33.27%
2003	$28.85	$34.94	$23.23	0.60%
2002	$24.99	$32.02	$18.17	55.66%
2001	$24.46	$30.68	$16.51	−14.30%
2000	$28.66	$37.43	$21.05	−9.43%
1999	$17.90	$26.46	$9.77	136.53%

数据来源:原油石油价格网 https://info.usd-cny.com/brent/lishi.htm.

2014年,克里米亚事件爆发。2014年3月16日,乌克兰克里米亚自治共和国就自身地位举行全民公投,公投结果表明,全克里米亚半岛超过96%的投票者赞成克里米亚加入俄罗斯。3月17日,乌克兰克里米亚自治共和国议会决定,克里米亚独立成为主权国家,命名为克里米亚共和国。当天,克里米亚议会还向俄罗斯联邦提出建议,以新的联邦主体身份加入俄罗斯联邦。3月18日,普京批准克里米亚加入俄罗斯的条约草案并与克里米亚共和国领导人签署了克里米亚加入俄罗斯的条约。西方社会认为俄罗斯批准克里米亚加入俄罗斯联邦的这一行为,违反了现行的国际法。因此,批准克里米亚加入俄罗斯的行为激化了西方和俄罗斯之间的矛盾,引发了双方之间旷日持久的"地缘政治博弈"。长期以来,乌克兰一直被俄罗斯与欧美国家视为"地缘政治中心",是俄罗斯与欧洲之间的重要缓冲地带。相较于欧洲,乌克兰危机虽然并未关系到美国的核心利益,但美国不会放过任何削弱俄罗斯国际地位的机会,而且美国与欧洲国家是同一阵营,力图扩大所谓的"民主阵地"。因此,美国积极参与到对俄反制的行动中,美国与欧洲联合对俄罗斯实施了多项制裁,并逐步升级。最终,将主要在西方金融市场筹集资金的俄罗斯国有银行和开发银行作为主要打击目标,同时增加了武器禁运和禁止技术转让的内容。此轮制裁由欧盟首先发力,禁止欧洲银行或个人投资者购入交易受制裁银行发行的期限超过90天的新债券或证券,同时,欧盟还禁止向俄罗斯进行新的武器销售,以及向俄罗斯军方买家进行新的军民两用产品销售。此外,针对深水、页岩矿床和北极的某些石油生产和勘探技术的销售也在被禁之列。欧盟宣布对俄制裁后仅仅数小时,美国也宣布了对俄最新制裁措施,将俄罗斯三家国有银行和一家大型防务企业列为制裁对象,禁止美方人员和在美国境内的人员为其提供融资或开展业务。

　　与武器禁运和禁止技术转让等制裁手段相比,金融制裁给俄罗斯政府和民众造成实际的威慑更大,这种影响不仅是经济上的,也是心理上的。同时,在金融制裁的配合下,石油制裁和武器禁运可以达到事半功倍的效果。金融制裁首先使本已严峻的经济形势雪上加霜。早在欧美对俄发起制裁前,俄罗斯经济已经显现出增长停滞、通胀高企、失业率飙升、劳动力萎缩的"疲态"。虽然对俄金融制裁是个逐渐加码的过程,但早在2014年3月初欧美扬言即将对俄采取制裁之时,国际市场就对俄罗斯未来的不确定性引发的悲观情绪做出了自然反应。制裁的预期和避险的情绪促使全球投资者竞相逃离,仅3月和4月两个月,就有500亿美元的资金从俄罗斯撤出。2014年4月底,标准普尔下调了俄罗斯的国家主权信用评级,只比垃圾级高一个档位。主权信用评级的下降导致其借贷成本飙升。到2014年5月底,卢布兑美元的汇率相较年初已下跌8%,而俄罗斯股市跌幅已达13%。

　　由于投资者要求获得更高的收益率,制裁开启的八周内,俄罗斯七次取消发债计划。国际货币基金组织、世界银行和俄罗斯银行纷纷下调2014年度俄罗斯经济增长预期。国际货币基金组织认为,地缘政治形势不明朗对俄罗斯造成严重的经济冲击。据俄中央银行初步估算,2014年卢布对美元实际汇率下降34.4%,对欧元实际汇率下降26.7%。2015年4月,俄罗斯总理梅德韦杰夫在俄国家杜马做政府报告时表示,2014年西方对俄制裁给俄罗斯带来250亿欧元的损失,占国民经济生产总值的1.5%。同时,通过对作为俄罗斯经济命脉的能源领域进行配套制裁,金融制裁的效果大大加强了。从欧美对俄罗斯第四轮制裁开始,俄罗斯关键企业尤其是俄国有能源公司被拉入制裁名单。金融制裁使得美欧对俄罗斯实施的能源贸易制裁如虎添翼,通过削弱俄罗斯油气企业在欧美市场的融资能力,从而打击俄罗斯利润丰厚的油气产业未来开发资源的能力。欧美对俄罗斯的制裁,重创了俄罗斯经济,近年来,俄罗斯国内生产总值如表8-4所示。

表8-4 中国、俄罗斯、美国历年GDP数据比较[1]

年份	中国		俄罗斯		美国	
	GDP/美元	世界占比	GDP/美元	世界占比	GDP/美元	世界占比
2018	13.61万亿	15.84%	1.66万亿	1.93%	20.54万亿	23.91%
2017	12.14万亿	15.00%	1.58万亿	1.95%	19.49万亿	24.07%
2016	11.14万亿	14.62%	1.28万亿	1.68%	18.71万亿	24.56%
2015	11.02万亿	14.68%	1.36万亿	1.82%	18.22万亿	24.28%
2014	10.44万亿	13.16%	2.06万亿	2.60%	17.52万亿	22.09%

结合表8-2与表8-4,可以看出2013年俄罗斯的国内生产总值达到了苏联解体以来的最高值,为2.30万亿美元。2014年,克里米亚事件爆发以来,受制于欧美的制裁,俄罗斯经济再次步入困境,开始下滑。截至2018年,俄罗斯的国内生产总值(GDP)为1.66万亿美元,仅占世界总产出的1.93%,远低于美国的世界占比23.91%和中国的世界占比15.84%。尽管2017年开始,俄罗斯经济出现复苏,2018年俄罗斯的GDP增至1.66万亿美元,但也仅占世界总GDP的1.93%,与当年中国广东省的GDP相当。可以说,从世界经济地位来看,俄罗斯已经不在世界第一梯队。虽然当前俄罗斯仍凭借其外交和军事实力在国际政治舞台上有重要的影响力,但长此以往,经济因素必然影响俄罗斯的军事和政治,进而影响俄罗斯的综合实力。

二、俄罗斯经济结构

经济结构系指包括产业结构、所有权结构、技术结构和贸易商品结构等国民经济各部门的构成状况及其比例关系,此部分将从俄罗斯的产业结构、所有权结构和贸易结构三个方面分析俄罗斯的经济结构。

---

[1] https://www.kylc.com/stats/global/yearly_per_country/g_gdp/chn-rus-usa.html.

(一) 俄罗斯的产业结构演进

产业结构是经济结构中的关键组成部分,其界定较为清晰,通常是指国民经济中三次产业之间的相互联系和比例关系。在学术研究的实践中,对产业结构的研究更多的是关注后者,即国家经济中三次产业之间的比例关系,更具体地说就是看第一产业、第二产业和第三产业的产值在总的经济产出中的比重。对俄罗斯产业结构的分析,可以分成两个阶段,叶利钦执政阶段和普京执政阶段。

苏联解体后,俄罗斯领导人叶利钦驱动俄罗斯经济转型,由计划经济转向市场经济。这一时期俄罗斯的产业结构表现出了一个显著的变化趋势,就是第一产业与第二产业在经济总产出中的占比快速下降,与之相对,第三产业在经济总产出中的占比趋于上升,1991年至1999年俄罗斯各产业在经济总产出中的占比如表8-5所示:

表8-5 1991—1999年国内生产总值的结构(按当年价格计算,单位:%)

年份	1991	1992	1993	1994	1995	1996	1997	1998	1999
工业	38.2	33.7	34.4	32.8	29.0	29.5	28.4	29.1	32.0
采掘业	17.3	12.2	17.8	20.0	22.6	24.4	26.6	26.3	23.2
建筑业	9.4	6.3	7.9	9.1	8.5	8.4	7.9	7.2	5.5
农业	13.9	7.0	7.8	6.1	6.7	6.8	6.2	5.6	6.7
交通	6.5	6.7	7.5	8.5	10.7	10.6	10.7	9.4	7.2
通信	0.7	0.6	0.7	1.1	1.5	1.7	1.9	2.0	1.8
贸易	11.8	28.9	18.7	18.0	19.4	18.0	17.6	20.1	23.1
金融业	2.2	4.6	5.2	4.4	1.6	0.6	0.7	0.3	0.5

资料来源:俄罗斯联邦统计局2000年数据。

从表8-5可以看出,第一产业农业在经济总产出中的比重出现了较大幅度的下滑,1991年俄罗斯农业产值中经济总产出中的占比为13.9%,而1999年下降至的6.7%,不到1991年的一半;第二产业中工业的占比也出现了大幅的下滑,从1991年的38.2%跌至1997年的28.4%,之后工业中经济总产出中的占比出现了一定程度的回升,到1999年,攀升至32%,但仍低于1991年时工业在国民经济中的占比。叶利钦执政期间,俄罗斯第三产业在国民经济中的占比快速上升,1991年服务性产业产值在整个国民经济中的占比约为21.2%,而1992就攀升至40.8%,之后各年第三产业在国民经济中的比重基本保持在30%~40%之间。从表面上看,俄的产业结构出现了一些好的变动趋势,但这种趋势并不是经济增长的结果,而是叶利钦"休克疗法"的必然后果。另外,从第三产业内部结构的变动看,通信、金融、信贷和保险业等科技含量和附加值高的产业的产值比重并没有显著增长。

叶利钦时期俄罗斯产业结构在经济转型进程中发生了自发性的调整,结果出现了第一、二产业结构比重回落,而第三产业结构比重增长的趋势。这并不是俄罗斯产业结构优化的表现。产业的某些内部变化仍然表现出结构衰退的迹象,诸如,第二产业的重轻结构畸形、经济能源化和原材料化趋势加重了,以及以低端商业及餐饮服务业为主的第三产业发展。

普京执政后,俄罗斯的产业结构出现了一些积极的变化:第一产业比重从2009年的4.7%降低到2014年的4.2%,而2015年指标又回到了原始的水平,主要是由于俄罗斯农作物的播种面积连年增加,使其以小麦为主的农产品产量增加,出口量也相应增加;第二产业比重从2014年的35.8%骤降到2015年的32.6%,总体趋势是降低3.2个百分点;第三产业比重从2009年的61.5%增长至2015年的62.7%,总体上升1.2个百分点。可以看出,第二、第三产业的比重变动反映后危机时期俄罗斯再工业化的特征。经历国际金融危机的剧烈冲击,俄罗斯的产业结构调整已经表现出一定的积极性。总的来说,普京时期的俄罗斯产业结构表现出一定的优化趋势,尽管这与配第-克拉克定理详述的产业结构优化的表现存在一定差异,但对于经济结构的积极影响是毋庸置疑的。

(二)所有权结构

转轨以来的俄罗斯私有化企业所有权结构演变可通过两个阶段来考察:从苏联解体到"证券私有化"结束时,初步确立了所有权结构,其主要特点是绝大部分股票由企业内部职工(内部人)持有;1994年以后,由于经济发展的内在规律以及政府政策的调整,所有权结构发生变化,总体趋势是内部人股权份额逐步减少,外部人所有权增加,国家所有权稳步降低。

国家拥有的股份稳步下降,到1997年时,只拥有全部股票的7.4%,而且在74%的股份公司中已不再拥有任何股份,这说明,近3/4的大中型工业企业已经完全私有化了。并且,国家拥有多数股权的企业也下降到只占全部私有化企业的8.1%。

普京执政时期,俄罗斯政府采用行政、市场等方式对叶利钦执政时期错误私有化的战略性企业重新收归国有,在一定程度上推动了经济的快速发展。将外国企业以及商业寡头所控制的油气开采权强行拍卖给该国的国家控股企业或独资企业。如基于司法、行政手段的采用,俄罗斯政府分别于2004年12月、2005年9月将尤甘斯克油气公司强行拍卖给俄石油公司、强行收购西伯利亚石油公司72.6%的股份;俄罗斯天然气公司于2006年12月获取了"萨哈林二号"项目的控制权。基于对油气企业的重新国有化,该国总开采量中政府所控制的石油开采量的占比已由20世纪末的7.5%上升至2007年末的30%,其控制的石油开采量大大地增长。该国政府通过加大对油气领域的控制力度,掌握了经济调节与控制的核心杠杆。基于总统令的签署,普京于 2006 年对俄罗斯六大飞机企业进行了改组,经改组后,联合飞机制造集团由国家所控股,它包含了四大构成成分:即民用飞机、运输机以及军用飞机制造、生产航空零部件。军工领域内,对军事出口企业的"俄罗斯国防出口公司"进行了重组,将之改造为同时致力于高新技术产品生产与机械制造的公司,分别于 2002 年、2004 年建立了控制每个系列飞机生产的国防工业公司,对国防统一投资公司进行了收购等。普京执政时期,"俄罗斯国防出口公司"所控制的企业中,不乏军品生产商,也不乏军民两用产品的生产商,其数量在 20 家以上。在核能领域建立了"核能工业公司",以立法形式将含加工企业在内的核能领域的所有国家企业划入该公司中。除了能为俄罗斯全方位掌握核心产业起到一定促进作用以外,对战略企业的国有化还能为国家经济安全提供有力保障,并使其具备了稳定的财政收入来源。

(三)贸易结构

传统上,俄罗斯出口产品以资源型产品为主,且绝大多数出口产品都是矿物原料和燃料产品。这主要是由于俄罗斯自身拥有大量自然资源,世界能源价格高,加之,在俄罗斯国民经济中,其他产品在国际市场相对缺乏竞争力。俄罗斯最发达的经济是采矿及炼油产业。进入 21 世纪,资源型产品在俄罗斯出口产品中的比重进一步上升。2008 至 2009 年的金融和经济危机以及俄罗斯目前的经济危机使得其制造业的产量下降,加工程度低的产品在贸易中的占比进一步上升。

2013 年,在俄罗斯出口产品结构中,矿产品的占比为 71.5%,而 2001 年为 54.7%,呈现出俄罗斯出口贸易产品结构资源型方向的增强,也能表现出在俄的出口贸易商品的结构上还是较为单一。例如,矿产品出口份额在 1995 年占到 42.5%,然后在 2000 年已经为 53.8%,2013 年达到了一个高峰 71.5%。这种动态只能证明俄罗斯的出口贸易越来越依赖原材料出口,而高份额的燃料和能源产品出口进一步深化了俄罗斯出口单一结构的格局。从 2000 年到 2013 年,可以看出有着高附加值的出口成品份额呈下降趋势。它涉及诸如化学产品和机械类的产品等产品组。俄罗斯仅在武器、核工程、火箭工业和化肥等国际市场上占据竞争地位。但是其他经济部门生产的成品在世界贸易竞争中没有较强的竞争力。

俄罗斯出口贸易地区结构特征是发达国家高度集中,其出口份额超过 60%。俄罗斯出口贸易地区结构中第一名为欧盟地区。在 2000 年开始,欧盟在俄罗斯海外供应中的份额显著增加,从 2000 年的 35.8% 增加到 2013 年的 50%。俄罗斯向欧盟地区主要出口产品为矿物原料包括原油、石油产品、天然气、石煤、原镍、非合金钢半成品。俄罗斯出口贸易地区结构中第二名为亚太经合地区占 21.5%。亚太经合地区在俄罗斯对外贸易中有增加趋势。2013 年俄罗斯向亚太经合地区出口额增加到 7.2%。第三名为独联体地区占 12.9%。1991 年苏联解体后,向独联体地区出口额不断地下降。2000年下降到13.4%。在出口贸易地区结构中,俄罗斯最重要的出口地区为荷兰、中国、德国、意大利、土耳其。这5个国家在俄罗斯的出口总额占40%。2013年荷兰在俄罗斯出口贸易地区结构占第一位,出口份额为13.3%。意大利占第二位,出口份额占7.4%。德国占第三位,出口份额占7%。第四位是中国,出口份额占6.8%。第五位是土耳其,出口份额占4.8%。同样,在2013年,十大出口市场包括乌克兰4.5%,白俄罗斯3.9%,日本3.7%,波兰3.7%,哈萨克斯坦3.4%[①]。

三、俄罗斯经济的特征

(一)经济结构失衡

俄罗斯的经济结构失衡体现在三个方面,分别是三次产业结构失衡、第二产业内部结构失衡和产权结构失衡。

首先,三次产业结构失衡。俄罗斯也意识到了自身产业结构的问题。一直致力于解决产业结构失衡的问题,但这一问题始终未能得到很好的解决。俄罗斯的产业结构继承了苏联的产业结构。1991年,俄罗斯第三产业占GDP的比重为21.2%,而到1992年猛增至40.8%,自1993年开始回落,到1999年达到了32.6%。第一产业占GDP的比重则由1991年的13.9%降至1999年的6.7%,第二产业占GDP的比重也从1991年的64.9%下降到1996年的60.7%。自2000年以来,普京上台后,俄罗斯三次产业结构出现了一些新的变化。总体呈现出第一产业下降、第二产业先升后降、第三产业占GDP的比重提高的趋势。第一产业占GDP的比重从2000年的6.4%降至2005年的5.5%,再降到2013年的4.0%;第二产业占GDP的比重从2000年的38.6%上升到2004年的41.8%,之后便从2005年的40.8%降至2013年的35.7%;第三产业占GDP的比重在2000—2004年出现小幅下滑,从2000年的55.0%降至2004年的51.9%,但从2005年开始,整体呈上升趋势,从53.7%提高到2013年的60.3%。以上数据反映了俄罗斯产业结构的逐步优化和向高级化方向发展的趋势[②]。整体而言,与全球产业结构向"高服务化"发展的趋势相一致,但失衡的问题仍旧存在,第一产业和第三产业的比重相对较低。

其次,第二产业结构内部失衡。受苏联产业结构影响,俄罗斯的第二产业中重工业比重过高,轻工业比重过低。出现了所谓重工业过重,轻工业过轻的情况。重工业指为国民经济各部门提供物质技术基础和生产资料的工业,具体包括钢铁

---

① 安娜(Shevkunenko Anna).西方经济制裁对俄罗斯出口贸易影响研究[D].哈尔滨:哈尔滨工业大学,2019.

② 张海峰.金砖国家产业结构调整及其成效[J].东北财经大学学报,2017(5):34-39.

工业、冶金工业、机械、能源(电力、石油、煤炭、天然气等)、化学、材料等工业。重工业按生产性质和产品用途可以分为三类:采掘工业(对自然资源的开采)、原材料工业(提供基本材料、动力和燃料)、加工工业(对工业原材料进行再加工制造)。轻工业则是生产消费资料的工业部门,主要提供生活消费品和制作手工工具。之所以会出现重工业过重一方面是苏联时期的国家战略导致,另一方面是俄罗斯丰富的自然资源使得经济对于自然资源产生了较高的依赖。从长期来看,俄罗斯的第二产业结构内部失衡对俄罗斯经济发展极其不利,将产生一系列负面影响。

再次,产权结构失衡。苏联解体后,俄罗斯听取了西方经济学家的建议,采取了"休克疗法",完全转向市场经济,全面走向私有化。私有化并未使俄罗斯的国家财产真正落到普通劳动者的手中,而是落到了早就准备窃取这些财产的人手中,产生了新的"权贵",一方面导致国有资产大量流失,另一方面产生了社会阶层的分化。私有化使得俄罗斯形成了以非国有制为主导的多元化所有制体系为基础的市场经济框架。2000年普京上台后,对私有化进行了反思。普京承认俄罗斯的私有化有误。普京重视发展国有经济,发挥国家在经济发展中的作用,经过一系列的调整,俄罗斯的国有产权比重不断上升。另外俄罗斯的国有企业效率低下,在此背景下,产权结构失衡的问题进一步凸显。

(二) 科技实力下降

苏联解体后,俄罗斯虽然继承了苏联的科技实力。时至今日,俄罗斯依然在一些领域处于世界领先地位,拥有不可小觑的科技实力。但是因为经济低迷,制约了其科技的发展,使得俄罗斯在一些领域的科技进步已经落后,整体科技实力下降。普京上台后,高度重视科技进步,并采取了一些措施,但俄罗斯的整体科技复兴尚需时日。俄罗斯在科技研发方面面临的突出问题是如下三个方面:

第一,俄罗斯的科技投入低。由于经济低迷,财政吃紧,俄罗斯不可能对科技研发活动进行大规模的投入。表8-6是2000—2018年,俄罗斯、中国、OECD国家(平均)和美国的R&D经费的GDP占比情况。可以看出俄罗斯的R&D经费的GDP占比一直在1.0%的水平上下波动,远低于OECD国家的平均水平,也低于美国与中国。从总量来看差距更大,2018年美国的GDP约为20.5万亿美元,中国的GDP约为13.6万亿美元,而俄罗斯2018年的GDP仅为1.6万亿美元,由此可以看出俄罗斯的R&D的研发投入远低于美国和中国。

第二,俄罗斯综合技术已经处于落后。西方专家普遍认为,从科技实力来看,相对于科技强国的美国和科技大国日本、德国、法国和英国等发达国家,俄罗斯只是中等科技大国。2016年的全球最具科技实力国家排行榜中,俄罗斯未能进入的前10名,排名第17位。特别是进入21世纪以后,俄罗斯在新兴技术的研发,如信息技术、量子技术和芯片等方面的研发已经处于全面落后的状态。

表 8-6 各国 R&D 支出的 GDP 占比情况对比

(单位:%)

年度	俄罗斯	中国	OECD	美国
2000	0.977 443	0.893 163	2.115 959	2.628 793
2001	1.095 787	0.940 331	2.153 495	2.648 296
2002	1.160 566	1.057 86	2.129 257	2.559 257
2003	1.196 106	1.120 366	2.135 03	2.564 546
2004	1.070 825	1.214 982	2.108 05	2.502 43
2005	0.993 287	1.307 916	2.138 301	2.516 968
2006	0.997 912	1.368 537	2.167 953	2.557 64
2007	1.038 068	1.373 694	2.200 127	2.631 606
2008	0.971 318	1.445 92	2.269 336	2.767 908
2009	1.164 375	1.664 795	2.314 736	2.812 699
2010	1.051 165	1.713 721	2.276 213	2.735 403
2011	1.014 418	1.780 343	2.307 118	2.765 255
2012	1.028 579	1.912 141	2.300 242	2.681 662
2013	1.027 07	1.997 864	2.322 162	2.709 723
2014	1.072 025	2.029 631	2.343 061	2.718 389
2015	1.100 76	2.065 602	2.333 899	2.716 598
2016	1.097 278	2.118 305	2.326 059	2.760 293
2017	1.106 555	2.145 116	2.367 025	2.812 501
2018	0.989 882	2.185 685	2.401 171	2.825 786

数据来源:OECD 网站:https://data.oecd.org/rd/gross-domestic-spending-on-r-d.htm。

第三,俄罗斯的科技人才流失严重。科技人才是推进科学技术进步的根本。巧妇难为无米之炊,没有科技人才就很难推动科技的进步与发展。苏联解体时,因为政治动荡,俄罗斯有大量科学家流失。在这之后,由于经济低迷,科研投入不足,不断有科技人员流失。科技人员的不断流失对俄罗斯的科技发展产生了负面影响。表 8-7 反映了 2000 年至 2017 年俄罗斯每百万人口的研发技术员与 R&D 研究人员数量的变动情况。可以看出,无论是研究技术人员还是 R&D 研究人员数量都一直处于下降趋势,这两项数据很好地说明了俄罗斯科技人才流失的现状。

表 8-7　每百万人口的研发技术人员与 R&D 研究人员数量

年度	研发技术人员的数量	R&D 研究人员
2000	570.267 79	3 459.037 16
2001	575.420 59	3 468.254 13
2002	574.407 59	3 387.677 78
2003	556.763 08	3 370.956 55
2004	552.190 76	3 315.136 51
2005	516.822 62	3 233.591 97
2006	517.945	3 238.120 34
2007	511.334 8	3 274.156 51
2008	486.880 29	3 149.856 15
2009	474.111 93	3 085.694 03
2010	474.228 77	3 081.079 15
2011	490.532 47	3 114.610 84
2012	475.242 38	3 078.387 52
2013	483.310 47	3 052.691 01
2014	496.616 87	3 075.142 49
2015	483.642 95	3 098.112 38
2016	460.897 08	2 952.213 87
2017	451.226 3	2 821.526 62

数据来源：世界银行网站①。

（三）人力资源萎缩

苏联解体后，俄罗斯的人口总量一直处于下降的趋势。一方面源于大量的人口外流，很多俄罗斯选择了移居国外，另一方面源于俄罗斯的生育率较低。两个因素叠加，使得俄罗斯的人口总量下降，人口结构失衡，劳动力数量下降、人口老龄化严重。2008 年 6 月，时任俄罗斯财政部长库德林坦言，俄罗斯经济面临的最大挑战之一即是人口问题。据联合国预测，2025 年，俄罗斯人口甚至会减少至 1.21 亿～1.36 亿，到 2030 年时或只有 1.15 亿。美国人口学专家甚至提出这样的观点：俄罗斯是当今和平时期正在衰亡的唯一大国，其所面临的不仅是广泛的人口危机，也是影响深远的人力资源危机。表 8-7 反映了 2011—2019 年俄罗斯

---

① https://data.worldbank.org.cn/country/russian-federation?view=chart.

劳动力数量、劳动参与率和新生儿出生率(平均每位妇女的生育数)。可以看出,2011 年俄罗斯的劳动力数为 7 602.9 万,而到了 2019 年,俄罗斯的劳动力数下降至 7 302.3 万,下降了 4%。劳动参与率也处于不断下降的趋势中。

表 8-8 俄罗斯劳动力数、劳动参与率与出生率情况

年份	劳动力数(人)	劳动参与率(%)	出生率[①]
2011	76 029 211	62.69	1.567
2012	75 821 301	62.69	1.582
2013	75 440 718	62.58	1.691
2014	75 238 592	62.62	1.707
2015	75 015 705	62.63	1.75
2016	74 939 907	62.77	1.777
2017	74 184 005	62.33	1.762
2018	73 826 094	62.25	1.62
2019	73 023 442	61.80	1.57

数据来源:世界银行网站[②]。此外,俄罗斯的出生率从 2011 年开始至 2015 年出现了短暂的上升,但此后又开始下降,到了 2019 年,基本又回到了 2011 年前后的水平。

(四) 经济缺乏后劲

现代经济增长理论中,经济学家哈罗德和多马提出的哈罗德-多马模型在凯恩斯的短期分析中整合进了经济增长的长期因素,并强调资本积累在经济增长中的重要性。自 20 世纪 80 年代中期以来,以罗默(Paul Romer)和卢卡斯(Robert Lucas)为代表的经济学家提出了"新增长理论"。罗默 1990 年进一步提出了技术进步内生增长模型,第一次提出了技术进步内生的增长模型,把经济增长建立在内生技术进步上,并认为技术进步是经济增长的核心。总结经济增长理论,无论是资本积累,还是技术进步,俄罗斯都有明细的缺陷。这在很大程度上制约了俄罗斯经济发展的动力。加之,俄罗斯幅员辽阔、土地肥沃,是世界上屈指可数的资源禀赋大国,很自然地形成了对自然资源出口的依赖,染上了所谓的"荷兰病"。长期依赖自然资源出口,使得产业结构畸形。在产业现代化方面,俄罗斯却大大落后于欧美发达国家,是大国中为数不多的资源出口导向型的经济体,经济总体处于国际产业链下游,科技密集型产品仅占国际市场的 0.3%,国内生产总值仅相当于世界的 0.2%。在美国波士顿咨询公司发布的 2018 年可持续经济发展评

---

① 生育率以每位女性的生育数量度量。
② https://data.worldbank.org.cn/country/russian-federation? view=chart.

估指数排行榜中,俄罗斯在 152 个国家中位居第 59 位,落后于哈萨克斯坦(57)和白俄罗斯(52)。俄罗斯舆论研究中心的最新民调显示,21%的人认为俄罗斯已属于最落后国家之列,越来越多的国民认为,俄罗斯在居民收入和经济发展指标方面已沦为三流国家。

第二节 "冰上丝绸之路"建设过程中俄罗斯的经济动机

基于上述经济结构与特征的分析,俄罗斯在参与"冰上丝绸之路"建设的过程中必然有其经济需求。这些经济需求将对辽宁省确定对俄合作重点领域产生重要影响。本节着重分析"冰上丝绸之路"建设过程中俄罗斯的经济需求。

一、能源等自然资源的输出

能源等自然资源的输出是俄罗斯参与共建"冰上丝绸之路"的主要经济动机之一。俄罗斯自然资源丰富,其经济对资源产品的出口有很大的依赖性。目前,俄罗斯出口商品结构中,原料占 89%,其中能源占 64%,而机械产品不足 5%。经济原料化和能源化趋势不断加强[1]。俄罗斯经济的增长建立在资源原料大量出口基础上。虽然俄罗斯已经意识到了自身经济对于资源产品出口的依赖,试图摆脱这种局面,但在可以预见的未来,俄罗斯经济很难扭转这种对资源型产品出口的依赖。因此俄罗斯必须基于能源等资源型产品出口给予足够的重视,解决其贸易中存在的问题,确保能源等资源型产品出口能够带来足够的收入,保障俄罗斯财政收入的稳定性。

(一)俄罗斯的能源出口现状

俄罗斯是世界上主要的石油和天然气输出国。但其贸易伙伴相对集中。具体来说,俄罗斯的主要石油天然气贸易伙伴为欧盟国家以及中国等周边国家。尽管欧盟与俄罗斯在国际政治立场上存在分歧,欧洲国家不愿意接纳一个强大的俄罗斯,但欧盟与俄罗斯开展能源合作由来已久,能源合作一直都是欧盟—俄罗斯关系的重要组成部分。自 20 世纪 90 年代中期以来,欧盟的能源产量一直在下降,为了满足经济发展对能源资源的需要,欧盟不得不进口大量的石油和天然气以及其他自然资源,这很大程度上使得欧盟经济发展依赖于外部能源的进口。2016 年,欧盟近 39%的天然气和 33%的石油来自俄罗斯,对于欧盟的一些成员国,意大利、德国与英国,对俄罗斯天然气的依赖程度甚至达到了 80%[2]。俄罗斯原油和凝析油对欧盟出口情况如表 8-9 所示。

---

[1] 曹永利.俄罗斯的产业结构、贸易结构与投资结构[J].时代金融,2018(18):62,65.
[2] Kazakov Nikita(尼基塔).俄罗斯能源出口贸易研究[D].哈尔滨:哈尔滨工业大学,2018.

表 8-9 2016 年俄罗斯原油和凝析油对欧盟出口情况

国家	千桶/天	占比（欧洲出口）	占比（总出口量）
荷兰	697	22.49%	13.22%
德国	663	21.39%	12.58%
波兰	407	13.13%	7.72%
芬兰	214	6.91%	4.06%
瑞典	164	5.29%	3.11%
意大利	137	4.42%	2.60%
西班牙	123	3.97%	2.33%
斯洛伐克	117	3.78%	2.22%
其他	577	18.62%	10.95%
总计	3099	100%	58.79%

数据来源：www.customs.ru.

此外，在天然气消费方面，欧洲国家更是俄罗斯的重要贸易伙伴。随着全球气候环境的不断恶化，为了应对气候变化，欧洲各国近年来不断提升天然气消费在其能源消费结构中的比例。欧洲国家的天然气主要从俄罗斯购买。天然气运输高度依赖于管道和液化天然气装置，天然气贸易的大小有赖于天然气基础设施建设的规模，尤其是管道建设的完善情况。因为地缘上，俄罗斯与欧洲国家临近，地理距离较近，俄罗斯成为欧洲自然的天然气供给者。特别是东欧国家，其天然气供应完全依赖俄罗斯，百分之百从俄罗斯进口。从短期来看，欧盟很难找到一个能够替代俄罗斯的天然气供应商。

（二）俄罗斯能源贸易的主要问题

尽管俄罗斯与欧洲之间的能源合作关系由来已久，但二者之间存在着根深蒂固的不和谐。一直以来，在很多问题上，欧洲都与美国的政治立场保持一致，不能接受一个强大的俄罗斯，这使得双边在很多问题上存在分歧，也使得俄罗斯的能源贸易存在一些问题。从俄罗斯的视角来看，尽管同欧洲的能源贸易中获得了收益，但其贸易安全很难保障。

首先，是出口市场安全问题。将过多的能源市场份额放在欧洲，增加了俄罗斯的风险暴露，产生出口市场安全问题。2000 年以来，俄罗斯一直高度重视欧洲市场，致力于开辟新的、通往欧洲的油气管道。但 2009 年发生的俄罗斯与乌克兰两国之间的天然气争端，使得俄罗斯在东欧的天然气运输管道被"切断"两个星期，对俄罗斯天然气贸易的发展造成了严重的冲击。此后，2013 年爆发的乌克兰危机又引发欧盟、美国对俄罗斯实施了经济制裁,其中涉及能源领域的制裁主要集中在融资、技术出口和国际合作上。对俄罗斯油气公司和一些俄罗斯银行的融资限制使得俄罗斯能源企业面临融资困境,无法获取融资,阻碍了俄罗斯能源公司的发展。另外,深海、北极大陆架和页岩油勘探有关的技术和设备的禁运使得俄罗斯无法获得其依赖的先进技术与装备,开采深海和北海大陆架蕴藏着丰富的油气资源的难度增加。一系列的事件发生后,俄罗斯意识到了其能源出口市场的安全问题。欧洲在其能源出口市场中的份额过高,由于政治的分歧使得自己有了过多的风险暴露,产生了能源出口市场安全的问题。

其次,俄罗斯面临能源价格安全。能源价格主要指原油价格和天然气价格。对于俄罗斯这样一个严重依赖能源出口的大国来说,能源价格风险主要是因为能源价格波动而产生的不利影响。能源价格的风险主要来自两个方面:一方面是能源价格自身的波动。油价上涨可以使得作为石油出口国的俄罗斯获益。自2000年普京上台到美国次贷危机爆发以前,国际油价在近十年内基本保持上涨的趋势,欧佩克一揽子油价2008年7月3日创下140.73美元/桶的历史高位。油价暴涨使俄罗斯实实在在地获得了能源价格红利,使俄罗斯得以完全摆脱苏联解体引发的经济社会危机。2004—2008年俄罗斯GDP增长分别为7.1%、6.4%、6.8%、8.1%和6.0%,政府财政收入成倍增长,国民购买力大大提高,经济领域的投资和消费快速增长①。尽管油价上涨可以使俄罗斯获益,但油价的波动会对俄罗斯经济产生较大的冲击。2008年美国次贷危机的爆发逐渐扩散为全球性经济危机,主要经济体陷入负增长当中,原油全球需求量连续下跌。2014年年中开始,美国布伦特原油期货开始下跌,原油价格从115美元持续跌至2016年初的28美元,区间跌幅达76%。2018年中美贸易战叠加OPEC增产使得2018年10月至2018年12月,美国布伦特原油期货狂跌41%,价格自高点85美元下跌至51美元附近。2020年新冠疫情全球扩散叠加沙特大幅增产使得国际油价暴跌幅度达到30%,自本年初近70美元高位一度跌至20多美元,已跌去60%。每一次国际油价的大幅下跌都对俄罗斯经济产生了负面的冲击。另一方面,原油天然气等资源型产品,作为大宗产品一直是以美元计价结算的。美元结算将会产生汇兑风险,2014年国际能源价格大跌,在市场、地缘政治因素的助推下,俄罗斯卢布大幅下跌,生活必需品价格上涨导致物价全面上涨,俄罗斯通胀风险加速膨胀,俄罗斯经济的脆弱性完全暴露出来。另外,近年来美国将美元作为金融制裁的武器不断使用,这样增加了以美元结算的贸易风险。

最后,是能源运输通道安全。由于能源从供给国到需求国可能并不相邻,于是便产生了国际能源过境运输的问题。国际能源贸易快速发展的过程中,能源过

---

① 刘涛.21世纪初俄罗斯亚太能源战略研究[D].长春:吉林大学,2015.

境运输存在的政治、经济、技术、生态等问题是能源出口国和消费国都必须面对的能源安全问题。根据国际能源机构和能源宪章秘书处的资料,国际能源过境运输出现的问题不胜枚举。主要涉及以下几个方面:一是管道事故、加压泵停机等管道技术问题;二是税费、多余运力、终止合同等商业纠纷;三是生态因素;四是政治、经济纠纷引发人为中断过境运输;五是跨境基础设施的投资建设问题;六是市场规则建立与完善等问题。[①] 因此,俄罗斯资源出口面临较大的运输通道安全问题。

(三)俄罗斯的能源贸易对策

俄罗斯意识到了上述能源问题的存在,并一直希望解决上述问题。上述问题产生的根本原因是俄罗斯贸易对象的单一性,过度依赖欧洲市场。俄罗斯近年来积极实施能源出口多元化战略,并实施能源东进战略。2005年夏季,俄罗斯确定修筑西伯利亚石油输出管线——"泰纳线",就是瞄准了中国、日本、韩国等国的巨大市场潜力。特别是中国近年来由于经济的高速发展,本身对能源的需求是巨大的。"冰上丝绸之路"建设为俄罗斯实施能源东进战略提供了新的契机,有利于更好地解决上述问题。

二、轻工业产品供给

如前文所分析,俄罗斯的经济结构很大程度上受到了苏联时期经济结构的影响。苏联时期,其第二产业表现出的特征是:重工业过重,轻工业过轻,国民经济军事化。苏联解体后,俄罗斯的第二产业中重工业更重,经济的原料化更强,采掘业与加工业的对比关系进一步恶化[②]。第二产业结构的畸形使得俄罗斯的轻工业产品的产出能力较弱,俄罗斯约60%~70%的轻工业品都依赖进口。目前俄罗斯的工业设备老化严重,需要进行设备更新和技术改造,但俄罗斯当前没有相应的设备生产能力,因此机械设备、交通工具都大量依赖进口。此外俄罗斯的纺织业缺乏资金,设备陈旧,生产工艺不能满足市场需求,因此纺织品也大量依赖进口。俄罗斯的主要进口商品如表8-10所示。

---

① 刘涛.21世纪初俄罗斯亚太能源战略研究[D].长春:吉林大学,2015.
② 张聪明.俄罗斯第二产业的结构变迁与现状解析[J].俄罗斯东欧中亚研究,2018(6):40-57.

表 8-10　2016 年俄罗斯主要进口商品构成及金额

金额单位：百万美元

HS 编码	商品类别	2016 年	上年同期	占比/%
章	总值	182 262	182 719	100.0
84	核反应堆、锅炉、机械器具及零件	35 361	34 168	19.4
85	电机、电气、音像设备及其零附件	21 504	21 099	11.8
87	车辆及其零附件,但铁道车辆除外	15 637	15 315	8.6
30	药品	8 908	8 697	4.9
39	塑料及其制品	7 542	7 644	4.1
90	光学、照相、医疗等设备及零附件	5 163	5 108	2.8
73	钢铁制品	4 149	4 090	2.3
08	食用水果及坚果;甜瓜等水果的果皮	3 831	3 965	2.1
72	钢铁	3 033	3 300	1.7
40	橡胶及其制品	2 778	2 708	1.5
38	杂项化学产品	2 760	2 610	1.5
29	有机化学品	2 742	2 646	1.5
62	非针织或非钩编的服装及衣着附件	2 700	2 683	1.5
33	精油及香膏,香料制品及化妆盥洗品	2 600	2 631	1.4
28	无机化学品,贵金属等的化合物	2 585	3 245	1.4
61	针织或钩编的服装及衣着附件	2 561	2 420	1.4
64	鞋靴、护腿和类似品及其零件	2 353	2 363	1.3
02	肉及食用杂碎	2 282	3 120	1.3
48	纸及纸板,纸浆、纸或纸板制品	2 256	2 310	1.2
04	乳、蛋、蜂蜜,其他食用动物产品	2 135	2 058	1.2
89	船舶及浮动结构体	1 995	1 283	1.1
94	家具、寝具等、灯具,活动房	1 995	2 370	1.1
22	饮料、酒及醋	1 825	1 792	1.0
12	油籽、子仁,工业或药用植物,饲料	1 670	1 522	0.9
32	鞣料,着色料、涂料,油灰,墨水等	1 605	1 643	0.9
95	玩具、游戏或运动用品及其零附件	1 536	1 457	0.8
27	矿物燃料、矿物油及其产品,沥青等	1 404	2 828	0.8
07	食用蔬菜、根及块茎	1 396	1 907	0.8

续表 8-10

HS 编码	商品类别	2016 年	上年同期	占比/%
03	鱼及其他水生无脊椎动物	1 392	1 356	0.8
82	贱金属器具、利口器、餐具及零件	1 286	1 334	0.7
	以上合计	148 983	149 673	81.8

数据来源:2016 年俄罗斯货物贸易及中俄双边贸易概况①。

从进口贸易伙伴来看,中国、德国、美国、白俄罗斯、法国、意大利、日本和韩国是俄罗斯的主要进口来源地,共占俄罗斯进口贸易额的 58.3%,具体如表 8-11 所示:

表 8-11　2016 年俄罗斯自主要贸易伙伴进口额

金额单位:百万美元

国家和地区	金额	同比增长/%	占比/%
总值	182 262	-0.3	100
中国	38 087	9	20.9
德国	19 451	-4.8	10.7
美国	10 923	-4.6	6
白俄罗斯	9 406	6.1	5.2
法国	8 489	43.4	4.7
意大利	7 839	-5.8	4.3
日本	6 680	-2	3.7
韩国	5 113	12.1	2.8
波兰	3 958	-3.4	2.2
乌克兰	3 951	-30.4	2.2
哈萨克斯坦	3 612	-24.5	2
英国	3 432	-7.8	1.9
荷兰	3 021	-2.4	1.7
捷克	2 767	-2.8	1.5
巴西	2 523	-13.4	1

数据来源:2016 年俄罗斯货物贸易及中俄双边贸易概况②。

---

① https://countryreport.mofcom.gov.cn/record/qikan110209.asp?id=8995.
② https://countryreport.mofcom.gov.cn/record/qikan110209.asp?id=8995.

当前俄罗斯轻工业产品供给主要存在两个方面的问题：

第一是质量问题。由于设备陈旧，工艺落后，俄罗斯自身的轻工业产品质量不高，同时俄罗斯市场充斥着大量的走私而来的轻工产品。据资料显示，俄罗斯市场上三分之二的鞋和服装是非法产品，这些走私产品的质量也难以得到保证。

第二是结构问题。目前俄罗斯自中国进口的商品中比重最大的是交通工具、电子产品和设备，占47%；其次便是轻工业产品，占20%。目前中国产品在俄轻工业市场所占的份额已经达到了60%，而俄本国产品仅占20%左右。一些俄国专家认为中国商品在俄罗斯轻工业市场所占的比重过高，已经到了一个非常"危险"的数字。

在此背景下，俄罗斯一方面需要不断提升国内的轻工业产品的质量，另一方面要消除中国轻工业商品在俄罗斯市场份额过高而引发的风险。中俄共建"冰上丝绸之路"为俄罗斯解决这一问题提供了方案，一方面，通过双方合作的加强，经济的融合，双方可以保持持久的经贸合作关系，这可以消除俄罗斯一些专家因中国轻工业产品在俄罗斯市场份额过高而产生供给不确定性的顾虑。另一方面通过与中国的合作，消除关税等贸易壁垒，可以有效降低俄罗斯市场充斥的非法走私的低质产品，保障轻工业产品的质量。

三、资金供给

苏联解体之后，俄罗斯转向市场经济，由于"休克疗法"的失败，使得俄罗斯在苏联解体后的约十年当中一直处于经济不振的泥潭当中。2000年普京上台之后，俄罗斯的经济虽然有所好转，但并未从根本上摆脱其面临的问题。经济发展的滞后必然对俄罗斯的财政收入产生冲击，近年来，俄罗斯财政收入占GDP的比重如表8-12所示。

以2018年的数据为例，2018年俄罗斯的GDP约为1.64万亿美元，其财政收入占GDP的比重为27.51%，则其财政收入约为0.45万亿美元。2018年中国的财政收入约为25.88万亿元，按照1美元兑换7元人民币的汇率计算，约为3.7万亿美元，是俄罗斯的8倍多。2018年美国的财政收入约为6.54万亿美元，是俄罗斯的14倍多。俄罗斯作为一个横跨欧亚，国土面积世界第一，军事影响力排名第二的国家来说，其财政收入明显不足。尽管俄罗斯人有光荣的历史记忆，有宏大的战略目标，但巧妇难为无米之炊，俄罗斯的战略行动很大程度上受到了经济实力的制约。

表 8-12 俄罗斯历年政府财政收入(不含捐赠)占 GDP 比重

年份	俄罗斯收入占 GDP 比重
2018	27.51%
2017	24.42%
2016	24.16%
2015	24.47%
2014	27.14%
2013	26.49%
2012	27.21%
2011	29.07%
2010	26.05%
2009	25.50%
2008	33.68%
2007	31.33%
2006	28.69%
2005	30.28%
2004	26.85%
2003	27.58%
2002	31.72%
2001	27.14%
2000	24.58%

数据来源:快易理财网[①]。

2014 年,克里米亚事件爆发后,俄罗斯受到了包括美国和欧盟等西方社会的严厉制裁,促使俄罗斯开始实施"向东看"战略。尽管俄罗斯东北资源丰富,但基础设施落后,苦于没有足够的资金,俄罗斯"向东看"的战略受到了较大的制约。此外,俄罗斯在北冰洋有着重要的战略利益,北极航道的开发,俄罗斯将是最大的获益者,但仅仅依靠俄罗斯自身,北极航线的开发和利用很难成功。

中俄共建"冰上丝绸之路"为俄罗斯解决资金问题提供了方案。一方面,中国有参与建设"冰上丝绸之路"的积极性,"冰上丝绸之路"作为中国的"一带一路"倡议的北向延展,对中国来说也有非常重要的战略利益,双方找到了战略的契合点。

---

① https://www.kylc.com/stats/global/yearly_per_country/g_revenue_in_gdp/rus.html.

另一方面，中国作为近年来经济高速发展的发展中国家，有足够的资金可以支持北极航线的开发，同时，中国作为世界上最大的贸易国，与欧洲有着密切的贸易往来，"冰上丝绸之路"建成之后，往来中国与欧洲的商船将使得北极航道热络起来，而东北航道的很多部分属于俄罗斯的领海，俄罗斯将因为航道的高效利用而获益。另外，俄罗斯在北极地区有丰富的能源储备。北极航道的开发和利用，将为俄罗斯在该地区的资源开发提供便利。中国作为"冰上丝绸之路"的建设者，将成为俄罗斯北极资源的主要买家。以亚马尔项目为例，该项目位于俄罗斯境内的北极圈内，是全球在北极地区开展的最大型的液化天然气工程，属于世界特大型天然气勘探开发、液化、运输、销售一体化项目，被誉为"镶嵌在北极圈上的一颗能源明珠"。亚马尔项目共获得了 190 亿美元国际融资，其中中方融资 120 亿美元，占 63%，预计亚马尔项目每年将向中国稳定供应 400 万 t 液化天然气。

四、科技进步

苏联曾是科技强国。苏联解体后，俄罗斯继承了苏联的科技实力。尽管受到苏联解体动荡的影响，出现了科技人才的流失，加上近年来俄罗斯受困于经济发展滞后，对科技研发缺少投入，影响了其科技进步，但俄罗斯的科技实力仍不容小觑。

（一）俄罗斯的科技发展现状

普京上台以来，高度重视科技进步。2003 年，俄罗斯各类科研机构恢复到 3 797 个，各类科研人员 85.85 万，科研队伍规模和实力仅次于美国，位居世界第二位。2008 年以来，在全球 102 项前沿尖端科技领域，俄罗斯有 77.45% 的研究成果位于世界前列，其中 52 项处于全球主导地位，27 项具有世界一流水平。在标志当今世界发达国家实力的 100 项突破性技术中，俄罗斯有 17～20 项具有世界领先水平。在 50 项对世界发展前途或对全球经济社会发展有重大影响的科技方面，俄罗斯有近 20 项处于全球领先地位。俄罗斯的物理学家在兆赫波段高温超导、超敏航天传感器和安全系统等领域堪称世界翘楚。在返回式人造卫星和宇宙飞船方面，俄罗斯与美国保持同步甚至超出美国的水平，能够制造出顶级的火箭发动机和高质量的科技产品[1]。

此外，俄罗斯在基础研究方面的实力得到国际社会的公认，在世界历史中占有重要地位。自然科学的基础研究是科学研究的重要基础。正如李克强总理所说，"无论是人工智能还是量子通信等，都需要数学、物理等基础学科作有力支撑"。从 1904 年到 2013 年，在获得自然科学领域诺贝尔奖方面，俄罗斯（包括苏

---

[1] 赵鸣文.俄罗斯的综合国力及国际地位[J].俄罗斯研究，2019(3):37-62.

联)获得了 12 项诺贝尔奖,位列世界第 9 位。实际上获得诺贝尔奖的数量不能很好代表俄罗斯基础科学的真正水平,总体来看,俄罗斯基础科学的总体水平和实力处于世界领先水平[①]。

(二) 俄罗斯科技发展面临的主要问题

尽管俄罗斯有较强的科研实力,特别在基础研究方面拥有优势,但俄罗斯的科技发展仍面临较大问题。具体来说主要包括如下几个方面:

首先,在科技创新的应用研究不足。俄罗斯的高科技产品出口占比仅为美国或中国的二分之一。[②] 之所以产生这一问题的主要原因是市场规模等的制约,使得企业丧失了创新的积极性。进入 21 世纪,俄罗斯在电子学、机器人技术、生物技术、光学等领域的科技创新已处于明显的劣势,机械制造业衰落,机床制造和应用科学几乎完全被丢弃,一些专家甚至认为俄罗斯在上述领域落后于先进的发达经济体约 40~50 年[③]。

其次,科技人才流失。由于俄罗斯近年来受制于经济困境,财政收入不足以进行大规模的科技研发投入,使得科技研发投入不足,加上科研人员收入不断下降,导致大量的科技人员流失。很多俄罗斯的科学家流向发达国家。自 20 世纪 90 年代初以来,约有 15 万名科学研究人员和大学教授离开俄罗斯,其中高级数学家和高级物理学家分别约占 70%~80% 和 50%[④]。从俄罗斯移民至国外的科技人员数量从 2013 年的 2 万人,增至 2016 年的 4.4 万人。根据俄罗斯《商业咨询日报》的报道,自 2000 年以来,俄罗斯从事科研人员数量每年平均减少 1.3%。而且目前越来越多受过高等教育的年轻人离开俄罗斯,许多有才能的年轻人在获得博士学位后便离开俄罗斯。

最后,科技研发投入不足。受制于财政收入的限制,俄罗斯不可能对科技研发进行大量的投入。而科技研发通常需要大量的投入,这明显制约了俄罗斯科技的进步。以俄罗斯的国家航天预算为例,因为克里米亚事件后,受到欧美制裁,加之国际油价持续低迷导致经济衰退,俄罗斯政府将 2015—2025 年十年的国家航天预算缩减至 2 150 亿美元。这一预算与美国国家航空航天局的开支相比,显然不属于一个数量级,仅仅 2016 年美国国家航空航天局一年的开支便高达 1 930 亿美元。

(三) 参与"冰上丝绸之路"对俄罗斯科技发展的促进作用

多年来,俄罗斯已经意识到了其科技发展的问题。但是缺乏有效解决问题的

---

① 栾峰.俄罗斯基础研究的状况分析及启示[J].青年科学(教师版),2014,35(5):315.
② 赵鸣文.俄罗斯的综合国力及国际地位[J].俄罗斯研究,2019(3):37-62.
③ 赵鸣文.俄罗斯的综合国力及国际地位[J].俄罗斯研究,2019(3):37-62.
④ 赵鸣文.俄罗斯的综合国力及国际地位[J].俄罗斯研究,2019(3):37-62.

对策。中俄共建"冰上丝绸之路"建设为俄罗斯解决科技发展问题提供了可能,俄罗斯可以通过寻求与中国开展科技合作来促进俄罗斯的科技发展。

首先,中国有充足的资金可以用于科技研发的投入,从而解决俄罗斯科技发展过程中面临的资金投入不足的根本性问题。其次,中国有世界上最大的市场,这使得科技研发成果将会获得超额的回报,从而激发企业开展科技研发的积极性。最后,中国目前高度重视知识产权的保护,可以很好地保护俄罗斯在科技上的正当权益。

第三节 辽宁省对俄合作重点领域选择

本节基于上述分析,在明确选择合作重点领域原则的基础上,确定辽宁省对俄合作重点领域的范围,进而确定辽宁省对俄合作重点领域的选择。

一、辽宁省对俄合作重点领域选择的原则

(一)互利共赢

首先辽宁省对俄合作重点领域的选择应遵循互利共赢的原则。"冰上丝绸之路"建设是一个长期的过程。从气候变化来看,北极航道要完全通航不是在短期能实现的。因此与俄罗斯的经济合作是长期的。要保障长期的合作关系,若单单一方获利,合作关系是不可能长久的。因此,辽宁省对俄合作重点领域选择过程中,应从长期的视角出发,做到互利共赢,保障双方的利益,只有这样才能使双方的合作关系顺利开展,长久保持。

(二)促进发展

对俄合作重点领域的选择还应遵循促进辽宁省经济可持续发展的原则。融入"冰上丝绸之路"建设,开展对俄合作,对于辽宁省来说是一个实现经济振兴的契机。在这一过程中,不应急功近利,对于那些投资大,技术含量低,污染大的项目应予以杜绝。实现经济振兴的路径应该是促进辽宁省的产业升级、科技进步、资本与劳动要素聚集的可持续发展。只有这样才能既保证辽宁省经济的短时间内实现振兴,又能保证未来经济的持久竞争力和可持续发展。

(三)保障国家战略的执行

"冰上丝绸之路"是"一带一路"倡议的北向延展。通过与俄罗斯共建"冰上丝绸之路"不仅有重大的经济利益,还能实现我国重大的战略利益。具体而言,一方面,北极航道作为未来世界航运的新通道,将改写世界的航运格局,使得中国与欧洲之间的贸易航运更具灵活性,有了更多的选择,减少了因没有原则而带来的风险。另一方面,"冰上丝绸之路"建设有利于中国更好地参与北极事务。中国作为

近北极国家,在北极地区有重要的利益,而"冰上丝绸之路"建设有利于中国与北极相关国家开展合作,获取相应的战略利益。辽宁省作为我国建设"冰上丝绸之路"的桥头堡,除了关注自身通过融入"冰上丝绸之路"获取经济发展机会,还应积极为实现国家战略作出自身贡献。

(四)与其他省份协调

我国东北与俄罗斯东部接壤,东北三省在此"冰上丝绸之路"建设过程中都将积极融入。但东北三省在融入"冰上丝绸之路"建设,对接俄罗斯开展经济合作的过程中,应有所分工,有所协调。只有这样才能避免内部竞争和重复建设,提高资源的配置效率,提升中国整体的经济利益。

二、选择结果

基于上述原则,辽宁省对俄合作的重点领域一方面应是俄罗斯重点关注的相关领域,另一方面可以是俄罗斯虽然未关注,但对双方有利的相关领域。具体而言,辽宁省对俄合作的重点领域应集中在如下方面:

(一)石油炼化

石油化学工业是基础性产业,它为农业、能源、交通、机械、电子、纺织、轻工、建筑、建材等工农业和人民日常生活提供配套和服务,在国民经济中占有举足轻重的地位。中俄在石油化工领域的合作有着广阔的前景。

就辽宁而言,应聚焦与俄罗斯开展石油炼化合作。当前,全球石油化工产业正在经历快速的增长。亚太地区国家将成为石油化工产品生产和需求增长的中心。石油化工初级产品的生产、石油化工产业大部分终端产品的生产离不开乙烯、丙烯、芳香烃(苯、甲苯、二甲苯)、氨和甲醇等7个初级产品。根据国际能源署的预测,随着全球经济的逐步发展,尤其是新兴经济体的发展,全球对石化产品的需求还会持续增加,这些石化初级产品的需求到2030年将增长30%,到2050年将增长近60%。近年来,尽管低端石油化工产品的产能不断增加,但高端石化产品的供给仍存在较大缺口。因此,石油炼化合作前景广阔。具体而言,在石油炼化方面,辽宁应与俄罗斯开展如下合作:

1. 联合升级辽宁大连长兴岛石化产业基地

辽宁的石油炼化产业具有较好优势,石油化工行业是辽宁的支柱产业之一。大连长兴岛(西中岛)石化产业基地是国家重点支持的七大石化产业基地之一,也是目前东北唯一一个国家级石化产业基地。该基地是在推进东北老工业基地振兴的大背景下开始建设的,被赋予了"建设世界一流石化产业基地"的历史使命。2019年,全球领先的石油化工项目——恒力2 000万t/a炼化一体化项目在大连长兴岛石化产业基地全面投产。这是全球一次性建设规模最大、技术工艺最复杂、加工流程最长、一体化程度最高、配套最齐全的重大石油炼化项目。该项目也是目前国家七大石化产业基地中最早建成投产的世界级石化产业项目。2019年5月23日,在中国石油和化学工业联合会公布的2019年中国化工园区潜力10强名单中,大连长兴岛(西中岛)石化产业基地排名第三。

当前国内石化产业面临炼油产能过剩、高端化工产品不足的突出矛盾,迫切需要对石油炼化产业进行创新和升级。通过与俄罗斯开展石油炼化合作,辽宁石化产业可以解决原油供给面临总量不足和结构性不合理的问题,同时也可以为俄罗斯提供高端的石油化工产品。从而实现辽宁石化产业从总规模和总产能的增加,转向更加关注质量、效益和对环境友好的提升,未来市场将更凸显差异化、特色化、高端化的产品需求,发展高端差异化产品,降低企业的市场风险。

2. 在俄罗斯国内联合建设石油化工产业园区

石油化工产业园区是指以促进石油化工产业发展为目标而创立的特殊区位环境,是石油化工企业的空间聚集形式,担负着聚集创新资源、培育石油化工业、推动城市化建设等一系列的重要使命。尽管俄罗斯拥有发展石油化工业的良好条件,国内生产原料价格相对低廉,数量充足,塑料内需增长潜力和化工产品出口潜力都很大,但目前俄罗斯在全球石油化工版图上占据的份额还十分有限,PE、PP、PVC、PS、HDPE等聚合物的石化产品长期依赖进口。2014年欧美国家启动对俄制裁以后,俄罗斯意识到了自身石化产业的不足,觉得应深度发展石化产业。辽宁石化企业可以通过与俄企业开展合作,在俄罗斯设厂,建立石化产业园区。一方面,有利于满足俄罗斯的石化产能需求;另一方面,有利于辽宁石化产业结构的调整,将低端产能转移,聚焦高端产能。

3. 联合开展石油化工的新技术与高端产品的研发合作

虽然俄罗斯油气资源丰富,但受限于国内的市场规模,其石油化工产业并不发达。俄罗斯的石化企业主要集中在其欧洲部分和西西伯利亚地区的托木斯克市,生产规模都不算大,生产工艺相对落后。俄罗斯一直希望发展并壮大其石油化工产业。近年中国石油化工产业发展较快,但目前,国内石化企业主要生产通用产品,产品的差别化不强,高端产品较少。随着我国经济快速发展,社会对化工产品需求越来越大,尽管国内企业能够基本满足主要化工产品的生产和供应,但仍有部分产品产量不足,部分产品的生产技术存在空白,国内总体对外依存度仍有40%左右。中俄联合开展石油化工的新技术与高端产品将促进双方石油化工产业的发展,满足各自的利益需求。

(二)轻工业合作

尽管俄方对轻工业产品的进口依赖程度较大,中国生产的轻工产品在俄罗斯市场占有较大份额,但这些轻工产品多由中国其他省份所提供。究其原因,主要是辽宁的轻工业发展滞后,从产业结构来看,辽宁的第二产业中重工业的比重过高,轻工业发展不足。

轻工业发展滞后是东北三省普遍面临的问题。2017年,国内著名经济学家林毅夫的团队发布《吉林省经济结构转型升级研究报告(征求意见稿)》指出吉林应转变重工业赶超战略思维而率先弥补轻工业短板。该报告指出轻工业的比重要超过重工业之后,重工业才能具备自生能力地快速健康壮大,违背比较优势的产业结构在国际上也是没有竞争力的。辽宁省面临与吉林省相同的情况,由于历史的原因重工业在工业中的比重过高。从传统的视角来看,通常认为重工业是辽宁的优势,因此辽宁要振兴其经济,应利用自身优势,忽视了轻工业的发展。

在开展对俄合作过程中,辽宁省应该补足轻工业的短板。从短期来看,"冰上丝绸之路"的建设将逐步提升辽宁与沿线国家,特别是俄罗斯的经贸关系,从而扩大辽宁轻工业的市场空间,基于自身的地理优势,辽宁省有望成为中国对俄出口轻工业产品的重要来源地。从长期来看,"冰上丝绸之路"将拉近中国,特别是东北地区与欧洲的时间距离,辽宁的轻工产品将在欧洲市场变得有竞争力,将获得更大的市场空间。

补足轻工业短板对辽宁而言,不仅是轻工业自身的发展,还有利于辽宁产业体系的完善,增强辽宁经济的活力,对于解决就业,促进经济转型等目前关注的经济议题都有很好的促进作用。

(三) 科技创新合作

近年来,由于俄罗斯经济不振,科技投入不足,使得在一些领域的科技依赖欧洲国家。克里米亚事件后,欧美国家联合对俄罗斯实施制裁,限制了对俄的技术出口。在此背景下,俄罗斯希望通过"向东看"战略,通过与中国合作获得相应的技术。辽宁作为我国重要的重工业基地,要实现经济振兴,产业升级,也离不开科技创新,因此开展科技创新符合双方的利益。

近年来,两国在科技领域的合作不断拓展并日益深化,中俄的科技合作已经有了较好的基础。在2014年5月两国签署的《联合声明》中明确提出,提高高新技术领域合作的效率,开展和平利用核能、民用航空、航天基础技术研究、空间对地观测、卫星导航、深空探测和载人航天等领域的合作。例如在能源和高铁等大项目合作领域,中俄两国就已经取得突破性的合作成果。在此背景下,辽宁利用自身地缘优势,开展与俄罗斯的科技合作应聚焦在如下三个方面:

第一,开展航空产业合作。辽宁省是我国航空工业的摇篮,具有最为完整的航空产业链。与其他国内航空产业园区所属省市相比,辽宁省优势明显、机遇难得。辽宁省是我国计划经济时期重点布局建设的航空工业最集中的省份。经过多年的积累,辽宁已形成集飞机研究设计、生产制造、试飞鉴定和教育培训为一体的产业体系,其行业资产规模、生产总值、人才总量和科技成果均占全国三分之一强。[①] 尽管辽宁拥有较好的航空产业发展基础,近年来,由于科技创新不足,技术落后等原因,航空产业的发展受到了制约。通过开展与俄罗斯的合作,可以促进辽宁航空工业的科技创新,加速辽宁航空工业的发展。

第二,开展基础科学研究合作。俄罗斯在数学、物理等基础科学研究方面具有非常明显的优势。由于俄罗斯国内经济条件差,工资待遇低,科技投入不足等原因,近年来科技人才流失严重。辽宁省作为我国东北的重要省份,有较好的基础科学研究的基础。通过与俄罗斯开展基础科学研究合作,可以将辽宁建设成为我国东北的基础科学研究的重镇,为全国的科技进步奠定基础。同时,俄罗斯也将从与辽宁省的基础科学研究合作中获益,避免人才的流失,并促进自身的基础科学研究。

第三,辽宁应与俄罗斯开展北极研究合作。中俄在北极均拥有重要的战略利益。北极地区海洋油气资源丰富,同时北冰洋也是世界上最浅的海洋,随着气候变暖、海冰融化,资源开发成本降低,便于大规模开发利用。北极地区富有金、铀、钻石等稀有矿产资源,价值极高。此外,北极海洋生物资源储量丰富,海域富集鳕鱼、鲑鱼等,不仅是生物蛋白库,也是重要的生物基因库。北极地区是一个对环境污染非常敏感的地区,其生态系统较为脆弱,需要严格的保护。极地事务是国际事务和治理的新焦点、大国发展和安全战略的新前沿。中国作为海洋大国,有责任承担相应义务,与俄罗斯等国家合作开展极地科考、环境保护等工作。目前北极已经建立了一套相对完整、层次和领域多样的治理机制,北极理事会是其中最重要的政府间北极治理机构,由美国、加拿大、俄罗斯、芬兰等北欧五国共八个领土处于北极圈的国家组成,中国等六个国家是理事会正式观察员国。北极对于中俄两国来说都是重大战略关切所在。辽宁应该基于国家战略的需求,积极开展与俄罗斯的北极研究合作,将辽宁建设成为北极研究的重要基地。

(四) 金融合作

自身资金供给不足是俄罗斯与中国共建"冰上丝绸之路"的主要经济动机之一,受制于欧盟的金融制裁和国际油价的下跌,俄罗斯面临融资困境。在此背景下提出的"向东看"战略也需要大量的资金支持。一方面,远东基础设施落后,基础设施的建设与改善都需大量的资金。另一方面,"冰上丝绸之路"建设需要大量的资本投入,包括自然资源的开采、运输和港口等基础设施的建设都需要大量的资金。因此开展对俄的金融合作将为辽宁的金融行业带来新的发展机遇,辽宁省应基于自身的地缘优势和金融基础,积极开展与俄罗斯的金融合作。

[①] 于耕,齐永陶,杨勇,等.整合辽宁省航空产业资源,推动产业链全面振兴增值[J].沈阳航空工业学院学报,2009,26(6):5-9.

1. 辽宁的金融基础

辽宁省有较好的开展对俄金融合作的基础。辽宁是我国东北金融机构集聚的区域。2016年末,辽宁沈阳市拥有各类金融机构814家,金融总部16家,分行、分公司以上金融机构154家,银行、保险、证券、期货机构种类齐全,东北首家民营银行、财险公司总部、金融租赁公司总部已获批落户沈阳。中央银行分行以及省级三大金融监管机构设在沈阳,具有政策和信息优势。资金集聚洼地效应明显。金融机构存贷款余额分别占辽宁省的1/3,东北三省的1/6;2016年证券交易额3.63万亿元,保费收入304亿元,位居东北前列;主要金融市场的活跃程度领先东北三省,工商银行票据中心是东北最大的票据市场,沈阳联合产权交易所是辐射东北的产权市场,辽宁股权交易中心是全省唯一的股权交易市场。辽宁的另一重要城市大连,也是区域的金融中心,拥有完善的金融机构体系。凭借其地缘优势,大连有望成为服务"冰上丝绸之路"的金融中心,这必将有助于金融资源的聚集。金融资源聚集对本地区经济增长有积极的促进作用,并进一步产生辐射和扩散效应。因此金融资源在大连的聚集必将促进整个东北地区经济的发展。2016年,大连金融业增加值740亿元,占地方生产总值的9%,金融业贡献地方税收66.8亿元,占全市地税收入的16.7%。金融机构存贷款余额占辽宁省的30%,东北三省的15.7%。金融机构集聚。2016年末,大连市各类金融及融资服务机构总数为756家,金融机构法人与分支机构,内资与外资,银行、保险、证券、期货、股权投资、小额贷款、融资担保、第三方支付、保险资产管理、产业投资等各类机构一应俱全。跨境贸易发达。跨境贸易人民币结算额占辽宁省的55.2%。大连商品交易所龙头作用突出。2016年,大连商品交易所实现商品交易量和交易额均超过全国商品期货市场的三成以上,日均沉淀资金1 180亿元,年末持仓量占全国商品期货市场的44.9%。金融的国际影响力不断提升。2015年,继上海、深圳、北京后,大连成为第四个进入"全球金融中心指数"(GFCI)的国内城市[1]。

2. 对俄金融合作的方向

基于上述分析,辽宁省开展对俄金融合作应聚焦在如下方面:

第一是对基础设施提供融资。俄远东的开发包括基础设施建设、北极航道的基础设施建设都需要大量的资金。俄罗斯自身显然无法提供足够资金,欧美对俄罗斯实施经济制裁,也不可能为其提供融资。这为辽宁金融业提供了市场机遇,可以通过向俄企业提供融资扩展自身的金融业务。但基础设施建设一般投资期限较长,面临风险较高,因此在对基础设施投资过程中应做好风险管控。

第二是对石油、天然气和矿产资源的开发提供资金。俄罗斯的远东和北极地

---

[1] 宋慧中,赵越.辽宁建设双金融中心问题研究[N].金融时报,2017-06-19(10).

区拥有丰富的自然资源。长期以来,俄罗斯经济对自然资源的出口有较强的依赖性。远东和北极资源开发对俄罗斯来说有极为重要的战略利益。由于自身金融资源不足,俄罗斯必须通过外部融资来进行资源的开发与利用,这也为辽宁金融业提供了市场空间。

第三,是科技研发的融资。尽管俄罗斯在基础科学领域拥有较大优势,在航空航天等领域处于优势,但在很多领域的研发已经落后。落后局面形成的主因是投资不足。因此对科技研发融资是辽宁开展对俄金融合作的又一方向。

3. 对俄金融合作的风险管控

尽管对俄金融合作存在较多机会,但由于俄罗斯国内法律制度不健全,不能很好保障资金提供者的权益,应做好风险管理,防止因过度风险暴露而产生对辽宁金融业的冲击。具体来说,可以通过多种途径,例如通过分阶段投资,增加投资的灵活性;或者通过资源开发产品偿还贷款,对在辽宁开展的科技合作项目进行融资等都可以有效地规避对俄金融合作过程中产生的风险。

(五)海洋渔业合作

21世纪是海洋的世纪,海洋经济的发展具有重要意义。海洋渔业是海洋经济的重要组成部分。辽宁与俄罗斯有着良好的海洋渔业合作基础。俄罗斯有丰富的渔业资源,这为双方海洋渔业合作奠定了坚实的基础。俄罗斯远东海域是世界性渔业高产区,年捕鱼量在100万t左右,是俄罗斯最重要的捕捞区。辽宁作为我国东北唯一沿海省份,濒临黄渤两海,海洋渔业资源丰富,辽东湾、黄海北部海洋渔业资源丰富,有经济鱼类80余种。辽宁作为我国的海洋渔业大省,拥有丰富的海洋渔业发展经验。因此双方有良好的合作基础。具体来说,辽宁开展对俄海洋渔业合作应聚焦以下项目:

1. 加强水产养殖技术合作

开展天然岛礁区保护、人工鱼礁群建设、人工海藻场建设、鱼—贝—藻多元生态海洋牧场等重要渔业资源养护工程技术合作。重点围绕海洋生物资源养护区域生态调控技术,岛礁鱼类、贝藻附着基等生物栖息地改善技术,岩礁性和洄游性鱼类、虾蟹类幼体放流等渔业资源增殖技术,放流及驯化、网箱中间育成、音响投饵驯化、围栏放牧、在线实时监测等技术合作。探索多功能立体化岛礁海域海洋牧场建设技术合作,实现鱼—贝—藻等生态复合利用,合作共建人控和谐多品种共生组合健康养殖系统。

2. 推进中俄边境水生生物资源修复

依据水域生态环境、资源状况和养护需求,合理确定增殖放流的功能定位,科学确定增殖放流品种和规模。开展珍稀物种放流,保护水生生物多样性。组织科研院所开展增殖放流环境要求、放流场选择、苗种培育要求、苗种规格与质量要求、检验检疫方法与规则、苗种计数方法、苗种运输与放流技术、资源回捕等技术研究,开展新品种探索性增殖放流工作。加强放流苗种监督与检查,建立增殖苗种种质资源数据库;严格放流过程监管,完善增殖放流管理体制和工作机制。实施放流跟踪调查与效果评价,初步构建起渔业资源增殖效果监测与跟踪评价体系;选择不同放流点开展标志放流实验,建立资源增殖放流监测点,开展渔业资源跟踪监测,掌握其放流成活率、洄游路线、自然繁殖率、回捕率等。

3. 实施水产养殖标准化对接

合作推广应用健康养殖标准和养殖模式,促进水产养殖向集约化、良种化、设施化、标准化、循环化、信息化发展。坚持以生态健康养殖为主攻方向,加大专业化、标准化实施力度。围绕特色主导品种,建立海水养殖与加工产业标准化体系,培育具有科技创新能力、品牌经营能力、食品安全保障能力的新型渔业经营组织,在水产养殖、加工、饲料供应之间形成上下联动的产业群体。

4. 开发海水养殖装备设施

重点开展工厂化循环水养殖、离岸型智能化深水网箱养殖及海洋牧场装备研发和产业化。针对北方重要冷水性高档优质鱼类:红鳍东方鲀、三文鱼、大菱鲆、牙鲆、星鲽等陆基工厂化养殖的需要,集成水质在线监控、精准投喂、病害防控、养殖废水无害化循环利用等技术,开发北方海水鱼类陆基工业化养殖自动控制系统及其重点装备;针对北方水温、海况环境的特点和鱼类的习性,开发智能化离岸型深水网箱及自动投饵、水质监控、海上遥感监测、水下视频监控和灾害报警等智能化养殖设施设备;针对北方海珍品海洋牧场建设需要,研发水下机器人、水下视频监控、生态化采捕、水环境动态采集及无线传输等设施与设备。建立基于智能化养殖装备的工厂化养殖、深水大网箱养殖及海洋牧场增养殖技术体系,建立产品标准、工艺流程、建立生产线,开展养殖装备的推广和应用示范。

5. 开展海洋牧场合作开发建设

以渔业园区建设为载体,以海洋牧场开发为手段,借助我国在海洋牧场开发建设中的技术与经验,在海洋牧场开发模式、开发类型、人工鱼礁建设、鱼类行为驯化、牧场经营管理等方面开展合作。建立海洋牧场示范区,保护土著海洋生物资源。

6. 开展海洋捕捞合作

俄罗斯滨海边疆区渔业协会的企业同中国的渔业企业有多年的合作历史。中国在渔业加工方面经验丰富,俄罗斯有丰富的渔业资源,这为双方的合作奠定了坚实的基础。与珲春毗邻的俄罗斯和朝鲜海产品资源丰富且天然无污染,是俄罗斯最重要的捕鱼区。也是我国水产品重要的进口产地,据预测,到2020年我国从该区域进口的水产品量将达到150万t,占俄、朝捕捞量的38%,渔业资源合作开发潜力巨大。中俄渔业捕捞合作开发过程中要本着互利共赢的原则,俄方在其专属经济区给予中方捕捞配额、中方给予俄方相应经济补偿举行磋商。中方在捕捞渔船升级改造、捕捞渔船维修、废弃渔船作为人工鱼礁投放物的利用给予俄方技术指导与支持。

7. 建设大连水产品国际加工集散基地

推进大连水产品交易平台的建设,建设东北亚海鲜大市场,逐步扩大市场交易规模;加大重点冷链仓储企业的引进力度,鼓励企业采用先进技术和关键装备进行技术改造,重点以生产鱼罐头、鱼粉、快餐食品、营养保健品、美容食品等精深加工产品为主,推进明太鱼、大马哈鱼等加工产品的品牌化建设,进一步延伸产业链条;全面优化平台和环境,逐步扩大中俄互市贸易区海产品进口规模,主动承接沿海发达地区海产加工贸易转移。

(六)旅游合作

尽管开展旅游合作并非俄罗斯参与共建"冰上丝绸之路"的主要经济动机之一,但旅游合作有利于促进区域经济增长,也能增进双方的人文交流,因此俄罗斯有参与旅游合作的积极性。

1. 合作基础

俄罗斯旅游资源丰富,其国土横跨了两个大洲,具有丰富的自然旅游资源。在俄罗斯国土的不同区域分布了十多个旅游景区。东欧平原和西西伯利亚平原是俄罗斯最佳的乡村风光旅游景区。俄罗斯独特的自然风貌和与众不同的建筑风格使这些地方成为著名的旅游景区。俄罗斯南部的图兰平原是具有独特魅力的沙漠风景区。西西伯利亚地区气候寒冷,森林资源丰富,雪海浩瀚,具有独特的民族风情。此外,从人文资源来看,俄罗斯将东西方的文化融会贯通,拥有非常悠久的历史,有着优美的自然景观,拥有独具一格的建筑风貌。加上中国人民对苏联曾经的感情,俄罗斯的旅游资源对中国游客非常有吸引力。

辽宁历史悠久,人杰地灵,自然风光秀美,山海景观壮丽,文化古迹别具特色,旅游资源十分丰富。山岳风景区有千山、凤凰山、医巫闾山、龙首山、辉山、大孤山、冰峪沟等;湖泊风景区有萨尔浒、汤河、清河等;海岸风光有大连滨海、金州东海岸、大黑山风景区、兴城滨海、笔架山、葫芦岛、鸭绿江等;岩洞风景有本溪水洞、庄河仙人洞;泉水名胜有汤岗子温泉、五龙背温泉、兴城温泉等;特异景观有金石滩海滨喀斯特地貌景观、蛇岛、鸟岛、怪坡、响山等;人文景观有以沈阳(陵、庙、寺、城)50余处;旅游度假区有大连金石滩、葫芦岛碣石、沈阳辉山、庄河冰峪沟、瓦房店仙浴湾、盖州白沙湾等。辽宁的九门口长城、沈阳故宫、昭陵、福陵、永陵和五女山城等六处被联合国教科文组织确定为世界文化遗产[①]。

两国旅游资源差异大,互补性强,适宜联合开发。同时基于历史的原因,俄罗

---

① 辽宁省人民政府网站:http://www.ln.gov.cn/zjln/lyzy/.

斯人对辽宁,特别是大连有特殊的感情,每年都有大量的俄罗斯人来辽宁旅游。

2. 旅游合作方向

基于上述合作基础,辽宁应协调东北其他省份,积极开展对俄旅游合作,整合双方的旅游资源,合作开发旅游线路,创新旅游产品。

第一,共同开发建设跨境旅游项目,共同规划旅游线路,培育中俄跨境旅游品牌。整合辽宁大连、沈阳等地与吉林图们江三角洲地区旅游资源与俄罗斯海参崴(符拉迪沃斯托克)、斯拉夫扬卡等地的旅游资源对接。

第二,共同开发和经营邮轮旅游,打造大连国际邮轮客源基地。近年来,在欧美邮轮旅游市场稳步发展的同时,随着亚洲经济的发展和消费能力的提升,亚太地区邮轮旅游发展的速度也越来越快。邮轮旅游具有可观的经济价值。此外,邮轮旅游产业的发展还会带动相关产业的发展,进而形成多产业共同发展的经济现象。邮轮经济(Economic of Cruise Line)即是基于邮轮旅游产业发展而来的更为广泛意义上的经济增长空间。尽管受到新型冠状病毒疫情的影响,邮轮旅游产业受到了较大的冲击,但可以预见,随着疫情的逐步控制,邮轮旅游仍将得到市场的青睐。

辽宁应与俄双方要联手打造集资本密集、技术密集、劳动密集为特征的邮轮产业,充分发挥邮轮产业强大的经济拉动能力和吸附能力,使其成为港口城市经济的新的增长点。

(七)港口与物流合作

北极航道是"冰上丝绸之路"建设的基础。辽宁应积极开展与俄罗斯的海洋物流合作,包括港口建设和物流合作。

1. 推动俄罗斯港口与辽宁大连港的合作

大连港可以选择东方港、纳霍德卡港和符拉迪沃斯托克等港口开展合作。东方港位于俄罗斯东南沿海的弗兰格尔湾内,濒临纳霍德卡湾的东南侧,是俄罗斯远东地区的最大港口。该港与纳霍德卡港相邻都是俄罗斯远东地区对外贸易的进出门户。它们通过西伯利亚大陆桥与包括俄罗斯欧洲心脏地区在内的广大腹地连在一起。目前已发展成为俄罗斯东方大港。年货物吞吐能力约1 300万t,约占俄罗斯太平洋港口总吞吐量的21%。纳霍德卡港是一个位于俄罗斯联邦滨海边疆区、面对日本海的不冻港,以军事设施与水产养殖为主,也是泰舍特—纳霍德卡输油管道(泰纳线)的东边终点。俄罗斯远东区外贸货运量的三分之二由此出口,年货物吞吐量1 000万t以上。符拉迪沃斯托克自由港位于靠近中国和朝鲜边境地区,占地总面积为3.4万km^2。俄罗斯总统普京批准符拉迪沃斯托克开放为自由港,预示着该港未来将在东北亚地区起到物流枢纽的重要作用。大连港(Dalian Port)是我国东北的重要港口,也是东北区域进入太平洋,面向世界的海上门户。大连港拥有百年历史,始建于1899年。截至2015年,大连港水域面积

346 km²，核心港区陆域面积约 18 km²，陆域面积 15 km²，保税港面积 6.88 km²，集装箱吞吐能力 1 600 万标箱。2017 年，大连港实现货物吞吐量 4.51 亿 t。截至 2019 年 7 月，大连港主要从事原油、成品油及液体化工品装、卸、储运服务、客运服务等方面业务。俄罗斯的诸港口与大连港口已经有了初步的合作基础。例如 2014 年大连港和纳霍德卡港开始合作，2015 年 4 月在大连签署合作备忘录，2015 年 9 月在东方经济论坛期间宣布就纳霍德卡港改建和现代化改造开展合作。2015 年 11 月 9 日，中国大连港与俄罗斯纳霍德卡港签署纳霍德卡港改建和现代化改造合作协议。

2. 建设冷链物流配套设施，完善冷链物流体系

俄罗斯海产品资源丰富，是中国海产品进口的重要来源地，中俄双方应该就冷链物流配套设施开展合作，加大对冷藏、运输等关键冷链物流环节的基础设施建设改进力度，建立冷链物流园区，构建集商流、物流、信息流为一体化的冷链物流服务体系。加快制定有针对性的扶持政策，着力培育一批管理模式先进、潜在实力强的大型冷链物流企业。依托中俄海洋经济走廊的区位优势，在珲春，加大建设冷链物流配套设施，完善冷链物流体系，形成专业化冷链物流运输集群，推进珲春冷链物流规模化、专业化、现代化。

3. 整合海洋物流资源，培育国际化海洋物流运作企业

加大政府优惠政策，大力发展客货航运、船舶代理、货运代理、外轮理货等多门类企业。吸引世界知名的航运、物流等大企业进入珲春市场，同时增强服务意识，完善现代海洋物流服务体系。采用有效的海洋物流系统，提高航运效率。

4. 完善海洋物流信息网络体系建设，构建"互联网+"海洋物流信息化体系

借助"互联网+"的大数据手段，推进海洋物流行业内的资源整合，实现电商与海洋物流行业之间的联合运作，加大扶持政策，做大做强一批跨境电商行业企业，完善海洋物流信息网络体系建设，构建"互联网+"海洋物流信息化体系，促进区域经济发展。

（八）海洋环境保护合作

开展中俄边境海洋本底调查及资源环境调查，掌握海洋生态环境主要指标及海洋生物资源存量，为海洋产业开发提供指引，为生态环境保护提供基础数据信息。继续推进中俄边境水域渔业资源增殖放流，探索海洋牧场开发与合作，建设中俄边境海洋环境监测信息平台，创新中俄海洋环境保护合作机制。

1. 开展海洋资源环境调查

对海洋中的物理、化学、生物、地质、地貌、水文气象及其他一些性质的海洋状况进行摸底调查，分析海洋水文、化学、生物、地质等要素的基本特征和变化规律；监测海洋生态环境主要指标，摸清海洋底质状况，掌握资源存量、分布范围及丰裕程度；摸清港口深水岸线的开发利用情况和未利用港口岸线资源情况、港口基础设施现状、港口生产经营情况,理清可供开发的航运航道海域状况等。

2. 巩固推进中俄边境水域渔业资源增殖放流

成立中俄边境水域渔业资源增殖放流协调议事机构,协商规划增殖放流相关事宜,做好增殖放流场的选择与论证,共同商讨区域水生生物资源增殖放流品种、数量及范围;加强技术交流,共同对供苗单位的亲本选择、苗种培育进行监督和种质鉴定,确保其苗种规格能迅速适应江河生长环境,严把鱼苗来源和质量检验检疫关,确保水域生态安全。加强双方管控合作,加大对放流区域监管力度,依法打击偷捕和破坏渔业资源行为;推进标志放流,继续扩大鲟鳇鱼标志放流比例,开展大马哈鱼标志放流实验,采取标志放流、跟踪监测和社会调查等措施,重点对鲟鳇鱼和大马哈鱼增殖放流效果进行评价。

3. 构建中俄海洋环境保护合作机制

中俄海洋环境保护应建立长期的合作机制,扩大合作领域,在海洋环境监测、海洋自然保护区的管理、水生生物增殖放流、海洋牧场开发等领域开展合作,共同努力致力于海洋环境保护。贯彻中俄海洋产业开发及各类海洋经济活动应不以破坏或损害海洋生态环境为原则,在保护海洋生态环境的前提下合理开发利用海洋资源。

(九) 人文交流合作

中俄是重要的新兴市场国家和战略协作伙伴,两国经贸合作前景广阔、潜力巨大。近年来,中俄双方政治互信达到前所未有的高度,务实合作取得重要突破,在国际事务中的战略协作更加密切。中俄为各国发展和谐与平等关系树立了楷模。中俄的人文合作在两国元首的直接关心和大力推动下,高潮迭起,亮点频现。人文交流与合作成为中俄战略协作伙伴关系的重要组成部分。近年来,中俄在人文领域的合作富有成效,在中俄双边关系中发挥着日益重要的作用。可以说,在国际新秩序加速形成之际,中俄关系正站在新的历史起点上。在此背景下,开展双方的人文交流具有重要意义。

首先,相互交流,增进了解,巩固战略伙伴的社会基础。近年来,通过人文领域的交流与合作,中俄两国人民对对方悠久历史、灿烂文化和经济发展成就的了解不断加深,为中俄关系的健康发展营造了有利的社会舆论氛围,使中俄世代友好的和平思想深入人心,加固了中俄战略协作伙伴关系的社会基础。其次,人文交流有利于增信释疑,加强合作。信任的缺乏缘于不了解,俄罗斯电视台进行的民意调查结果显示,高达69%的俄罗斯民众认为中国是俄罗斯的严重威胁。此前,莫斯科回声广播电台也曾搞了一项民意调查,问题是:"谁是俄罗斯的敌人",选择中包括中国、美国和欧盟等。结果显示,通过电话投票的俄罗斯民众中有

77.9%的俄罗斯人认为中国是俄罗斯的敌人[①]。由此可见加强双方人文交流的重要性。

辽宁作为"冰上丝绸之路"建设的桥头堡,不仅要依托"冰上丝绸之路"建设促进自身经济发展,也要担负执行国家战略的使命,促进中俄双方的人文交流,为推进"冰上丝绸之路"作出贡献。因此辽宁应积极开展对俄人文交流。通过吸引俄罗斯民众的来华学习、旅游和工作等多种手段,促进双方的人文交流。

---

① 李亚男.论中俄关系发展进程中的人文交流与合作[J].东北亚论坛,2011,20(6):113-119.

第九章　辽宁对日本与韩国合作的重点领域

日本与韩国是中国的近邻,也是中国重要的贸易伙伴,在"冰上丝绸之路"建设过程中有着重要的作用与地位。本章在明确了两国的经济结构与特征的基础上,基于两国参与"冰上丝绸之路"的经济动机,给出了辽宁对日韩两国合作的重点领域。

第一节　日本和韩国的经济结构与特征

明确日本和韩国的经济结构与特征是确定辽宁对日韩合作重点领域的基础。本节着重分析了日本和韩国的世界经济地位与变化趋势以及两国的经济结构与经济特征,为后续分析奠定基础。

一、日本的世界经济地位及其变化趋势

日本地处东亚,是中国的近邻。作为一个四面临海的岛国,日本东北和南部濒临太平洋,西面濒临日本海和东海,北接鄂霍次克海,在"冰上丝绸之路"建设过程中占据了重要的地理位置。日本国土面积约为 37.79 万 km^2,与中国云南省面积相当,仅占世界陆地总面积的 0.2%。日本陆地地形复杂,多山地和丘陵,自然资源存储量很少,加之产业发展对已有资源的开发和利用,使可开发资源更为稀少[①]。尽管资源稀缺,日本却是经济高度发达的资本主义国家。日本被认为是世界上少数面临较大资源约束,经济发展却取得成功的案例。

日本是第二次世界大战的战败国。第二次世界大战给日本经济造成了极大的创伤。二战结束后,日本确立了经济现代化的立国目标。为了促进经济的恢复,日本政府有针对性地实施了经济改革,并推出了以"倾斜生产方式"为主要内容的产业政策,集中力量恢复煤铁生产,以此带动整个经济的复苏。20 世纪 50 年代初,日本政府又实施了产业合理化政策,以财税手段为主的间接调控方式进行产业结构调整,以"集中生产方式"取代"倾斜生产方式",对钢铁、电力、造船等重点工业提供原料与资金的重点支持。50 年代后期,实施了产业振兴政策,在产业结构政策方面,扶植新兴、成长型产业和保护衰退产业,这一时期日本政府注重

---

① 段文博.资源约束下的日本产业结构演进研究[D].长春:吉林大学,2009.

企业的规模效益，允许企业为了垄断市场，获取高额利润而形成的卡特尔(Cartel)组织，进而提升日本企业在国际市场的竞争力。

经过十多年的恢复，20 世纪 60 年代开始，日本经济进入高速增长阶段，并持续到 1973 年。这一时期的日本经济增长率与 GDP 如表 9-1 所示。可以看出 1961 年，日本的 GDP 增长率为 12.04%，此后一直保持高速增长，除了 1970 年与 1971 年之外，其余各年份均保持在 8% 以上的增长速度。在产业政策方面，这一时期日本政府提出了以发展钢铁、石油化工、机械工业等重化工业为主的产业结构政策和以扶持中小企业为主的产业组织政策，并取得了较好的效果。

表 9-1　1961—1973 日本经济增长率与 GDP

年份	增长率/%	GDP[①]/亿美元
1961	12.04	8 921.05
1962	8.91	9 715.83
1963	8.47	10 539.11
1964	11.68	11 769.73
1965	5.82	12 454.70
1966	10.64	13 779.70
1967	11.08	15 306.79
1968	12.88	17 278.68
1969	12.48	19 434.69
1970	0.40	19 512.25
1971	4.70	20 429.13
1972	8.41	22 147.94
1973	8.03	23 927.00

数据来源：世界银行网站[②]。

1973 年受石油危机的影响，日本经济开始减速，此后进入低增长阶段，并持续至上世纪 90 年代。1974 年日本的经济增速出现了负增长为 −1.23%，此后经济增速保持在 3%～5%，一直持续至 1991 年。这一时期，经过多年的高速增长日本经济已经成长为世界第二大经济体，日本经济实力跃居世界第二。这一时期，日本企业面临较多的贸易摩擦，1985 年月的"广场协议"之后，日元急剧升值，

---

① 以 2010 年不变价计算。
② https://data.worldbank.org.cn/country/%E6%97%A5%E6%9C%AC。

日本贸易收支和经常收支赤字继续扩大。欧美的贸易保护主义对日本的经济发展产生了不利影响。在这种情况下，日本经济面临着进行结构性调整的重大选择。日本政府极力探索新的发展道路，在产业政策方面，日本政府开始支持尖端技术产业，包括微电子技术半导体和集成电路、电子计算机、生物工程、新材料新型陶瓷、非晶态合金等。

20世纪90年代，日本经济开始进入经济泡沫破裂时期，此后长期低迷，经历了二战以来最黑暗的时期，被称为"失去的十年"。1985年"广场协议"后，日元开始大幅度升值。此时依赖出口的日本企业在国际市场上丧失价格优势，面临困境。为了帮助企业，日本政府采取了宽松的财政政策与货币政策。加之，20世纪80年代后期日本与西方发达工业国家经济发展正处于高涨时期，投资与消费都处于繁荣阶段，市场上投机行为盛行，企业过度投资，房地产价格与股票价格飙升，这些为日本经济泡沫的形成奠定了基础。为了抑制因价格泡沫而形成的通货膨胀，日本银行开始实施紧缩的货币政策，提高官定利率，并实行窗口管制。加之推行"地价税"，一系列的紧缩政策导致了日本泡沫经济的破裂，揭开了日本的金融危机以及20世纪90年代以来长期经济萧条的帷幕。表9-2是1992—2018年日本GDP增长率。可以看出经济泡沫破裂后，对日本经济产生了深远的冲击，此后日本经济一直一蹶不振，长期低迷，直至今日，日本仍未彻底从低迷中走出。

尽管日本经济长期低迷，日本经济在世界经济中依然占据了重要地位。根据世界银行的统计，按照平均汇率，2018年美国的国内生产总值（GDP）为20.494万亿美元，全球占比为23.89%。中国2018年的国内生产总值（GDP）约为13.608万亿美元，全球占比约为15.86%。中美两国的经济总量要远超其他各国，GDP总量合计达到了34.1万亿美元，全球占比合计达到了39.75%。2018年日本国内生产总值（GDP）约为4.972万亿美元，全球占比为5.79%，位居美国与中国之后，位居全球第三。虽然日本仍位于世界经济的第一梯队，但GDP总量已经与德国的差距缩小到1万亿美元以下了。2018年德国的国内生产总值（GDP）为3.997万亿美元，全球占比4.66%。从人均GDP对比来看，日本人口为1.265亿，德国是8293万，德国的人均GDP更高。英国、法国、印度、意大利的国内生产总值（GDP）都在2万亿美元之上，全球占比分别是3.29%、3.24%、3.18%、2.42%。

表 9-2　1992—2018 年日本 GDP 增长率

年份	GDP 增长率	年份	GDP 增长率
1992	0.85%	2006	1.42%
1993	－0.52%	2007	1.65%
1994	0.99%	2008	－1.09%
1995	2.74%	2009	－5.42%
1996	3.10%	2010	4.19%
1997	1.08%	2011	－0.12%
1998	－1.13%	2012	1.50%
1999	－0.25%	2013	2.00%
2000	2.78%	2014	0.37%
2001	0.41%	2015	1.22%
2002	0.12%	2016	0.61%
2003	1.53%	2017	1.93%
2004	2.20%	2018	0.79%
2005	1.66%		

数据来源：世界银行网站[①]。

二、日本的经济结构与特征

（一）日本的经济结构

日本产业结构变迁完全符合配第-克拉克定理的描述，与其他发达国家相同，基本按照由第一产业向第二产业，并最终向第三产业发展的典型过程。从产值来看，日本 1955 年第一产业占 GDP 的比重高达 19.2%，而到 2012 年，这一数字仅为 1.4%；第二产业的比重从 1955 年的 33.7% 上升至 1970 年的最高点 43.1%，随后呈现下降态势，2012 年降为 29.0%；第三产业的比重则几乎一路上扬，从 1955 年的 47.0% 上升至 2012 年的 69.6%。1995 年至 2012 年日本名义 GDP 构成比如表 9-3 所示。

---

① https://data.worldbank.org.cn/country/%E6%97%A5%E6%9C%AC.

表9-3 日本名义GDP构成比

(单位:%)

年份	名义GDP构成比		
	第一产业	第二产业	第三产业
1955年	19.2	33.7	47.1
1960年	12.8	40.8	46.4
1970年	5.9	43.1	51.0
1980年	3.5	36.2	60.3
1990年	2.4	35.4	62.2
2000年	1.7	28.5	69.8
2010年	1.2	25.2	73.6
2011年	1.2	24.3	74.5
2012年	1.4	29.0	69.6

注:一、二、三产业人口占三次产业比例之和未达100%,因为存在无法分类而未进行统计的部分。

资料来源:[日]总务省统计局《日本统计2014年》。

而从就业人口来看,工业化和第三产业化过程更加明显。1995年第一产业就业人口占总劳动人口的41.3%,之后开始减少,到2012年,第一产业就业人口在总劳动人口中占比已经下降至3.8%。而第三产业就业人口比重则一直趋于上升,从1955年的33.8%上升至2012年的70.6%。第二产业就业人口比重则是呈现出先上升后下降的态势,从1955年的24.9%上升至1970年的35.3%以后,开始下降,到2012年,第二产业就业人口比重已经下降至的24.5%。1955—2012年日本各产业从业人员构成比如表9-4所示。

从第二产业内部来看,由于自身的资源禀赋限制,日本的采掘业的比重不高,且处于下降趋势,到2012年日本的采掘业的GDP已经下降至0.06%左右,基本可以忽略不计。日本的制造业的GDP占比也呈现出了下降趋势,由2005年的19.9%下降至2012年的18.0%[①]。在制造业内部13大类产业中存在如下主要变动趋势:首先,粮食制造业和纺织业比重显著下降,分别由1955年的26.54%和11.93%下降至2009年的14.67%和0.75%,钢铁制造业略有下降,由9.77%降至6.6%;其次,电子产品、一般机械、运输设备比重显著上升,分别由4.3%、4.35%和6.1%上升至14.1%、10.17%和13.03%,石油和煤炭加工业、

---

① 白钦先,高霞.日本产业结构变迁与金融支持政策分析[J].现代日本经济,2015(2):1-11.

金属制品略有上升,分别由2.9%和3.91%升至6.9%和5.03%;最后,非金属制品、纸浆及纸制品、精密仪器、化工产品和其他5类比重基本保持不变①。这反映出日本制造业随着经济发展程度的提高,电子及机械制造业逐渐成为日本制造业的主导产业,传统制造业如粮食制造和纺织业的比重明显下降,日本制造业由轻工业向重化工业和高技术产业发展的态势十分明显。②

表9-4 日本各产业从业人员构成比

(单位:%)

年份	各产业从业人员构成比		
	第一产业	第二产业	第三产业
1955年	41.3	24.9	33.8
1960年	32.9	30.4	36.7
1970年	19.7	35.3	45.0
1980年	12.9	34.3	52.8
1990年	8.8	33.8	57.4
2000年	5.1	31.2	63.7
2010年	4.2	25.3	70.6
2011年	3.7	24.6	70.6
2012年	3.8	24.5	70.6

注:一、二、三产业人口占三次产业比例之和未达100%,因为存在无法分类而未进行统计部分。

资料来源:[日]总务省统计局《日本统计2014年》。

1. 日本的经济特征

第一是产业空心化。二战之后日本将重心转移至发展经济,经过20多年的快速工业化和经济增长,20世纪70年代,日本第三产业在GDP中的占比已经超过50%,第三产业吸纳就业人数超过了总就业人数的45%,由此日本经济进入了后工业化阶段,即由商品生产经济变为服务经济。此后,日本通过海外直接投资和技术转移,不断把国内生产性企业转移至海外,开启大规模海外直接投资和生产序幕的同时,也为日本产业空心化的出现埋下了隐患③。1970—2018年日本对外投资净流出和外国投资净流出占其当年GDP的百分比情况如表9-5所示。

---

① 关雪凌,丁振辉.日本产业结构变迁与经济增长[J].世界经济研究,2012(7):80-86,89.
② 关雪凌,丁振辉.日本产业结构变迁与经济增长[J].世界经济研究,2012(7):80-86,89.
③ 胡立君,薛福根,王宇.后工业化阶段的产业空心化机理及治理:以日本和美国为例[J].中国工业经济,2013(8):122-134.

可以看出,自20世纪70年代开始,日本对外投资净流出占GDP的比例总体趋于上升趋势。1970年日本对外投资净流出占GDP的比例为0.17%,而到了2018年这一比例已经上升至3.19%,是1970的18倍多。进入21世纪以来,外国直接投资有所增加,但远低于日本的对外投资净流出。

表9-5 日本对外直接投资净流出与外国直接投资净流入的GDP占比情况

(单位:%)

年份	对外直接投资净流出	外国直接投资净流入	年份	对外直接投资净流出	外国直接投资净流入	年份	对外直接投资净流出	外国直接投资净流入
1970	0.17	0.04	1986	0.69	0.01	2002	0.75	0.28
1971	0.15	0.09	1987	0.79	0.05	2003	0.78	0.20
1972	0.23	0.05	1988	1.15	−0.02	2004	0.84	0.16
1973	0.44	−0.01	1989	1.51	−0.03	2005	1.09	0.11
1974	0.42	0.04	1990	1.62	0.06	2006	1.28	−0.05
1975	0.34	0.04	1991	0.88	0.04	2007	1.62	0.48
1976	0.34	0.02	1992	0.44	0.07	2008	2.26	0.49
1977	0.23	0.00	1993	0.31	0.00	2009	1.41	0.23
1978	0.23	0.00	1994	0.37	0.02	2010	1.40	0.13
1979	0.27	0.02	1995	0.42	0.00	2011	1.90	−0.01
1980	0.22	0.03	1996	0.55	0.00	2012	1.90	0.01
1981	0.40	0.02	1997	0.54	0.06	2013	3.02	0.21
1982	0.40	0.04	1998	0.49	0.06	2014	2.84	0.41
1983	0.29	0.03	1999	0.53	0.32	2015	3.15	0.12
1984	0.45	0.00	2000	0.92	0.22	2016	3.63	0.83
1985	0.46	0.04	2001	0.83	0.11	2017	3.58	0.39
						2018	3.19	0.49

数据来源:世界银行网站①。

---

① https://data.worldbank.org.cn/country/%E6%97%A5%E6%9C%AC.

资本大量流出的同时,日本人口老龄化和少子化日益严重,使得日本面临较大劳动力供给短缺。此外,日本自然资源短缺,面临较大的资源约束。劳动力短缺和自然资源短缺使得资本加速外流,这样一来,日本大量企业迁移至海外,从初期的生产制造环节逐步扩展到了企业价值链的其他环节,并呈现出难以逆转的趋势。从制造业内部的行业分布看,日本加工类制造业中的海外企业比例在过去 20 年中出现了翻番式的增长。近年来,日本国内注册企业的海外生产比率长期保持着稳步上升的态势,而海外注册企业的海外生产比率虽然呈现出一定的波动性,但总体上也呈现出明显的上升态势。总体来看,日本制造业中海外企业的数量已经超过了总量的一半,以企业数量计算的制造业海外生产比率已达到空前高度[1]。

大量生产性企业迁移至海外,使得日本的产业开始出现空心化。所谓产业空心化即指以制造业为中心的物质生产和资本,大量地迅速地转移到国外,使物质生产在国民经济中的地位明显下降,造成国内物质生产与非物质生产之间的比例关系严重失衡。日本产业空心化进程在产业结构方面突出表现为以制造业为代表的第二产业在国民经济中的比重长期迅速下降,而第三产业的比重长期大幅上升,随之而来的是日本长期以来经济增长乏力的局面。特别是在"失去的十年"中日本产业结构中第二产业比重下降的幅度高达 10%,而第三产业的发展并未有效弥补第二产业的下降,这种变化带来的是经济增长速度的长期低迷[2]。

第二是老龄化。日本是一个高度老龄化的国家。一个经济发达的国家,在其经济水平的持续提升之下,该国民众的生活水平也愈来愈好,人口平均寿命在不断延长,但是其出生率却逐年递减,老年人口的数量持续增大,青年劳动力也在不断减少,正经历着人口结构出现两极分化的严重现象。根据 1956 年联合国发表的《人口老龄化及其经济社会含义》提出的标准,65 岁以上老年人所占比重达 7% 以上的人口为老年化人口,超过 14% 的则为高龄化人口[3]。表 9-6 是世界银行发布的日本各年龄段人口在总人口中的占比统计数据。可以看出,日本在进入 21 世纪前,人口已经是深度老龄化了。

---

[1] 胡立君,薛福根,王宇. 后工业化阶段的产业空心化机理及治理:以日本和美国为例[J]. 中国工业经济,2013(8):122-134.
[2] 胡立君,薛福根,王宇. 后工业化阶段的产业空心化机理及治理:以日本和美国为例[J]. 中国工业经济,2013(8):122-134.
[3] 杨文杰,韦玮. 日本对人口老龄化问题所采取的对策及其对我国的启示[J]. 日本问题研究,2000,14(2):27-30.

表 9-6 日本各年龄段在总人口中的占比

(单位:%)

年份	15~64 岁的人口	0~14 岁的人口	65 岁以上
2000	68.23	14.78	16.98
2001	67.91	14.58	17.51
2002	67.60	14.37	18.03
2003	67.28	14.16	18.56
2004	66.92	13.98	19.10
2005	66.52	13.83	19.65
2006	66.14	13.69	20.18
2007	65.72	13.59	20.70
2008	65.25	13.51	21.24
2009	64.73	13.44	21.83
2010	64.15	13.35	22.50
2011	63.54	13.31	23.16
2012	62.88	13.24	23.88
2013	62.21	13.17	24.63
2014	61.57	13.08	25.35
2015	60.99	12.99	26.02
2016	60.49	12.91	26.59
2017	60.08	12.81	27.11
2018	59.73	12.70	27.58

数据来源:世界银行网站[①]。

据《日本蓝皮书(2011)》分析,1970 年日本 65 岁以上老年人口在总人口中所占比重达 7%,进入老龄化社会。此后,日本人口老龄化以惊人的速度发展:1994 年老龄化率达 14%,进入高龄化社会;2007 年达 20.7%,进入超老龄社会,超过了老年人口比例占 18.2% 的意大利,成为世界上老年人口占总人口比例最大的国家[②]。老龄化给日本经济发展带来很大的负面影响。最直接的冲击是日本面临

---

① https://data.worldbank.org.cn/country/%E6%97%A5%E6%9C%AC.
② 杨贤芳.日本人口老龄化特征及社会高龄化风险探讨[J].合肥学院学报(综合版),2019,29(6):51-56.

劳动力供给不足的问题。此外,老年人的购买力相对较弱,降低了社会的总需求,另外老年人在创新上也有负面影响,不容易接受新的事物,降低创新对经济的驱动作用。此外,老年人的社会保障费用也是日本社会的巨大负担。

第三是经济对出口的依赖趋于上升。二战之后,日本经济百废待兴,为实现经济的快速发展,大幅度赶超发达国家,日本政府结合自身的发展条件,采取了出口导向型的外向经济发展战略,对出口予以税收和融资上的支持。得益于日本政府的支持,二战之后,日本出口经历了一段极快的增长阶段,以对亚洲出口为例,1962年对亚洲出口数据为16.74亿美元,折合日元6 026.4亿日元,至1976年增长为223.77亿美元,折合日元80 557.2亿日元,是1962年的13.4倍,至1985年更是增长到136 582.13亿日元,是1962的22.7倍,是1976年的1.7倍。对美国出口数据由1962年的14亿美元增长至1976年的156.90亿美元,增长10倍多,1985年对美国的出口数据进一步增长至155 827.15亿日元[①]。出口导向型经济发展战略在日本实现工业化后持续对日本的对外贸易产生影响,直至今日。表9-7是日本1999年至2018年货物与服务出口占GDP的比重。

表9-7 日本1999—2018年货物与服务出口占GDP的比重

(单位:%)

年份	出口占GDP比例	年份	出口占GDP比例
1999	9.95	2009	12.52
2000	10.62	2010	15.04
2001	10.23	2011	14.92
2002	11.02	2012	14.54
2003	11.64	2013	15.92
2004	12.97	2014	17.54
2005	14.01	2015	17.61
2006	15.87	2016	16.25
2007	17.49	2017	17.77
2008	17.42	2018	18.45

数据来源:世界银行网站。

可以看出,出口在日本GDP中的比重一直趋于上升,由1999年的占GDP的9.95%上升至2018年的18.45%,增长了近1倍。日本经济已经对出口形成了高度的依赖,作为世界上GDP排名第三的国家,2018年日本GDP占世界总产出的

---

① 于超.出口导向战略对日本经济的影响研究[D].北京:中国青年政治学院,2016.

5.8%,仅仅依靠日本约 1.2 亿人的内需市场是无法消化其产出的,因此日本经济必须依靠出口,通过对外贸易,消化其内需市场无法消化的产出。

三、韩国的世界经济地位与变化趋势

韩国是东亚的重要国家之一,位于朝鲜半岛南侧,是中国的近邻。韩国三侧环海,西侧是黄海,东南是朝鲜海峡,东侧是日本海。韩国国土面积约 10 万 km^2,约占朝鲜半岛总面积的 45%,与我国的浙江省(土地面积 10.55 万 km^2)相当。韩国矿产资源较少,已发现的矿物有 280 多种,其中有经济价值的约 50 多种。有开采利用价值的矿物有铁、无烟煤、铅、锌、钨等,但储量不大。由于自然资源匮乏,韩国主要工业原料均依赖进口。韩国与日本类似,也是面临较大资源约束,经济发展却取得成功的案例。

二战结束,日本投降后,朝鲜半岛的人民没有迎来和平与发展,1950 年朝鲜战争爆发。朝鲜战争从爆发到结束,经历了三年时间。战争给韩国经济带来巨大的负面冲击。

从 20 世纪 60 年代开始,韩国正式确立了以出口为导向的外向型经济模式,并走上了经济复苏与繁荣之路。1962 年韩国政府开始着手制订并推进全方位的经济开发计划,并进行"经济发展年计划"的制订和实施,计划的核心是推行政府主导的外向型工业化。通过这些措施,这一时期的对外贸易取得了一定的发展。在第一个五年经济发展计划期间,韩国出口增长了 3.6 倍,而且出口商品结构发生巨大变化,工业品比率从 1961 年的 27.7%增加到 1966 年的 67.5%。第二个五年计划期间,出口年均增长率超过 35%,是 1965 年的 4 倍。出口产品中,工业品比重由 1966 年的 67.5%增长至 1971 年的 88.9%[①]。

在第二个五年计划期间,韩国的劳动力红利开始消失,剩余劳动力已经枯竭。同时,以出口为主导性的工业的增长政策导致了第一产业与第二产业之间差距的拉大。为了消除这一差距,韩国政府在第三个五年计划期间推行新农村运动,试图促进农渔村开发的均衡发展,但是最终又把主导产业从轻工业转换到了重化工业[②]。这一时期,韩国经济通过重化学工业化的推进和外向型经济模式的拓展,取得了较快发展,主要表现为产业结构、出口结构的升级。这些积极的出口激励措施与重化学工业化政策相结合完成了产业结构和出口产品结构的调整和升级。产业结构实现了由劳动密集型向资本密集型的升级,重化学工业在整个制造业所占比重由 1970 年的 39.2%,上升到 1980 年的 53.6%。出口结构由以往的初级产品、低附加值、劳动密集型商品出口为主,转变为高附加值、资本密集型产品的

---

① 申东镇.韩国外向型经济研究[D].大连:东北财经大学,2011.
② 刘信一.韩国经济发展中的对外贸易[J].中国工业经济,2006(7):59—64.

出口，整个出口贸易无论是从量上还是从质上都有明显的提高。依靠大量投资和规模经济才能实现发展的重化学工业化，客观上推动了韩国大企业集团成长、壮大的契机。从那时起，韩国大企业财阀成为韩国经济增长的主力军，出口规模不断扩大、出口竞争力显著提升。20 世纪 80 年代，韩国政治领域开展民主化运动，民主意识开始深入到一般韩国国民，对韩国的经济也形成了一定的影响。韩国经济逐步由韩国中央集权制经济管理模式走向了民间主导的经济模式[①]。

到 1990 年，韩国的国内生产总值(GDP)已经达到了 2 793.49 亿美元，全球排名第 15 位，约占当年全球总产值的 1.24%。中国 1990 年的国内生产总值(GDP)约为 3 608.58 亿美元，世界排名第 10，全球占比约为 1.60%。相比较而言，国土面积同我国浙江省相当的韩国有如此多的产出，足见其取得的经济成就。从 20 世纪 80 年代末开始，韩国经济发展所面临的外部环境发生变化。经济全球化趋势加速发展，以世界贸易组织成立为标志，世界经济逐渐形成自由、开放为原则的新的国际贸易秩序。韩国传统的出口自由、进口限制为特点的"单向外向经济模式"无法继续坚持下去，只能选择开放市场、推进经济自由化，传统外向经济模式的变化与升级在所难免。这一阶段，韩国政府遵循比较优势原理，提出了"科技立国"口号，选择信息产业作为新的发展突破口，重点发展电脑、生物工程和智力服务等行业，积极发展电子、精密机械、精细化工、新材料、新能源等组成的新产业体系，积极推动新一轮的产业升级，促进产业结构向高技术化方向发展，迅速缩短了与发达国家之间的差距。90 年代中期，韩国完成工业化，加入 OECD，步入发达国家的行列。1998 年开始，韩国加速产业结构的调整，集中发展计算机、半导体、生物技术、新材料、新能源、精细化工、航空航天等 28 个产业及服务业。2003 年韩国政府确定智能型机器人、未来型汽车、新一代半导体、数码电视广播、互动电视网、新一代移动通信、等离子显示器和绿色新药等"十大增长产业"。

四、韩国的经济结构与特征

(一) 韩国的经济结构

第一，从三次产业结构变迁来看，自 20 世纪 60 年代以来，韩国第一产业产值占总产出的比重一直处于下降趋势，从 1960 年的 36.24% 下降到 2018 年的 1.98%。因为各阶段实施的产业政策不同，由此带来了不同的影响，因此第二产业和第三产业发展表现出比较明显的阶段性，但总体来看韩国工业产值的 GDP 占比逐步增加，1960 年韩国工业增加值占 GDP 的比重约为 17.09%，之后一路上升，到 1991 年达到了历史高点，占 GDP 的比例为 36.49%，此后工业增加值占 GDP 的比例一直维持下在 34%~36% 的区间，2018 年韩国工业增加值占 GDP

---

① 申东镇.韩国外向型经济研究[D].大连：东北财经大学，2011.

的比例约为 35.12%。韩国的服务业发展一直呈现出了较好的上升趋势,1960 年韩国服务业增加值的 GDP 占比为 39.64%,之后一路上升,到 2018 年,这一占比已经达到了 53.56%[①],说明韩国经济呈现出明显的经济服务化趋势。

第二,韩国制造业与服务业内部结构升级趋势较为明显。从世界银行数据库韩国制造业 1990—2018 年的数据看,韩国制造业有比较明显的向高附加值、高加工度制造业升级的过程。食品、饮料和烟草行业以及纺织品与服装行业占整个制造业的增加值比重逐年下降,特别是纺织品与服装行业下降幅度比较大,而高附加值、高加工度的机械和运输设备行业的增加值比重呈明显的上升趋势[②],2018 年高科技产品出口占制成品出口的 36.34%,很好地说明了韩国制造业向高附加值的成就。

(二) 韩国的经济特征

第一,韩国经济高度依赖出口。韩国经济的成功很大程度上得益于其出口导向战略。出口在韩国经济中占据了十分重要的位置。第二次世界大战和朝鲜战争对韩国经济造成了巨大的破坏,从 1958 年起,韩国政府开始实施由"进口替代"向"出口导向"转变的产业政策。当时美国、日本等先进国家正经历着产业结构向资本密集型产业的调整,这为当时韩国的出口工业和加工工业的发展提供了机会。韩国抓住了这次机会,积极地引进国外先进技术,通过扩大出口贸易推动本国经济的高速发展。在当时产业政策的推动下,韩国的经济在劳动密集型产品为主的拉动下获得了快速的增长,随后韩国完成了资本密集型原材料工业产品的进口替代,这样资本密集型产品的出口逐渐地成为推动经济增长的主力军。根据世界银行的统计,1960 年韩国货物与服务出口金额占当年 GDP 的 2.62%,此后一直快速上升。2012 年韩国货物与服务出口占当年 GDP 的 56.34%。近年来,韩国货物与服务出口占国内生产总值(GDP)的比例有所下降,但依然远高于其他国家,2018 年韩国货物与服务出口占国内生产总值的比重约为 44.01%,远高于中国的 19.51%,也高于日本的 18.44%。

由表 9-8 可以看出,出口在韩国经济中占据了最重要的位置,是影响韩国经济增长的关键因素。另一方面,作为外向型经济,韩国过度依赖出口,出口的波动对韩国经济的影响将远高于其他东亚国家。在当前出现的逆全球化的趋势过程中,韩国经济面临了更大的不确定性,这也迫使韩国政府必须积极开展与中国等新兴市场国家的合作。

---

① 上述数据均来自世界银行网站。
② 吕明元,尤萌萌.韩国产业结构变迁对经济增长方式转型的影响:基于能耗碳排放的实证分析[J].世界经济研究,2013(7):73-80,89.

表 9-8　韩国 1960—2018 年货物与服务出口占 GDP 的比重

(单位：%)

年份	出口占比	年份	出口占比	年份	出口占比
1960	2.62	1980	28.46	2000	35.01
1961	4.04	1981	29.96	2001	32.73
1962	3.87	1982	27.37	2002	30.83
1963	3.95	1983	27.99	2003	32.70
1964	4.96	1984	29.42	2004	38.30
1965	7.13	1985	27.33	2005	36.81
1966	8.44	1986	32.48	2006	37.17
1967	9.12	1987	34.88	2007	39.18
1968	10.15	1988	33.03	2008	49.96
1969	10.61	1989	27.86	2009	47.55
1970	11.45	1990	25.34	2010	49.42
1971	12.68	1991	24.15	2011	55.75
1972	16.61	1992	24.63	2012	56.34
1973	23.94	1993	24.13	2013	53.88
1974	22.26	1994	24.25	2014	50.28
1975	22.69	1995	25.93	2015	45.34
1976	25.56	1996	25.28	2016	42.28
1977	26.03	1997	28.98	2017	43.09
1978	24.91	1998	40.39	2018	44.01
1979	23.47	1999	33.56		

数据来源：世界银行网站。

第二，韩国经济也面临人口老龄化的问题。所谓人口老龄化，是指 65 岁及以上人口的比例超过总人口的 7%。通常而言，一个经济体若进入人口老龄化阶段，就会引发一系列经济效应，包括经济活动人口总量、劳动人口结构和劳动生产率等一系列指标。在人口老龄化过程中，如果劳动生产率未能得以显著提高，势必会使经济的潜在增长率与个人的福利大大降低。一些学者认为：一旦进入人口老龄化社会，劳动力供给总量萎缩，青年层劳动力数量减少，中高龄层劳动力数量增加，这导致中高龄层劳动力身体机能的下降和技术消化能力的下降，从而带来劳动生产率的下降①。

根据世界银行的资料,韩国在 2000 年就已经迈入了人口老龄化阶段。2000 年韩国 65 岁及以上老年人口有 338 万人,占总人口的 7.19%,2016 年,韩国 5 124 万总人口中,65 岁及以上人口为 676 万人,占总人口的 13.34%,比 2000 年人口普查时上升了 6.0 个百分点②,而到了 2018 年,韩国 65 岁以上人口占总人口的比例已经达到了 14.42%。近年来,韩国老龄化人口的占比情况如表 9-9 所示,可以看出韩国人口老龄化的速度持续加快。韩国人口老龄化的原因之一是韩国妇女的生育意愿不足,人口生育率过低,新增人口不足。表 9-10 是韩国近五年来的生育率,即平均每位妇女的生育数量。可以看出,到了 2018 年,生育率已经低于 1,仅为 0.977,低生育率使得韩国人口的增长率不断下降。

表 9-9 韩国 2000—2018 年 65 岁以上人口占比

(单位:%)

年份	老龄人口占比/%	年份	老龄人口占比/%
2000	7.19	2010	10.69
2001	7.51	2011	11.10
2002	7.85	2012	11.53
2003	8.19	2013	11.96
2004	8.53	2014	12.40
2005	8.86	2015	12.86
2006	9.22	2016	13.34
2007	9.57	2017	13.85
2008	9.92	2018	14.42
2009	10.29		

数据来源:世界银行网站。

根据韩国统计局的未来人口估算,韩国总人口将增加至 2030 年的 5 294 万人,但此后减少到 2060 年的 4 524 万人。劳动年龄人口到 2050 年将减少 1 000 万人以上,2060 年会达到 2 244 万人。可见人口老龄化给韩国的劳动力供给带来了巨大的冲击。

---

① 任明,金周永.韩国人口老龄化对劳动生产率的影响[J].人口学刊,2015,37(6):85-92.
② 芮昌熙.韩国老龄化现状、问题与对策研究[D].长春:吉林大学,2017.

表 9-10　近五年韩国女性生育率（平均每位女性的生育数量）

年份	2014	2015	2016	2017	2018
生育率	1.205	1.239	1.172	1.052	0.977

数据来源：世界银行网站。

第三，财团聚集。大财团在韩国经济中占据了重要地位。韩国的五大财团贡献了韩国国内生产总值（GDP）的一半以上。韩国十大财团的资产占到了韩国GDP的85%[①]，因此韩国经济出现了严重的财团聚集现象。2017年，来自韩国的世界五百强企业共有15家，其中12家企业均属于五大财团。韩国的第一大财团是三星集团，其业务涉及电子、金融、机械、化学等众多领域，其世界五百强企业共计3家，分别为三星电子、三星人寿保险和三星CT公司。韩国的第二大财团是现代集团。现代集团是一家以建筑、造船、汽车行业为主，兼营钢铁、机械、贸易等几十个行业的综合性企业集团，旗下世界五百强企业包括现代汽车、起亚汽车、韩国现代重工集团以及现代摩比斯公司等四家企业。韩国的第三大财团是SK集团，SK集团主要从事电信和石油能源化工，SK集团在十几个国家拥有油田，并且从事石油开采业务。SK集团在手机内存、通信网络等方面也存在大量业务。韩国第四大和第五大财团分别为LG集团和乐天百货，旗下企业也在世界五百强中占有份额。

第四，科技实力雄厚，高科技产业发达。在2019彭博全球创新指数排名中韩国排名第一，连续五年成为全球最具创新能力的国家。不仅在研发强度、制造业附加价值和专利活动三大指标夺冠，在高科技公司密度、高等教育和研发人员集中度指标也高居前五名。2018年，韩国国内生产总值（GDP）约为1.62万亿美元，世界排名第12位，韩国在手机、电视、半导体、钢铁、造船、石化、工程机械、海工装备等产业在全球范围都是具有强大竞争力的。

韩国在科技上成功追赶发达国家，一方面得益于政府的早期主导，如半导体产业，一直以来，国际上将韩国半导体行业D-RAM技术追赶作为赶超或跨越的成功案例。这与政府主导下的半导体产业高密度的研发投入和规模制造密不可分。另一方面，韩国的成功得益于后发国家获取先发国家先进技术或前端工艺的优势。韩国政府的引导使韩国利用"技术跃迁"的后发优势，专注于半导体产业的计算机存储技术的攻克，从而为追赶成功进入芯片市场打下坚实基础[②]。

第五，韩国的优势产业众多。韩国在世界范围具有竞争力的产业包括显示面板产业、智能手机、电视机、半导体等。其中韩国优势最大的显示面板产业，根据

---

① http://kr.mofcom.gov.cn/article/jmxw/201310/20131000353467.shtml.
② 雷小苗，李洋.高科技产业的技术追赶与跨越发展：文献综述和研究展望[J].工业技术经济，2019，38(2):145-152.

市场研究机构 IHS Markit 发布数据显示,2018 年全球显示器面板市场上,三星显示器和 LG 显示器市场占有率分别位居前两位,彰显韩国显示器的优势。其中,中小型和大型显示器面板市场上,三星显示器售出 261.54 亿美元,市场份额为 23.7%,虽较前一年有所下滑,但仍稳居榜首。LG 显示器销售额为 215.87 亿美元,市场份额 19.6%,位居第二。最近不断积极扩大投资的中国京东方市场占有率为 10.4%,排行第三。韩国在智能手机的生产上也具有竞争优势,2016 年韩国三星电子的智能手机部门的营收为 894 亿美元,仅次于苹果位居世界第二。电视机方面,韩国的三星和 LG 称霸世界电视市场已经很多年了,目前全球前五大电视品牌分别是三星、LG、海信、TCL 和索尼。半导体产业也是韩国的优势产业,2016 年韩国三星与海力士两家营业收入为 587 亿美元,仅次于美国位居世界第二。世界第三是欧洲,三家半导体企业合计营收为 243 亿美元。世界第四是日本,而日本索尼、瑞萨和东芝三家公司的营收加起来是 213 亿美元,只占韩国的三分之一。

韩国的钢铁、工程机械与海洋工程装备、汽车和造船等产业也具有较好的竞争力。钢铁产业方面,2019 年在世界十大钢铁企业排名中,中国钢铁企业占大多数,韩国浦项钢铁公司排名世界第五位。但从经营效率与质量来看,与韩国企业相比还有差距,我国宝武集团生产规模是浦项制铁的 1.5 倍左右,但吨钢收入只有浦项制铁的五成。韩国的汽车产业也有一定的竞争力。2016 年,韩国现代起亚合计销量 817 万辆,销量超过本田、通用、福特,位居世界第四位,占世界市场的 9%。在工程机械和海洋工程装备方面,2017 年韩国斗山机械在世界工程机械排名第 6 位,世界市场份额 4%。海洋工程装备,韩国的订单额长期位居世界第二位,仅次于中国,领先新加坡。造船产业方面,韩国在很长一段时间也是世界第一大造船国。全球船厂前十强中韩国占有七席,其中现代重工、三星重工、大宇造船海洋株式会社位居世界前列。

第二节 日本与韩国参与"冰上丝绸之路"建设的经济动机

日韩两国同为东亚国家,经济均高度发达。因此二者在参与"冰上丝绸之路"的过程中有着相同的动机。本节对日本与韩国参与"冰上丝绸之路"的动机进行分析,为后续确定与二者的重点合作领域奠定基础。

一、获取地理优势

首先从地理位置来看,日本与韩国都是处于"冰上丝绸之路"的重要节点,占据了重要的地理位置。"冰上丝绸之路"建设所依托的北方航道是西起冰岛经巴伦支海沿欧亚大陆北方海域直到白令海峡的东北航道的主要部分,也是连接亚欧的高纬度运输通道。在航道的构成范围上，俄罗斯官方将北方航道限定于北纬66°05′以北，西起东经68°35′的热拉尼耶角（Cape Zhelaniya），东至西经168°58′。在历史上，北方航道作为北部地区居民的补给运输线路，以及冷战对抗的前沿高地在苏联时期得到了长足发展，年均通航船只超过百艘，运输近400万t的各类货物。根据政府间气候变化专门委员会（IPCC）的估算和预测，北极夏季海冰在过去35年间减少了近70%，北极海域的季节性无冰期最早将出现于20世纪中叶。按照目前的模型估算，从中国上海经北方航道前往荷兰鹿特丹比传统的苏伊士运河航线航程缩短8 079海里，节省约23%的航程距离。日本、韩国到欧洲，特别是欧洲北部港口的地理距离将有更为明显的缩短，这将产生巨大的经济效益。因此，日本与韩国均将参与北方航道开发纳入本国政策。

二、保障其对外贸易

日本与韩国均为发达的资本主义国家，其经济增长很大程度上依赖对外贸易。因此日本与韩国都有积极参与区域经贸合作的积极性。

（一）日本与欧盟的经贸关系

首先从日本的角度看，日本的通商政策重视与贸易伙伴签订自由贸易协定（FTA）等双边协议和参加地区经济合作。欧洲是日本的重要贸易伙伴，2018年欧洲理事会主席图斯克和欧盟委员会主席容克与日本首相安倍晋三在东京签署《欧日经济伙伴关系协定》（EPA），该协议将相互取消大部分产品的关税。其中日本将取消94%欧盟产品的关税，包括奶酪和葡萄酒。欧盟则逐步取消99%日本产品的关税，包括汽车和电视机。根据该协定日本与欧盟有望成为全球最大规模的自由贸易区之一，覆盖6亿人口，占全球贸易总量的40%。2019年，日本出口欧盟28国的金额约为821.50亿美元，占其全部出口金额的11.6%。日本对主要区域组织出口额如表9-11所示。

根据一些机构与学者对日本—欧盟经济伙伴关系协定的经济影响进行的评估，欧盟委员会的一份研究报告预测，到2020年，在保守的情况下（削减20%的非关税壁垒），日本—欧盟经济伙伴关系协定将使得欧盟的GDP增长约0.23%~0.75%，使得日本的GDP增长约0.27%；而在激进的情况下（削减50%的非关税壁垒），欧盟的GDP将增长0.8%~1.9%，而日本的GDP将增长约0.7%。日本内阁府则预测日本—欧盟经济伙伴关系协定可以使得日本实际GDP增长0.24%~0.27%。与此类似，日本外务省预测日本—欧盟经济伙伴关系协定可以提高日本实际GDP约1%，即5万亿日元，并可以提供29万个就业机会。[①]

[①] 沈铭辉. 浅析日本—欧盟经济伙伴关系协定及其影响[J]. 当代世界，2018(9)：13-17.

表 9-11 日本对主要区域组织出口额

国家和地区	金额/百万美元	同比/%	占比/%
总值	705 528	-4.4	100.0
亚太经合组织	549 219	-5.0	77.9
经合组织	315 437	-3.8	44.7
东盟 10+6	314 940	-7.8	44.6
北美自由贸易区	159 876	-1.1	22.7
东盟 10 国	106 207	-7.2	15.1
欧盟 28 国	82 150	-1.6	11.6
中东 15 国	24 136	-4.5	3.4
拉美一体化协会	19 777	-5.8	2.8
南方共同市场	19 375	-6.2	2.8
石油输出国组织	17 171	-0.3	2.4

数据来源：国别贸易报告：2019 年日本货物贸易及中日双边贸易概况①。

"冰上丝绸之路"的建设将拉近日本与欧洲的时间距离，减少航行时间，降低航运成本，这无疑会进一步促进日本与欧洲之间的经贸关系。

(二) 中日经贸关系

日本积极参与"冰上丝绸之路"无疑是对作为"冰上丝绸之路"建设的发起国之一的中国的示好，有助于拉近两国关系。中国是日本最重要的贸易伙伴之一。据日本海关统计，2019 年，美国、中国和韩国是日本前三大出口贸易伙伴，日本对三国出口额分别为 1 398.0 亿美元、1 346.9 亿美元和 462.5 亿美元，分别下降 0.2%、6.4% 和 11.9%，占日本出口总额的 19.8%、19.1% 和 6.6%。2019 年日本与中国双边货物进出口额为 3 039.1 亿美元，下降 4.3%。其中，日本对中国出口 1 346.9 亿美元，自中国进口 1 692.2 亿美元。日本对中国出口的主要产品是机电产品、化工产品和运输设备，2019 年出口额分别为 548.8 亿美元、168.9 亿美元和 138.2 亿美元，占日本对中国出口总额的 40.7%、12.5% 和 10.3%。日本自中国进口的主要商品为机电产品、纺织品及原料和家具、玩具、杂项制品，2019 年进口额为 781.1 亿美元、206.7 亿美元和 105.0 亿美元，占日本自中国进口总额的 46.2%、12.2% 和 6.2%②。

---

① https://countryreport.mofcom.gov.cn/record/qikan110209.asp?id=11950.
② https://countryreport.mofcom.gov.cn/record/qikan110209.asp?id=11950.

当前中日韩自由贸易区正在积极推进。中日韩自贸区是 2002 年在中日韩三国领导人峰会上提出的。中日韩自由贸易区是一个由人口超过 15 亿的大市场构成的三国自由贸易区。自由贸易区内关税和其他贸易限制将被取消,商品等物资流动更加顺畅,区内厂商往往可以降低生产成本,获得更大市场和收益,消费者则可获得价格更低的商品,中日韩三国的整体经济福利都会有所增加。中日韩自贸区的达成将进一步推进中日的经贸关系,"冰上丝绸之路"建设也将在东亚区域进一步促进中日的经贸合作,促进两国的发展。

中国的"一带一路"倡议提出后,日本政府并不积极。而 2017 年后,日本的态度开始转变。2017 年 6 月,安倍在公开演讲中称,"一带一路"倡议"具有连接不同地域的潜力",表示愿意同中方围绕"一带一路"展开合作。一方面,日本对本国经济利益与外交成果需求的急剧上升,是其转变态度的根本原因,另一方面,中国"一带一路"倡议的落实能力及其成果,使日本政府改善对华关系的愿望愈加强烈。加上美国唐纳德·特朗普(Donald Trump)政府上台后,美国实行贸易保护主义政策,也迫使日本不得不转向"一带一路"。作为"一带一路"的北向延展,将为日本参与"一带一路"倡议提供更多机遇和空间。

(三) 韩国与欧洲的经贸关系

欧洲也是韩国的重要市场,2019 年,韩国出口欧盟 28 国的贸易额约为 527.83 亿美元,约占韩国出总额的 9.7%。尽管与欧盟 28 国的贸易额并非最大,但欧洲市场对韩国是有重要影响的。2009 年欧盟与韩国双边贸易额达 540 亿欧元,其中欧盟从韩国进口 323 亿欧元,对韩国出口 217 亿欧元。2009 年欧盟对韩国货物出口占欧盟货物出口的 2%,为欧盟第 12 大出口目的地国家。欧盟从韩国货物进口占欧盟货物进口的 3%,为欧盟第 9 大进口来源地国家。所以,韩国是欧盟的重要贸易伙伴。从韩国方面看,欧盟是韩国非常重要的贸易伙伴。[1] 2010 年 10 月 6 日第五届欧盟和韩国峰会在布鲁塞尔举行,欧盟和韩国正式签署了《韩欧自由贸易协定》,并决定将双方关系升级为战略伙伴关系。

"冰上丝绸之路"的建设将拉近韩国与欧洲的时间距离,促进韩国与欧洲的经贸关系。这对以出口为导向的韩国经济来说十分关键。

(四) 中韩经贸关系

中国市场对韩国的重要性不言而喻。2007 年中韩贸易总额就已经达到 1 405 亿美元,中国已成为韩国最大的贸易伙伴。2007 年,韩国对中国的出口总额达到了 793 亿美元,中国成为韩国最大的出口对象国[2]。据韩国海关 2019 年的

---

[1] 朱颖,王玮.解析欧盟韩国自由贸易协定[J].世界贸易组织动态与研究,2012,19(1):57-61.
[2] 参见:韩国产业资源部发布的《2007 年出口和进口趋势》报告。

统计,中国、美国和越南是韩国出口排名前三位的国家,2019年出口额分别为1 362.0亿美元、733.4亿美元和481.8亿美元,占韩国出口总额的25.1%、13.5%和8.9%。韩国的主要出口对象如表9-12所示。同时,中国、美国和日本是韩国进口排名前三位的国家,2019年进口额分别为1 072.3亿美元、618.8亿美元和475.8亿美元,占韩国进口总额的21.3%、12.3%和9.5%。韩国对中国出口的主要是机电产品、化工产品和塑料橡胶产品,2019年出口额分别为707.8亿美元、199.7亿美元和109.3亿美元,三类产品合计占韩国对中国出口总额的74.7%。韩国自中国进口排名前三位的商品为机电产品、贱金属及制品和化工产品,2019年进口额分别为538.5亿美元、122.4亿美元和103.2亿美元,占韩国自中国进口总额的50.2%、11.4%和9.6%。

表9-12 2019年韩国对主要贸易伙伴出口额

国家和地区	金额/百万美元	同比/%	占比/%
总值	542 233	-10.4	100.0
中国	136 203	-16.0	25.1
美国	73 344	0.9	13.5
越南	48 178	-0.9	8.9
中国香港	31 913	-30.6	5.9
日本	28 420	-6.9	5.2
中国台湾	15 666	-24.6	2.9
印度	15 096	-3.3	2.8
新加坡	12 768	8.4	2.4
墨西哥	10 927	-4.6	2.0
马来西亚	8 843	-1.7	1.6
德国	8 686	-7.3	1.6
菲律宾	8 365	-30.5	1.5
澳大利亚	7 891	-17.9	1.5
泰国	7 804	-8.2	1.4
俄罗斯	7 774	6.2	1.4

此外,大量韩国企业在华投资。根据中国商务部统计,1992年至2018年,韩国累计对华直接投资约770.4亿美元,占同期中国实际利用外国直接投资总额的3.63%。至2017年底,韩国在华累计设立企业约63 385家,占在华外商投资企业总数的7.04%。韩国在华投资年历史最高值出现在2004年,为62.48亿美元,

占当年中国实际利用外国直接投资总额的 10.3%。就规模而言,截至 2018 年底,从累积在华投资存量规模来看,韩国是对我国投资最多的国家之一,排名第四位,仅次于日本、新加坡、美国。从年流量来看,2009 年至 2013 年的 5 年中,韩国投资名列在华投资国家第四位;2015 年至 2018 年的 4 年中,韩国企业都名列第二位,仅次于新加坡①。2019 年,韩国对华投资 2 108 个项目,比上年增长 12%,我国实际使用韩资 55.4 亿美元,比上年增长 18.7%②。

基于双边经贸关系的重要性,中韩自贸区谈判于 2012 年 5 月正式启动,旨在为两国货物贸易提供制度保障,拓展电子商务、节能环保、金融服务等新兴战略服务领域的合作,共同构建一个规范稳定可预期的框架。2015 年 2 月 25 日,中韩双方完成《中韩自由贸易协定》全部文本的草签,对协定内容进行了确认。中韩自贸区的建成,不仅将极大推动中韩两国经贸合作"升级换代",更将对东亚地区另一个自贸区——中日韩自贸区谈判起到一定的推动作用。

三、能源供给与保障

日本与韩国作为两个高度发达的经济体,其自身资源均比较贫乏,相较于其经济运行的巨大的能源需求而言,日韩两国均面临较大的能源缺口。因此,通过参与"冰上丝绸之路",获取能源供给,保障其能源安全是日韩两国的重要经济动机。

(一)日本与俄罗斯的能源合作

尽管日俄关系一直受困于南千岛群岛问题,但双方对于能源合作具有较大的需求。

对于俄罗斯而言,2017 年,日本是俄罗斯的第九大石油出口国、第三大煤炭出口国、第七大天然气出口国,所占出口量比重分别为 3.2%、9.1%、5.3%。日本是其重要的能源合作伙伴。一方面,对日油气资源出口,有利于其能源出口的多元化。日本作为国内生产总值全球排名第三,自身自然资源又极度贫乏的国家,有着巨大的能源需求。乌克兰危机爆发后,俄罗斯受到欧美的经济制裁,对其经济产生了较为严重的冲击。总结经验,俄罗斯开始推行能源的东进战略,希望改善能源出口结构,拓宽能源的出口市场,日本作为东亚的重要成员,距离俄罗斯远东较近,自然成为俄罗斯的能源合作对象。另一方面,日本可以为俄罗斯远东地区的能源开发提供资金。长期以来,俄罗斯的能源开发一直受困于投资不足,而日本一直是俄罗斯远东地区的重要投资国,根据欧亚开发银行数据,2017 年日本对俄投资高达 144 亿美元,而以"萨哈林 1 号"和"萨哈林 2 号"为代表,日本企

---

① 孙宇. 韩国对华投资的特点与趋势[J]. 中国外资,2019(21):42-45.
② 新浪财经:http://finance.sina.com.cn/roll/2020-06-05/doc-iirczymk5341806.shtml.

业中的大部分的直接投资都集中在了能源领域,其比例超过了85%[①]

从日本的视角来看,2017年,俄罗斯是日本的第五大石油进口国,第四大液化天然气(LNG)进口国以及第四大煤炭进口国,其比重分别占5.7%、8.7%和9.4%[②]。积极同俄罗斯开展能源合作对日本有着重要意义。首先通过与俄罗斯的能源合作可以改善日本的能源进口结构、拓宽进口渠道,从而降低其面临能源供给的风险敞口。以石油为例,日本的石油供给主要来自中东地区。2017年,日本从中东地区进口的石油比重约为87%,这使日本的石油供给过于集中,面临较多的不确定性因素。其次,同俄罗斯的能源合作可以有效降低日本的能源成本。从地理距离来看,日本距离俄罗斯远东地区较近,而从中东进口的石油及天然气要途经霍尔木兹海峡、马六甲海峡,路途遥远运输成本十分高昂。而且若能开展能源管道输送,则运输成本会更加低廉。再次,同俄罗斯开展能源合作有助于日本参加北极事务。长期以来,日本一直对北极事物表现出很浓厚的兴趣。日本认为北极事务与其利益息息相关。从战略角度看,北极地区对日本的领土安全有着重要的影响;同时北极气候变化也会对日本的气候产生重要影响。而且北极地区能源丰富,日本作为能源需求大国,一直希望积极参与到北极的能源开采当中。北极的渔业捕捞也会对日本的海洋捕捞业产生影响。此外,通过与俄罗斯开展能源合作,能够构建稳定的对话渠道与沟通平台,同时借助其经济影响力,推进南千岛群岛领土问题早日解决。

可见通过积极参与"冰上丝绸之路"建设,可以推进日本与俄罗斯的能源合作,获取能源供给,保障日本的能源安全。

(二)韩国与俄罗斯的能源合作

从自身的资源供给来看,韩国自然资源稀缺,本国没有石油资源,天然气资源储量稀少。从需求角度来看,韩国作为国内生产总值全球排名第11位的发达经济体,对石油和天然气矿产等资源的需求是巨大的,加之韩国油气炼化发达,拥有强大的炼油工业,不仅可以满足韩国国内对油品的需求,还大量对外出口,这进一步增加了韩国对于石油等能源产品的需求。作为一个能源匮乏的国家,进口是韩国解决能源需求缺口的唯一途径。从1971年到2016年,韩国初级能源供给对进口的依赖度从62.6%上升到87.3%。

首先,韩国的石油进口量始终居于高位。韩国是亚洲第三、世界上第五大石油进口国,进口品种主要包括原油和凝析油。2003年至2013年,石油进口始终占能源进口总量的2/3,增长比较稳定,每年约增长152.8万t,年均增长率约为

---

① 赵天一.日俄能源合作研究[D].长春:吉林大学,2019.
② 赵天一.日俄能源合作研究[D].长春:吉林大学,2019.

1.3%①。韩国石油进口主要来自中东,根据韩联社的统计,2019 年前 10 个月,在韩国进口原油国的排名中,沙特阿拉伯占 30.6%、科威特占 15.1%,分别排在第一、二位。美国占 13.7%,超过中东的伊拉克和阿联酋,位居第三,排名比去年上升了 2 位②。可以看出韩国与日本面临相同的问题,就是能源的进口渠道过于集中,近年来,韩国政府也积极推进能源进口渠道的多元化。更多地从美国采购原油就是一种尝试,但美国产原油是轻质原油,难以替代中东产原油。作为俄罗斯的近邻,在俄罗斯东进战略的大背景下,更多地开展与俄罗斯的能源合作是又一选择。

近年来,韩国的天然气进口需求也不断增长。韩国天然气进口不断增长,由于还未能与他国建成天然气管道,本国的天然气需求全部以液化天然气(LNG)形式进口。韩国天然气进口始于 1986 年,当年的进口量仅为 1.9 亿 m³,到 2003 年进口量膨胀到 315 亿 m³,2014 年更是锐增至 500 亿 m³,1986—2014 年的年均增长率超过 22.02%③。由于强劲的发电需求,韩国的液化天然气(LNG)进口量在 2018 年创下 4 200 万 t 的历史新高,成为仅次于日本和中国的世界第三大液化天然气进口国。从韩国的液化天然气(LNG)进口看,也存在进口渠道过于集中的问题,但随着韩国能源战略的不断调整,进口渠道逐步多样化,韩国的天然气进口开始逐渐向俄倾斜。

通过积极参与"冰上丝绸之路"建设,可以推进韩国与俄罗斯的能源合作,获取能源供给。近年来,韩国政府积极推行的"新北方政策"的目的之一就是进一步推进在能源领域与俄罗斯的合作。

第三节 辽宁对日本与韩国合作的重点领域选择

日本与韩国同为中国的东亚近邻,二者在经济结构与特征上有着相似之处,在某些产业存在较为明显的竞争关系,在一些领域存在一定的互补性。因此在确定辽宁与二者合作的重点领域时,将二者放在一起分析,有利于更为系统地确定合作的重点领域。

一、集成电路领域的合作

(一) 我国集成电路产业的现状与不足

近年来我国集成电路产业有了长足的发展。2018 年中国集成电路产业的销

---

① 张晓桐.俄韩油气能源合作分析[D].长春:吉林大学,2016.
② 中华人民共和国商务部亚洲司:http://yzs.mofcom.gov.cn/article/ztxx/201912/20191202925085.shtml.
③ 张晓桐.俄韩油气能源合作分析[D].长春:吉林大学,2016.

售规模达到 6 532 亿元,比 2017 年增长 20.71%,2018 年中国集成电路产量高达 1 740 亿块,同比增长 11.2%,产量创历史新高。从 2010 年以来,中国集成电路产量保持了持续增长 8 年。在 2018 年中国集成电路产业链结构中,IC(Integrated Circuit)设计业为 2 519.3 亿元,同比增长 21.5%;芯片制造业为 1 818.2 亿元,同比增长 25.6%;封装测试业为 2 193.9 亿元,同比增长 16.1%。在 2018 年中国集成电路产业链结构中,芯片制造业的增速最快,主要原因一是在 2018 年国内已有 6 座(条)12 英寸晶圆生产线和 4 座(条)8 英寸晶圆生产线完成了新建和扩建投产。二是随着国内外 IC 设计业的发展,国内晶圆代工[①]企业大幅增长[②]。

尽管我国集成电路产业规模增长较快,2018 年开始的中美贸易摩擦还是让中国人民意识到了自身在集成电路领域的不足,美国将禁止对中国华为等企业销售芯片作为科技打压的武器,反映出了我国集成电路领域的发展与美国有较大的差距。从现代芯片产业设计、制造、封测三大环节分工来看,目前我国相关企业在设计和封测等环节已经取得了不错的发展,例如中国大陆的华为海思和展讯科技两家企业在全球芯片设计公司的排名中可以挤进前十名。在芯片的封装测试领域拥有长电科技、华天科技、通富微电和晶方科技等全球知名的企业。但芯片的制造环节,特别是高端芯片的制造环节还有较大差距,目前国内芯片制造龙头中芯国际的芯片加工精度仅达到 14 纳米(nm)水平,与世界主流的 7 nm 有较大差距。目前芯片加工技术水平比较高的是台积电、三星、英特尔等企业均已具备了加工 7 nm 芯片的能力,其中台积电的芯片加工能力已经达到 5 nm。目前华为设计的芯片主要通过台积电代工生产,但台积电的技术也来自美国,比较容易受到外部市场环境及政策影响。

(二) 日本与韩国的集成电路产业

我国的近邻日本与韩国在集成电路产业方面拥有较好优势,且有一定的互补性。

从日本来看,日本在半导体材料和设备领域具有绝对优势。日本半导体材料占全球份额超过 50%。从包括硅晶圆、合成半导体晶圆、光罩、光刻胶、靶材料、保护涂膜、引线架、陶瓷板、塑料板、TAB、COF、焊线、封装材料等在内的 14 种核心半导体材料来看,日本在全球的市场份额已经达到 52%,拥有绝对优势,北美和欧洲仅各占 15%。此外,日本是全球半导体设备"三巨头"之一。半导体设备行业拥有极高的技术壁垒,目前主要被美国、日本和荷兰"三巨头"垄断。以占整个半导体设备市场 80% 以上份额的晶圆处理设备为例,全球前 10 强企业排名

---

① 半导体产业的一种营运模式,专门从事半导体晶圆制造生产,接受其他 IC 设计公司委托制造,而不自己从事设计的公司。

② 王龙兴. 2019 年中国集成电路产业的状况分析[J]. 集成电路应用,2020(1):1-4,9.

中,美国3家,日本有5家,荷兰有2家,这10家企业的市场份额合计达到77.5%①。

从韩国来看,早在1975年,韩国政府就制定了推动半导体产业发展的六年计划,在韩国政府的积极推动下,韩国的半导体产业得到了业界的重视,催生了韩国三星电子等知名半导体企业。1992年三星开发出世界第一个64M DRAM,超过日本 NEC,成为世界第一大 DRAM 制造商。从20世纪90年代开始,韩国半导体产业投资兴起。从研发投入来看,1980年时半导体领域研发投入约为850万美元,到1994年时为9亿美元。专利技术也从1989年底的708项上升至1994年的3 336项。以 SK 海力士为龙头,IC 制造企业、半导体设备企业和半导体材料企业层层分工,通过外包、代工的方式构建出庞大的半导体产业链,形成了龙仁、化成、利川等半导体产业城市群,支撑着韩国的半导体产业链②。

(三) 辽宁的集成电路基础

辽宁的集成电路产业的发展不如南方省份发达,但仍具备较好的发展基础。辽宁省拥有集成电路相关企业80多家,主要集中在沈阳、大连两市。特别是沈阳市,在多年来的技术沉积和累计数百亿元社会资本支持下,初步形成了"一项控制系统技术、四类重要整机装备、一批关键单元部件和一个关键零部件支撑平台"的集成电路生产配套能力。辽宁与北京、上海构成国内集成电路装备三大重点地区。为了推进集成电路产业发展,辽宁省先后推出了《推动集成电路产业发展三年行动计划(2018—2020年)》等一系列政策,从设计、制造、封测、装备、材料等多个方面引导集成电路全产业链协同发展。2019年辽宁省在推进英特尔(大连)"非易失性存储器项目"加快产能释放的基础上,全力支持罕王微电子8英寸MEMS 高端智能传感器芯片、大连芯冠科技650 V 硅基氮化镓外延片、沈阳硅基科技 SOI(薄膜绝缘层上硅)硅片、辽宁天工半导体年产360万片大尺寸半导体硅片,以及沈阳富创集成电路关键零部件柔性车间等一批集成电路重点项目加快建设,部分项目建设取得阶段性成果。③

在中美科技争霸的背景下,未来的世界将是中美两国科技体系的竞争,"冰上丝绸之路"的建设将为日本与韩国融入中国科技体系提供了契机。辽宁应抓住这一历史机遇,积极开展与日本、韩国的集成电路合作,将辽宁打造成我国集成电路产业的又一重镇。一方面,为国家突破集成电路产业核心能力不足的制约作出自身的贡献,另一方面,为促进自身经济的振兴,占据发展的制高点奠定基础。

---

① 张静文.日本半导体的"上游"掌控力[J].杭州金融研修学院学报,2019(10):55-58.
② 韩国半导体是如何崛起的[EB/OL].[2020-03-11].https://www.sohu.com/a/310783973_457122.
③ https://www.sohu.com/a/304094229_349253.

二、海洋经济合作

海洋经济在中日韩三国中均有重要地位。21 世纪是海洋的世纪,发展海洋经济对各国来说均有重要意义。辽宁作为我国北方的重要沿海省份,拥有较好的发展海洋经济的基础,可以凭借自身地缘优势,开展与二者的海洋经济合作。具体而言,可以开展如下几方面合作:

(一)海洋经济支撑体系合作

海洋支撑体系是海洋经济发展的基础,包括渔业科技、海洋生态环境修复和海洋金融等方面。辽宁与日韩两国在海洋支撑体系方面有着较好的合作空间,是未来开展合作领域的重点之一。

首先,促进东北亚区域的渔业科技合作。东北亚区域的韩国和日本都高度重视科技研发的投入,2015 年韩国研究与开发(R&D)占 GDP 比重达 4.22%,位居世界第一。2015 年日本 R&D 占 GDP 比重达 3.28%,位居世界第二。日韩两国也高度重视渔业研究与开发,大力支持水产研究以促进渔业发展,在渔业科技领域取得了较好的成绩。近年来,我国也高度重视渔业科技的发展,投入了大量经费进行新技术的研发,因此东北亚区域可以开展渔业科技合作。实际上东北亚区域渔业科技领域的双边合作已经有了一定的基础。中日自 20 世纪 60 年代开始就展开了包括渔业在内的民间科技交流。中韩在 2013 年成立了"中韩渔业联合研究中心",开展渔业科技合作。这些渔业科技的双边合作为进一步开展东北亚区域的海洋渔业科技的多边合作奠定了较好的基础。

其次,促进东北亚区域海域渔业资源修复合作。近几十年来,东北亚区域的渤海、黄海和日本海的渔业资源的开发利用得到飞速发展。然而,随着沿岸水体污染的加剧,海域赤潮、绿潮频发,水母数量剧增。作为重要的海上通道,陆源和海上石油污染事件也时有发生。各海域的天然渔业资源遭到了极大的破坏,可持续利用受到了严重威胁,某些经济鱼类的传统鱼汛基本消失,导致近海海洋捕捞产量连年下降。因此东北亚各国,包括中国、韩国和日本均面临渔业资源修复的问题。而渔业资源的修复需要双边和多边的合作机制。目前中韩双方已经就黄海的渔业资源修复展开了合作。2019 年 6 月 26 日,中韩双方在中国山东青岛举行了渔业资源联合增殖放流活动,旨在养护和恢复黄海渔业资源。2019 年 10 月 23 日,中日韩民间渔业协议会在日本函馆召开,会议中,三方就渔业资源养护问题进行了交流。这些交流为进一步开展渔业资源修复合作奠定了基础。

最后,是海洋金融合作。海洋产业发展,特别是海洋新兴产业发展面临较多的不确定性,也需要大量的金融资源的投入。东北亚各国有海洋金融合作的需求。以中国为例,中国需要借鉴日本等国的海洋金融经验。而俄罗斯需要金融资源的输入,以支持其海洋经济的发展。日本在海洋金融方面有较好的经验,同时希望向海外输出金融资源,因此东北亚各国可以在海洋金融方面开展合作。这有利于金融资源的汇集,更好地支持海洋经济发展。也可以通过海洋金融经验的交流,促进各自海洋金融业的发展。

(二)海洋经济合作制度

东北亚国家海洋经济合作制度建设是进一步开展海洋经济合作的基础也是海洋经济成功的关键。长久以来,东北亚相关国家的海洋经济合作受制于相关合作制度的缺乏。通过构建东北亚国家海洋合作制度,可以规范各国的海洋经济行为,为未来的合作提供指引,有利于促进东北亚国家之间海洋经济贸易、投资政策和商业机会的信息交流,密切贸易和投资促进机构的联系,增加交流机会。同时,有利于资源的合理配置以及利益的均衡调配,减少分歧,促进东北亚国家海洋经济合作的稳定发展。

"冰上丝绸之路"建设为辽宁开展与日韩的海洋经济合作制度建设提供了有利契机,为开展区域海洋治理奠定基础。

(三)海洋产业合作

海洋产业是为开发利用和保护海洋所进行的生产和服务活动的企业集合。也是海洋经济存在和发展的重要基础。以海洋产业合作作为重点领域,有利于发挥东北亚区域的海洋经济规模优势,形成海洋经济的增长极,同时促进海洋产业升级,优化区域海洋经济资源的配置。

首先,海洋产业合作有利于区域海洋经济规模优势的形成,形成海洋经济的增长极。东北亚区域各国,中国、俄罗斯、朝鲜、韩国和日本均拥有漫长的海岸线和广阔的专属经济区,海洋资源丰富。中国、俄罗斯和日本都是世界性海洋大国。因此东北亚区域的海洋经济合作,将形成世界上最强大的海洋经济合作区域,有利于各类海洋经济发展所需资源向本区域的汇集,形成全球海洋经济的增长极。

其次,海洋产业合作有利于促进各国海洋产业升级。通过区域间的海洋经济合作,有利于各国的海洋贸易,促进海洋产业分工,以便聚焦自身优势产业,推动优势产业科技进步、效率提升,实现产业升级。

最后,海洋产业合作有利于资源配置的优化。东北亚各国海洋产业合作,有利于各国间海洋经济资源和要素的流动,从而实现在更大范围内进行资源配置,这有利于区域间的协同,实现资源配置效率的提升。

三、造船与海工装备合作

中日韩均为世界上船舶与海工装备制造的大国。自世界造船中心从欧洲转移到东亚以来,日本、韩国和中国相继成为世界第一造船大国。日本造船业的优势主要集中于技术优势,它的设计、制造、管理技术在全球范围内均处于领先地位,其在生产效率、配套设施等方面也具有较大优势。韩国造船业曾是全球造船业国际竞争力最强的,其优势主要在于船舶产业规模巨大、产业高度集中。中国造船业虽起步晚,但由于自然地理优势、政策优势,近些年中国造船业发展迅速,其世界新船市场份额于2014年首次超越韩国,位居世界第一。辽宁船舶工业拥有较好的发展基础。据中国船舶工业年鉴统计数据,2011年,辽宁船舶工业造船完工917.8万载重吨,由全国第四位上升至第二位;实现主营业务收入1067亿元、利润总额82.4亿元,均创历史新高,这一经济规模与效益在改革开放以前是不可想象的。大船集团作为辽宁船舶工业的龙头企业,"十一五"期间,大船集团成为国内船舶行业首家工业总产值和销售收入"双超两百亿"的企业、荣获"亚洲最佳船厂奖"。"十二五"期间,大船集团经济总量和造船总量再创历史新高,年均销售收入254亿元,交付出口船舶128艘,出口创汇额超过110亿美元,连续多年位列我国船舶工业首位[①]。

作为距离日韩较近的省份,辽宁在开展与日韩的造船合作方面具有地理优势,通过积极开展与日韩的船舶与海工装备的合作,可以有效避免因中日韩三国在造船与海工装备方面的竞争而产生的不利影响。通过利用三者在造船方面各自的特色与优势,促进各自船舶工业的发展,形成合理分工,优化区域的资源配置。

四、资本与金融合作

"冰上丝绸之路"建设需要大量的投入。以俄罗斯远东地区的能源开发为例,不仅能源开发自身需要大量的投入,相关基础设施的建设也需要大量的投资。俄罗斯自身的资本不足以支撑如此大规模的投资,也是俄罗斯积极参与"冰上丝绸之路"建设的原因之一。日本与韩国是资本输出大国。2018年日本对外直接投资1431.6亿美元是世界第一大对外投资国。2019年,韩国对外直接投资同比增长21%,为618.5亿美元,创下1980年开始进行相关统计以来的最高值。因此,日本与韩国有充足的资本对"冰上丝绸之路"建设进行投资,但直接投资可能产生较高的风险。

俄罗斯本地经济情况波动较大,国内外政治稳定性较差,国内的政治活动、乌克兰局势变化、美国和欧洲对俄罗斯的经济制裁等均会使在俄投资的外国企业的收益率产生较大波动,这些限制了外国企业在俄罗斯的投资行动及投资额度。此类风险可能会给外国企业带来较大财产和收益上的影响和损失。此外,俄罗斯的法律制度不够健全,也给外国企业的投资带来了不确定性。

---

① 中国船舶报:https://www.sohu.com/a/345739014_120044723.

在此背景下，辽宁可以基于中俄良好的政治关系，长久的经贸合作经验，积极开展与日本、韩国的资本与金融合作，帮助日韩企业降低投资风险。加上辽宁本身是我国东北地区金融资源相对集中的地区，具有发展区域金融中心的基础。辽宁可以积极开展与日本和韩国的资本与金融合作，促进区域金融中心建设的推进，发展自身的金融产业。

五、人文交流合作

尽管日本与韩国是中国的近邻，在经济上与中国有非常紧密的联系，对中国市场有较大的依赖性，日本与韩国均是美国在亚洲的重要盟友，在政治上与美国的关系十分紧密。长久以来，日本与韩国两国人民均受到了美国的影响，对中国的了解存在偏差。因此，有必要积极开展与日本、韩国的人文交流，增进两国人民对中国的了解，从而巩固中国与日本、韩国的经贸合作关系，也有助于区域的和平与稳定。地理上，辽宁与日本、韩国较近，与两国的互动较为频繁，具备开展对日本与韩国的人文交流的基础。具体而言，辽宁应通过如下方面，开展与日本、韩国的人文交流：

（一）以儒家文化为核心推进人文交流

儒家思想在中国文化史上占据重要地位，对中国文化的影响很深，已经深入到中国人生活的方方面面。儒家文化不仅对中国有着重要影响，对中国的近邻日本与韩国也有重要影响。在信奉各种宗教的韩国，儒家文化衍生为儒教。在西方文明侵入韩国社会后，各种社会问题有所增加，但是韩国政府以儒家思想的伦理道德作为维护社会稳定的制约力量，在教育中深化儒家思想。儒学传入日本，大约是在5世纪以前。在日本历史上具有划时代意义的大化改新，也是在儒家思想的深刻影响下发生的。此外，儒家文化还对日韩的企业文化的形成产生了影响，一些学者在研究日韩经济腾飞的过程中，认为儒家文化起到了关键作用。

因此，辽宁作为我国距离日韩较近的省份，应该通过儒家文化，积极开展与日韩的文化交流。

（二）打造特色旅游项目，推进人文交流

基于历史和地缘的原因，辽宁是日韩两国人比较钟爱的旅游目的地。每年有大量的日本与韩国的游客赴辽宁旅游。因此，在"冰上丝绸之路"建设的背景下，辽宁应该打造特色旅游项目，吸引日韩游客，一方面发展自身的旅游业，另一方面促进中日韩的人文交流。

（三）基于语言优势，打造高质量影视作品推进人文交流

辽宁拥有大量的日语与韩语的人才，具有较好的语言优势。此外，辽宁也拥

有较好的影视文化产业基础。因此,辽宁可以通过打造符合日本、韩国观众口味的高质量影视作品,推进中国与日韩两国的人文交流。

(四)通过学术研究,推进人文交流

学术交流也是推进人文交流的重要一环。辽宁应利用"冰上丝绸之路"建设的契机,积极开展与日本、韩国的学术交流,通过举办高质量的学术论坛,高质量学府的访问学者等方式,吸引韩国学者来中国,了解中国,并将其了解的中国文化带回其母国,并传播。

(五)联合国内网络社交平台,推进中日韩人文交流

网络社交平台在人文交流过程中发挥着重要作用。当前中日韩三国民众使用不同的社交媒体,辽宁应联合国内知名网络社交平台,共同开展对日本与韩国的推广,使其了解国内的网络社交平台,并积极参与到中国社交媒体的使用,从而促进其对中国文化的认同与了解。

"冰上丝绸之路"建设,为辽宁开展与日本和韩国两国的经贸合作带来新的契机。为了抓住这一历史机遇,本章对日本与韩国的经济结构与特征进行了分析,日韩两国在经济结构上有一定的相似性,二者在一些产业上处于竞争关系,一些产业上处于互补关系。最后,基于上述分析,给出了"冰上丝绸之路"建设背景下,开展与日本、韩国合作的五个重点领域分别是:开展与日本、韩国的集成电路合作、船舶与海工装备合作、资本与金融合作和人文交流等。

第十章　辽宁嵌享"冰上丝绸之路"的路径

党中央、国务院高度重视辽宁沿海经济带建设。习近平总书记在辽宁考察时指出,辽宁沿海经济带要发挥区位优势和先发优势,进一步建成产业结构优化的先导区、经济社会发展的先行区。李克强总理也强调,辽宁沿海经济带要充分发挥对外开放的龙头带动作用,主动融入国家"一带一路"建设,以开放促振兴促发展。当前,辽宁老工业基地振兴和沿海经济带开发开放正进入新的关键时期,必须将辽宁沿海经济带开发开放纳入"一带一路"建设统筹推进,进一步提高辽宁沿海经济带对外开放层级和水平,更好地发挥辽宁装备制造优势,推动国际产能合作以及全面推动辽宁老工业基地振兴发展。

第一节　创建辽宁"17+1"经贸合作示范区

"17+1"即中东欧17国+中国。中东欧17国包括保加利亚、马其顿共和国、捷克、波兰、斯洛伐克、匈牙利、斯洛文尼亚、克罗地亚、罗马尼亚、塞尔维亚、黑山、波黑、阿尔巴尼亚、爱沙尼亚、立陶宛、拉脱维亚和希腊。"17+1"合作是我国和中东欧17国共同创建的合作平台,是中欧全面战略伙伴关系的重要组成部分和有益补充,已成为中欧关系新的重要引擎。相较于传统欧洲核心市场,中东欧地区具有更强的经济活力和增长潜力,与辽宁省优势产业协同效应强,合作壁垒小。创建辽宁沿海经济带"17+1"经贸合作示范区,要以开放创新为主线,以互利共赢为目标,以港口互联互通、投资贸易便利化、产业科技合作、金融保险服务、人文交流为战略重点,学习借鉴宁波等城市先行先试经验,发挥辽宁沿海经济带高端装备制造和服务贸易优势,实现与宁波南北呼应,错位发展,优势互补。

一、加强平台建设

进一步发挥大连夏季达沃斯论坛、大连软件交易博览会和中国(沈阳)国际装备制造业博览会等现有国家级平台作用,充分发挥辽宁自贸区、大连跨境电子商务综合试验区、保税区等相关先导区的作用。提升服务能力,与中国—中东欧国家投资贸易博览会联动,促进双方双向投资贸易水平。举办"中东欧国家代表团辽宁行""中国辽宁—中东欧国家经贸合作推介会"等大型推介活动。组织企业前往中东欧开展经贸洽谈活动。创立人才交流平台,开展人才培训合作,积极引进各类人才来辽就业创业。发挥沈阳、大连东北亚创新中心作用,设立联合实验室和科技园区,定期举办创新合作洽谈会,在水产养殖、能源、汽车、造船、航空、卫星、医药等方面开展技术研发合作。创立技术孵化中心,推动一大批创新成果推广落地。争取国家支持,把我国与中东欧国家即将建立的中小企业合作机制和"三海港区合作"(亚得里亚海、波罗的海和黑海"三海港区合作")机制平台放在辽宁。充分发挥沈阳市在"中国国际装备制造业博览会"设立的中东欧装备制造业展区和中国沈阳—中东欧经贸合作论坛的作用。

二、扩大贸易规模

辽宁水产品、蔬菜、水果、电子通信设备、汽车、石化等优势产品在中东欧具有较大的影响力,中东欧国家的肉制品、乳制品、蜂蜜、葡萄酒等优质农产品和工业制成品在辽宁有很大的消费潜力,要进一步加深消费者对合作双方的产品认知,逐步形成品牌效应,不断提升和满足双边消费者多样化、高质量的产品需求。完善相关政策法规,培育龙头外贸企业,扩大双方贸易往来,推进双边服务贸易。进一步扩大辽宁省对中东欧地区在基建、水利、电力、汽车、机械、节能环保、旅游和房地产等领域的投资规模。

三、推进境外合作

推进塞尔维亚轻纺建材工业园(营口腾达集团)、罗马尼亚辽宁工业园(营口玉原集团)和捷克大连天呈工业园(大连天呈企业集团)等辽宁省中东欧境外经贸合作园区建设,鼓励辽宁装备制造、汽车生产、电子通信等企业到中东欧国家投资设厂。鼓励辽宁企业"抱团出海",共同拓展中东欧国家新市场,提高企业国际化经营水平。支持企业海外并购中东欧国家汽车零部件、机械加工和食品加工企业,获取先进技术和品牌渠道,在中东欧建立生产、服务网络。也可借鉴"青岛经验",在境外设立工商中心,打造促进辽宁与海外交流、协调海外贸易与扩大经济合作的窗口。辽宁具有完备成熟的工业体系和装备制造能力,装备制造业产业优势明显,人才聚集。捷克、波兰等中东欧国家都是老牌工业强国,在机械、电子、化工、制药、冶金、环保、能源等领域基础好,拥有先进技术,可满足辽宁省产业升级的部分技术需求。

四、创新投资方式

加大双向投资力度,支持沿海经济带"走出去"企业通过海外并购中东欧国家汽车零部件、机械加工、食品加工等企业,获取先进技术和品牌渠道,在中东欧建立生产、服务网络。鼓励辽宁相关法人金融机构到中东欧17国经济中心城市开设分支机构和拓展金融业务。鼓励辽宁企业参与宁波中东欧进口商品分销体系建设。探索设立辽宁—中东欧国家合作专项投资基金,用于辽宁—中东欧国家相关合作项目的建设投资。

五、加强设施联通

辽宁作为东北地区唯一的沿海省份,尤其是大连作为东北地区的海上桥头堡,应当充分发挥地域优势,突出东北亚国际航运中心的作用,借助海上长途货运成本低、运量大的优势,适时增加连接中东欧17国的海上货运航线,建设辽宁—中东欧国家海运交通枢纽。增加大连港在"辽海欧""辽满欧"运输大通道上的运输频次,增加黑海、波罗的海等节点。同时,在现有从辽宁始发、已通达俄罗斯、波兰、捷克、德国等7个国家的基础上,拓展更多的中东欧国家,推进铁路交通的运输合作,依据市场规模适时增开中欧班列。积极开展辽宁与中东欧国家的航空合作,尽力开通民航直航航线,探索航空货运业务合作,建设国际航空物流港,便利双边人员和货物高效往来。

六、密切人文交流

鼓励辽宁省高校与中东欧国家高校建立合作关系,互派留学生,开展教育领域交流。支持有条件的高校设立中东欧国家语言文化中心。互相举办辽宁"中东欧国家年"和中东欧国家"辽宁年",推动两地居民在历史、文化、宗教、民俗、舞蹈、绘画、影视等方面的相互了解。加强旅游合作,鼓励辽宁旅游企业与中东欧旅游企业开展游客互换。支持沿海经济带城市与中东欧国家城市建立友好城市关系,实现中东欧国家友城全覆盖。组织多样化的青年国际交流节,联合举办足球与冰雪运动等国际体育赛事,增进双方年轻一代之间的感情。

第二节 构筑"陆海空网冰"互联互通五维枢纽

通道互联互通是贸易畅通的前提,也是扩大开放的重要基础,构筑"陆海空网冰"互联互通五维枢纽是辽宁嵌享"冰上丝绸之路"建设的基础工程。

一、畅通"陆上丝路"欧亚陆桥以及东北东部大通道

着力推动辽宁港口群至俄罗斯及欧洲的"辽满欧"跨境铁路通道提质增效。稳步推进"辽蒙欧"铁路新通道建设,畅通锦州港、绥中港经沈山、大郑、通霍、珠珠线至珠恩嘎达布其口岸既有铁路通道,推进建设锦州港、盘锦港经巴新铁路至珠恩嘎达布其口岸铁路通道。积极参与建设蒙古毕其格图至霍特至乔巴山铁路。开辟盘锦、沈阳至新疆阿拉山口出境中亚国家的"辽新欧"跨境铁路通道。谋划丹东港经珲春口岸连通俄罗斯符拉迪沃斯托克港"辽珲俄"铁路新通道。构建中俄

国际道路运输 TIR(大连—新西伯利亚)大通道。协调丹东至朝鲜新义州至平壤公路新通道建设。加快构建"沈阳国际陆港"公铁海空多式联运体系,建设"沈阳国际陆港——营口港"物流集散中转枢纽。做好中俄天然气东线管道辽宁段建设和中俄原油管线运营服务保障工作,提高跨境油气资源利用水平。积极推动大连—丹东—通化—图们—珲春—东宁—绥芬河—佳木斯铁路(东北地区东部铁路)建设,使之成为连接辽宁沿海经济带、延边州海洋经济发展区、绥芬河海洋经济发展区,贯穿黄渤海和日本海的铁路大通道。进而形成深入东北东部经济腹地并直达丹东港和通过珲春—马哈林诺铁路到达扎鲁比诺港的两条全新出海通道。可将东北东部盛产的粮食、木材、煤、铁等物质通过两条出海通道输送到世界各地。

二、推动中欧班列市场化可持续运营

优化辽宁中欧班列资源,探索集团化改革发展,创建辽宁中欧班列集结中心,创办多式联运海关监管平台,提升中欧班列运行效率效益,推进市场化发展和品牌化建设。多点开发辽宁中欧班列俄罗斯及欧洲货源集散站,稳定去回程双向运量,促进可持续发展。协调满洲里口岸及俄罗斯、欧洲沿途通关便利化。推进中欧班列与跨境电商融合发展。目前,沈阳中欧班列线路包括两条:中欧线路为沈阳经满洲里出境,途经俄罗斯、白俄罗斯、波兰,最终抵达马拉/汉堡/杜伊斯堡/华沙;中俄线路为沈阳经满洲里出境抵达俄罗斯全境。欧洲方向已实现"沈—满—欧"班列运行,在满洲里口岸拥堵的情况下,沈阳经二连浩特出境线路作为沈阳中欧班列平台的备用路线,客户也可根据自身需求选择与业务相匹配的运行线路。2019年,随着中俄贸易迅速发展,货运量不断加大,沈阳中欧班列平台根据市场需求,已开通俄罗斯周边国家的班列。要进一步优化和完善以上两条中欧班列线路,以省内港口为陆海中转港,开创"日辽欧""韩辽欧"等海铁联运集装箱班列新品牌。实现中欧班列沿线机构间信息互换、监管互认、执法互助,全面实现"企业一地备案全线报关""一地检验全线认可""一地通关全线放行",进一步优化检验检疫流程、减少环节,降低企业物流成本,提升贸易便利化水平,携手助力中欧班列扩量增效。打造集装箱国际联运新模式,将铁路加快引入沈阳、大连、营口片区综合保税区,建设铁路综合保税物流基地,扩大中欧班列开行规模。

三、建成"海上丝路"重要"港口经济圈"

以大连、营口、丹东、锦州、盘锦和葫芦岛港为支撑,中韩日等国际海运航线为载体,深化与涉海跨国集团的战略合作,坚持引资与引智、引技相结合,引进先进装备制造业及涉海服务业项目,补齐产业短板。争取设立太平湾国家级经济开发区和大连自由贸易港,推动建成大连东北亚国际航运中心和黄渤海湾世界级港口集群。加快提升港口利用效率，完善港口基础设施服务功能，全面提高大宗商品储运中转、集装箱运输周转、港口多式联运水平。以辽宁自贸试验区开放港口为中转港开展中资非五星红旗国际航行船舶沿海捎带业务，积极引进国际海事、船舶、航运、油品、物流、金融等各类航运服务企业和中介机构，培育发展人民币结算、离岸金融、国际大物流等现代服务业。大力拓展"辽海欧"东部和南部航线，加密连接日本、韩国、朝鲜及东南亚港口海上通道，积极拓展沟通南太平洋、印度洋、波斯湾、红海、地中海、中东欧三海沿岸海上航线。鼓励辽宁港口航运企业参与境外港口及临港区合作开发。加强与渤海大湾区、长江经济带港口合作。推动辽宁沿海经济带建设成为服务辽宁省、辐射全东北、影响东北亚的"海上丝路"重要"港口经济圈"。深度对接"辽海欧""辽满欧""辽蒙欧"三大通道，加快推进中日韩循环经济示范基地、中韩自贸示范区等产业园区建设，形成新的人才、资本、技术集聚效应，通过海洋内引外联为辽宁经济社会发展注入新动力。

四、开发"冰上丝路"陆海双向发展带

支持大连、营口等主要港口稳定运营"辽海欧"北极东北航道，夯实我国北方港口经北冰洋至欧洲新的海上运输通道。支持辽宁港航与油气企业以港产区结合方式，联合参与北极东北航道大陆架沿线港口和油气产区建设，形成"冰上丝路"境外互利共赢合作区。大力推进与俄罗斯、东盟等国海洋航运、海上生态牧场、远洋捕捞、海洋旅游、海工装备、船舶制造等领域国际合作。加强与俄罗斯远东地区基础设施、经贸投资、资源开发合作，共建"冰上丝绸之路"陆海双向发展带。以大连跨境电子商务综合试验区建设为契机，通过"互联网＋外贸"的服务模式拓展中蒙俄陆海物流、船舶制造、海运业等临港产业交易平台，推进海洋先进装备走出去和部分富余产能转出去。面向"一带一路"沿线国家开展定向招商、进出口贸易和产能合作，带动优势海洋产品出口，提升国际竞争力。

五、打造"空中丝路"东北亚重要门户

充分发挥辽宁航空资源整体优势，强化分工协作、错位互补、要素集成，创建以沈阳、大连机场为主体的东北亚国际航空枢纽，构建紧密连接东北亚、衔接国内、沟通全球的辽宁国际航空港集群。打造沈阳、大连机场立体化综合交通枢纽，加快地铁等多种交通方式引入机场。促进沈阳、大连机场144小时过境免签政策互动及运营协同。加密或新增沈阳、大连机场与日本、韩国、俄罗斯等东北亚国家空中航线，加强沈阳、大连、丹东机场对朝鲜及俄罗斯远东城市的国际通航水平，拓展至东盟、南亚、西亚等航线。稳定沈阳至法兰克福航线，适时开通北美航线。加快创建沈阳、大连临空经济示范区，同步推进航空物流、航空制造及研发、金融信息、国际化城区建设。以大连新机场为基地，构建全球飞行器维修、拆解及交易

基地。进一步培育省内其他机场的航空网络节点功能。积极推进辽宁通航产业创新发展,发挥东北通用航空产业联盟作用,整合通用航空资源,深化通航合作。

第三节 推动构建"东北亚经济走廊"

把握东北亚国际局势向好趋势和重大机遇,立足辽宁东北亚开放大门户优势,深度融入中蒙俄经济走廊,参与"中日韩＋X"模式,对接朝鲜,率先推动辽宁与俄罗斯、日本、韩国、朝鲜、蒙古共建"东北亚经济走廊",携手打造东北亚命运共同体。同时,向北联合吉林、黑龙江、内蒙古,向南协同山东半岛及环渤海地区,共同构筑东北亚经济走廊的中国核心通道。

一、俄罗斯

以中俄总理定期会晤机制为引领,以深度融入中蒙俄经济走廊为重点,以对接我国东北地区和俄罗斯远东地区地方合作机制为抓手,积极参与"冰上丝绸之路"建设,加强政策协调,强化跨境通道、能源、航空、农业、人文、金融、劳务等领域合作。加快实施中俄合作徐大堡核电二期工程、辽宁港口群经满洲里至俄罗斯及欧洲的"辽满欧"中欧班列、沈阳国际陆港至车里雅宾斯克州南乌拉尔物流园的"中俄经贸物流东方快车"等项目。谋划建设丹东港至符拉迪沃斯托克港陆海双通道。

(一)能源合作

北极是世界级的战略地区,资源十分丰富。碳氢能源富集,不久的将来,北极地区将成为主要能源供应基地。据预测,很大一部分碳氢能源集中在俄罗斯所属区域。根据现有评估数据,在俄罗斯所属区域大约储存有 500 亿 t 石油和 80 万亿 m^3 天然气。这样的储量,如果按照 2011 年的石油开采水平,足以保障 100 年的开采时间;而相应的天然气开采水平,则可以保障 120 年的开采时间。中俄两国能源合作前景广阔。

(二)港口合作

加强港口合作建设是中俄双方合作开发北极航线的重要环节,也是促进中俄两国关系发展的有效途径。对此,我国在与俄罗斯的港口合作方面,可积极投资参与扩建北冰洋沿岸港口摩尔曼斯克港项目,重视对普里莫尔斯克港石油输出中心的投资建设,改善港口的基础设施条件、服务结构和生产过程,为中俄两国的石油贸易运输提供便利。对于自然条件优越、前景广阔的港口如不冻良港——海参崴(符拉迪沃斯托克)港,以及作为俄罗斯重点扶持项目的大型深水港口——塔曼港,可加大投资力度和合作范围,拓宽参与经营的渠道和模式。

（三）旅游合作

充分利用中俄双方滨海旅游资源，创新旅游合作模式，加强旅游基础设施建设，提升旅游产品档次和服务质量，提高旅游产品的多样性，培育旅游产业集群。促进人员往来便利化，扩大民间往来和交流。

（四）水产养殖及捕捞合作

开展水产养殖技术合作，推进中俄边境水生生物资源修复与养护，探索水产养殖标准化建设对接，开发针对北方海水养殖的装备设施，建立珲春水产品国际加工集散基地。中俄渔业捕捞合作开发过程中要本着互利共赢的原则，俄方在其专属经济区给予中方捕捞配额、中方给予俄方相应经济补偿举行磋商。中方在捕捞渔船升级改造、捕捞渔船维修、废弃渔船作为人工鱼礁投放物的利用给予俄方技术指导与支持。

（五）海洋资源环境调查合作

掌握海洋生态环境主要指标及海洋生物资源存量，继续推进中俄边境水域渔业资源增殖放流，探索海洋牧场开发与合作，建设中俄边境海洋环境监测信息平台，创新中俄海洋环境保护合作机制。

二、日本

以中日韩领导人会议和中日经济高层对话机制为引领，以深度参与中日第三方市场合作机制和中日双边服务贸易合作机制为抓手，以共建中日韩自贸区为重点，推进高端装备、人工智能、节能环保、大健康、金融、现代农业、文教旅体、青年互访、减贫防灾等领域深化合作，共同开发第三方市场。充分发挥日本在辽商会、领事馆、友城、民间友好组织等作用，积极引进丰田公司等日本知名制造企业、科技企业及金融机构，共建中日高科技产业园，参与大连东北亚国际航运中心及国际物流中心、沈阳先进装备制造业基地及东北亚创新中心、金普新区、沈抚改革创新示范区、辽宁自贸试验区建设。

（一）航路开发和利用相关领域的合作

围绕航线的进一步开发和利用，日、俄、中、韩，包括欧洲国家之间，可以进一步加强合作。日本在环日本海一侧有诸多港口，港口的建设与设施整备可以为航线开发提供必要的条件，而港口的集货能力能够为航线的开发提供必要的经济运量保障。日本有很多具备雄厚实力的海运公司，如日本邮船、商船三井、川崎汽船等，都是航线开发的积极参与者。日本先进的科学技术，也可为航线开发提供必要的技术支持。例如笹川和平财团支持的海洋政策研究基金会（OPRF）与俄罗斯中央海事研究设计院合作，开展的"国际北方海航线计划"，是国际上第一个研究商业开发北海航线技术可行性的科研项目。北海道开发局已经和宇宙航空研究机构（JAXA）合作，从 2014 年开始通过卫星数据分析北极航线上通航船只的位置情报等，探讨开发北海道近海连接北极航线的航路，以及航船在北海道县内港口靠港的可能性等。

（二）船舶制造合作

随着北极航线的开发，对于适应冰海航行的特殊船舶的需求开始增大，包括专用的碎冰船、冰海航行的冰上货运船等。此外，随着北极圈资源开发事业的展开，用于 LNG 等运送的专用船只，以及用于资源开发相关设备运送和作业用船只等的需求也大量增加。从国际上来看，项目类货物运送以及海洋石油天然气开发相关作业船的制造订单也在增加，其中也有相当多的冰上船舶。日本在冰级船舶的制造方面，具有较高的技术水平，除了以南极破冰舰"白濑"为代表的破冰船设计制造记录外，近年来还有冰级 1A 的耐冰散货船（巴拿马型）制造实绩。这种耐冰散货船是由丹麦的货运公司 Nordic Bulk Carriers 订购的。目前全球冰级 1A 的巴拿马型散货船共有 7 艘，全部都是由日本造船厂建造的。2016 年 9 月 29 日，中国远洋运输集团与日本川崎重工株式会社合作成立的南通中远川崎船舶工程公司为挪威船东欧洲联合汽车运输公司（United European Car Carriers）建造的全球首制 4000 车位 LNG 双燃料汽车运输船顺利建成交付，确立了在大型清洁能源船舶市场领域的领先地位。在适应冰区航行方面，该船满足芬兰—瑞典 1A SUPER 冰级符号，可在冰厚 1 m 的海域、高寒地区超低温状态下正常航行。可以预期，中日两国在北极航线相关船舶制造方面具有很大的合作空间与前景。

（三）围绕北极油气资源开发和输送的合作

北极地区的石油探明储量约占全球的 1/4。据美国地质调查局预测，北极地区有新增石油储量 900 亿桶、新增天然气储量 50 万亿 m^3 的潜力，新增储量的 80% 来自海洋。除了能源，还有金、钻石、锰、镍、钴、铜、铂等矿产资源，可以说北极是"沉睡的资源宝库"。因此，围绕北极地区的资源开发将是未来冰上丝绸之路合作的一个重点项目。北极圈石油天然气等各种天然资源的开发项目涉及面巨大，需要大量资金、技术和人力物力，各国的合作非常重要，日方企业可以利用自己的技术、资金等资源积极参与相关的合作。

2013 年日本国际石油开发公司（INPEX）与俄罗斯石油公司达成协议，将在俄远东马加丹州近海的鄂霍次克海开采海底油田。日本石油天然气与金属矿物资源组织（JOGMEC）、国际石油开发帝石、出光兴产与住友商事共同出资设立了的"格陵兰石油开发公司"，以参与北极圈能源开发。2013 年，该公司与雪佛龙和壳牌公司共同中标格陵兰岛两处油气田的勘探。2014 年日本最大的海运公司商船三井宣布与中国海运集团的合资公司将于 2018 年运营 3 艘破冰船进行从俄罗斯亚马尔输送 LNG 到欧洲和东亚的运送服务。在 2017 年 12 月 8 日已经正式投产的亚马尔 LNG 项目中,亚马尔 LNG 公司为事业主体,诺瓦泰克公司(NOVATEK)出资 50.1%,法国合计出资 20%,中国石油天然气集团公司(CNPC)出资 20%,中国丝路基金出资 9.9%。法国德克尼普公司(Technip)、日本日挥株式会社(JGC Corporation)和千代田化工建设株式会社承担了 LNG 工厂的设计和建设工程,而中国企业承揽了全部模块建造的 85%。而海上运输,则由日本最大的海运公司商船三井与中国海运(集团)公司合资成立的海运公司承担。可以看出,在资源的勘探、开发和运输各个环节,中日有巨大的合作空间。

(四)冰海观测、研究等科研方面的合作

北极的航线开发、资源开发等产业活动是在极其苛刻的环境下展开,如极寒的环境、孤立的地理位置、交通运输等社会基础设施薄弱。要想安全、高效和经济地开展活动,科学技术的使用和创新必不可少。例如卫星遥感领域的地球观测卫星、海洋调查领域的科学考察船,以及沿海地区和冰上的调查观测站等。日本在这几个领域都具备较为先进的科技水平与创新能力,具有优势的合作资源。日本政府自 20 世纪六七十年代开始重视海洋测量调查船的作用,并先后建造了多型海洋测量调查船,且性能不断提高,目前已跻身世界先进海洋测量调查船国家的行列。同时,日本在观测分析系统、观测仪器开发、观测用卫星、海冰预测、冰海航行相关技术等方面,都有较好的基础。此外,鄂霍次克海的浮冰以及萨洛玛湖、能取湖等结冰的咸水湖为冰海相关技术开发的研究提供了适合的实验场所。日本的北海道大学及各造船公司曾在萨洛玛湖展开关于冰的特性的研究,海洋开发产业协会(JOIA)曾在能取湖进行大规模实验,进行冰与其结构之间的干扰问题的大型研究项目,具有丰富的研究经验与成果。

三、韩国

以中日韩领导人会议和中韩经济部长会议为引领,以参与中韩第三方市场合作机制和中韩产业园区合作协调机制为抓手,深化新能源汽车、港航物流、交通、金融、旅游、教育、文化、青年交流、应对雾霾等领域合作。共建大连自由贸易港、引进 SK 和三星等企业进行战略合作、海铁空网互联互通、合作建设沈阳中韩科技园区等,助推辽宁产业升级,共同开发第三方市场。

(一)港口合作

"冰上丝绸之路"的建设必然需要港口作为战略支点,韩国在日本海拥有釜山和浦项等优良港口,通过与中方港口合作,可以成为"冰上丝绸之路"的重要枢纽,为"冰上丝绸之路"上的经贸往来提供集疏运的功能,从而促进"冰上丝绸之路"的建设,也带动区域经济的发展。

（二）海洋旅游业合作

中国图们江三角洲地区旅游资源极为丰富，图们江、珲春河、五家山湖和日本海，以及草地森林、沙丘湿地应有尽有，而且生态环境良好。韩方在该区域也有丰富的旅游资源。庆尚南道、釜山为中心的区域正成为韩国的第三个观光重点目的地。庆尚南道位于韩国东南部的沿海，拥有一系列富有特色的旅游资源和人文景观。中韩双方旅游资源差异大，互补性强，适宜联合开发，共同打造跨境旅游合作区，同时可以联合俄罗斯和朝鲜共同开发日本海的旅游资源。

（三）海洋渔业合作

加强海洋渔业资源开发与合作。日本海因有寒暖流交汇，富浮游生物，水产资源丰富。相应的海洋生物种类较多。中韩可以在日本海开展海洋渔业合作，这一方面为双方海洋经济合作开拓新方向，另一方面也减缓了当前中韩双方在中国东海的渔业冲突。

（四）海洋油气及矿产合作

日本海位居中纬地带，海区南北纵向分布，具有从低纬到高纬的过渡性质。海区的矿产与油气资源丰富。韩日在日本海洋油气与矿产资源开采方面属于竞争关系。中韩可在该区域进行海洋油气与矿产资源的联合开采，一方面满足两国经济发展的需要，另一方面形成资源开发的竞争优势。

（五）中俄韩朝东北亚海洋经济走廊建设合作

中俄共建的"冰上丝绸之路"，是一个开放系统，需要环日本海国家通力合作，可以通过各种方式参与到"冰上丝绸之路"建设上来，中韩之间可以通过第三方市场加强合作。随着朝鲜经济建设进程的加快，中俄韩朝可以充分利用地缘优势沿着中国的北黄海与日本海共同建设东北亚海洋经济走廊，实现互联互通，并实现高水平的开放合作。

四、朝鲜

以落实中朝两国元首重要共识为引领，主动把握半岛动态，扎实谋划对朝合作，做好优势产能、跨境经贸、互联互通、金融资本、技术人才等合作要素储备。以丹东为门户，倡导研究连接朝鲜半岛腹地、直达南部港口的丹东—平壤—首尔—釜山铁路、公路及信息互联互通。争取国家适时设立"丹东特区"，将丹东重点开发开放试验区、中朝黄金坪经济区和丹东国门湾中朝边民互市贸易区打造为对朝经贸合作重要支撑点。加强与朝鲜的旅游合作，鸭绿江流域旅游资源丰富，拥有丰富的自然人文旅游资源。以朝鲜妙香山观光旅游、朝鲜金刚山国际旅游特区和元山海滨度假旅游区为代表的自然景观，以首都平壤、开城、板门店为代表的人文景观各具特色。辽宁省是中国与朝鲜接壤的最大边境省份,丹东市与朝鲜的新义州隔江相望,是中国最大的边境城市。与朝鲜有着便捷的陆路及水路交通联系,拥有发展赴朝边境旅游的独特优势。

五、蒙古

以参与蒙古发展之路计划与我国"一带一路"倡议对接机制为引领,以深度参与中蒙俄经济走廊建设为重点,以参与实施中蒙产能与投资合作机制为抓手,适时谋划辽宁至蒙古东部铁路通道,推进跨境物流业发展及沿线经济合作,积极参与蒙古东部地区畜牧养殖加工、生态旅游、矿产合作等,规划建设霍特辽宁工业园区。加强尹湛纳希传统文化、蒙医蒙药等领域交流合作。

第四节 积聚海洋要素,构建现代海洋产业体系

得天独厚的海洋禀赋是辽宁最大的优势。辽宁要以国家海洋战略为引领,深耕海洋这个高质量发展的战略要地,构建现代海洋产业体系,全力开创向海发展新格局。

一、以深化改革为引领带动力,大力提升沿海产业园区规划建设水平

针对辽宁沿海经济带园区"三多三少一重"的现实状况,优化整合一批布局不合理、发展水平低、发展效益差、发展潜力不足的园区,集中力量做大做强一批优势产业园区。

(一)大力推进港区联动发展

现代港口发展已经从单一的运输功能逐步向运输、商贸、仓储于一体的综合服务功能拓展,并形成临港工业、物流中心、仓储保税、出口加工等港口产业综合体。依托港口的区位条件,发展临港工业,不仅可以减少区内企业的物流成本,还可以形成港口稳定的支柱货源。以荷兰鹿特丹港为例,它的年吞吐量达 3 亿多吨,港区拥有石油加工能力 6 500 万 t,同时它又是欧洲最大的汽车拼装和销售中心之一,年销售汽车超过 300 万辆。广州以广州港新沙港区和南沙港区为依托,先后建成了黄埔本田汽车制造基地、黄阁丰田汽车制造基地、南沙钢铁基地和龙穴岛造船基地等四大临港重工业基地。因此,港口的规划建设要与临港区域作为一个整体统一规划、统一开发,港口的功能要与后方园区的产业定位相衔接,重点发展石化、冶金、重型装备等大进大出产业,促进港口、物流、产业、园区和城市互动发展。

（二）大力推进城市与产业互动发展

产业与城市是相伴而生、互为支撑、互为促进，没有产业作支撑，城市发展就会失去基础；没有城市作保障，产业发展就会失去条件。要依托城市，集中优势资源，大力发展大连长兴岛临港工业区、花园口经济区，营口产业基地，盘锦辽东湾新区，丹东临港产业园区，锦州经济技术开发区和葫芦岛北港工业区等"五点一线"早期布局的园区。对区位相邻、相近、小而散和产业趋同的重点园区进行优化整合，进一步完善市级重点园区总体发展规划。以完善的城市功能来吸引项目、聚集人才，将沿海的一些重点产业园区规划建设为未来的新城区、新城镇，以城市建设促进产业园区快速发展。

（三）大力推进产业园区管理体制创新

理顺重点园区体制机制，探索、构建、完善"大部制""扁平化""管委会＋公司"等模式，引导重点园区集中精力抓好经济发展和招商引资，完善好重点园区财政预算管理和独立核算机制。首先，要整合沿海经济带同一重点区域内彼此相邻的园区管委会，建立统一的管理机构，加强对沿海经济带重点发展区域的统一规划、统一开发、统一建设、统一管理。其次，要推进规模较大的产业园区与邻近城区合署办公。通过园区与行政区的融合发展，充分发挥园区在体制、政策、效率等方面的优势，用园区的一些政策优势来带动行政区的发展，用行政区形成的社会服务为园区服务。再次，要深化选人用人模式体制机制改革，建立灵活的用人制度和有效的激励机制。在产业园区推行聘任公务员制度，公开选拔开发建设急需的各类人才，推行灵活的薪酬制度，考核结果与部门和个人奖惩挂钩，真正做到干部能上能下、能进能出、优胜劣汰。最后，要全面清理园区内部机构设置，改革薪酬分配制度，精简人员，对园区管委会工作人员实行档案封存，全员聘用制。消除身份差异，做到同工同酬，实现奖优罚劣。

（四）完善沿海重点产业园区的财税支持政策

第一，要完善园区发展支持政策。按照关于鼓励沿海重点发展区域扩大对外开放的若干政策意见的规定，对沿海经济带重点发展区域上缴省级的增值税、营业税、企业所得税、个人所得税和房产税，省财政给予增量返还。鉴于《辽宁沿海经济带发展规划》规划期为2009—2020年，省政府应适时出台新的支持政策，以确保政策措施的连续性、有效性。但对重点园区的财税政策范围需要进一步界定，重点支持发展潜力大、发展效果好的产业园区，以便进一步发挥示范效应。第二，要加大沿海重点园区的产业贴息力度，省级财政设立了沿海经济带产业项目贴息资金，支持园区内重点项目，建议继续增加并扩大贴息资金规模。还要统一重点发展区域和重点支持区域支持政策。

（五）赋予沿海重点产业园区更大自主权

沿海重点产业园区要主动承担改革试点经验复制推广任务，在投资便利化、贸易便利化、金融创新和事中事后监管、"多规合一"等方面复制推广上海自贸区改革试点经验。重点发展区域管委会，作为市政府派出机构，行使市级政府的经济管理权限和相关的行政管理权限，全面负责重点发展区域的经济和社会管理服务事务，进一步清理下放重点产业园区审批权限，除国家明确必须由省里审批的事项外，项目前置审批权限一律下放到重点产业园区。国家级开发区均享受省级利用外资审批权限，其他重点产业园区享受所在市同等利用外资审批权限。

二、以结构优化调整为突破口，构建具有国际竞争力的沿海产业体系

现代化海洋产业体系是海洋经济高质量发展的必然要求，海洋产业对于产业结构的优化有强大的助推作用。海洋产业涉及第一、二、三产业中的各个环节，能把价值链、企业链、供需链和空间链比较紧密地结合在一起，形成产业结构优化中"看不见的手"的强大推动力，容易发挥出"1+1>2"的聚势效应，对辽宁未来高质量发展具有重大意义。

（一）要以《辽宁沿海产业带开发建设规划》为引导，加快形成科学分工的沿海产业布局

要因势利导，搞好产业规划，充分利用本地区独特的资源优势和区位优势、业已形成的产业基础，因势利导，放大自身优势，与其他地区开展错位竞争。要完善基础设施，增强服务功能，通过建设完备的基础设施和高效的配套服务为园区企业发展提供强有力的物质保证，如供水、供电、道路、电讯等基础设施和投资咨询、技术开发等中介服务资源，最大限度地降低企业生产经营成本。要坚持依法规划，提高建设水平，不同的产业园区根据不同的产业定位，制定不同的企业准入标准，入驻园区的项目要在园区的产业定位范围内，选址应在规划设定的功能区域内。

（二）要以吸引国内外大型企业为牵动，培育壮大优势产业集群

大连英特尔的落户，吸引上千家英特尔的供应商和服务商随之进驻。应充分利用辽宁沿海经济带的产业基础，巨大发展空间，千方百计吸引央企、国内外大型企业参与沿海经济带开发建设。要坚持以项目建设为抓手，加大招商引资工作力度。加大在建项目建设进度，促其尽快投产。招商引资要围绕世界500强、行业100强，着力在承接产业转移、主导产业延伸上形成规模效应。

优化海洋产业区域布局，规划构建优势产业集群。应以港口航运、现代海洋渔业、滨海旅游、船舶修造业为重点，建设辽东半岛海洋经济区，形成以大连为核

心,丹东和营口为两翼的"V"型沿海经济综合区。发挥大连的枢纽作用,完善航运基础设施和服务体系,以大区域港口中心作为支撑,形成港口产业经济的拳头,打通国际贸易大通道,加快构建东北亚国际航运中心和物流中心。加快营口沿海产业基地建设,重点发展先进装备制造、电子信息、精细化工、现代物流等产业,逐步建成大型临港生态产业区。发展丹东产业园区,打造以造纸产业为主导的产业集群,发展仪器仪表、物流、汽车、电子信息、纺织服装、农副产品深加工、旅游等临港产业。应以渔业、油气业为重点,建设辽河三角洲海洋经济区,重点打造大型临港生态产业区以及沈营工业走廊先导区。加快盘锦辽滨沿海经济区建设,重点发展石油装备制造与配件、石油高新技术、工程技术服务等相关产业。应以油气、船舶修造、旅游业为重点,建设辽西海洋经济区,重点建设临港工业区、物流园区和船舶制造园区。

要以公共技术服务平台建设为重要抓手,做大做强优势产业集群。重点建设研究实验基地和大型科学仪器、设备共享平台;科学数据共享平台;科技文献共享平台;成果转化公共服务平台。引导社会资源搭建公共技术服务平台。在龙头企业现有技术中心、检测中心、研发中心等服务机构的基础上,政府投入扶持资金,将其改建为公共服务机构。加大政府扶持力度。发挥公共财政的引导作用,加大支持力度。要把产业扶持资金重点放在公共技术服务平台上,实现"支持一个平台,服务一片企业"。对于认定的公共技术服务平台,给予一定数额的资金支持。

三、发挥优势,引领东北三省海洋经济协同发展

东北三省在东北亚海上丝绸之路构建的过程中,要协调利益关系、实现互利共赢,优化贸易环境,完善政策机制,推进东北亚自由贸易区建设,发挥辽宁特别是大连在东北地区对外开放的窗口作用,提高开放层次,引领和带动图们江地区开发开放,有效发挥绥芬河、珲春、丹东等沿边口岸对外经贸优势,实现全方位开放。

(一)实现海洋资源共享

东北三省由于可利用的海洋资源的难易程度不同,海洋经济的实现深度存在明显的差异,要结合各自的区位以及产业优势,进行海洋产业布局,充分利用黄渤海、日本海的资源,加强与俄罗斯的海洋领域合作,充分发挥大连在东三省对外开放以及海洋经济发展中的"扩散效应"。将大连在海洋经济领域所具有的知识、技术、成熟的产能以及先进制度向黑吉两省毗邻日本海的城市进行扩散,从而降低各个合作领域的平均生产与贸易成本,以实现产业增长与对外贸易在地区间的"正外部性"效应。形成东北三省海洋经济发展的产业链条,构建东北三省东部海洋经济发展带,实现海洋资源的优化配置。

（二）对接黑吉两省海洋经济发展规划，拓展向海发展通道

以"冰上丝绸之路"建设为契机，黑龙江、吉林两省正在谋划借海（日本海）发展向海经济。辽宁应发挥海洋经济的独特优势，积极对接，协同发展。一是海洋经济走廊建设。规划建设北黄海—辽宁东部—吉林东部—黑龙江东部—俄罗斯远东地区—白令海峡的海洋经济走廊。二是实现新旧动能转换。辽宁既可向黑龙江、吉林以及俄罗斯转移海洋工程装备、石油化工、捕捞和养殖等优势和过剩产能，也可从相关海域获得优质的水产品以及矿产、石油、天然气等资源。三是成立东北三省海洋产业技术联盟，吸收多学科专家建立海洋开发咨询委员会，在大连建设辽宁省海洋科学与技术重点实验室。

（三）争创海洋经济发展示范城（区），引领东北海洋经济

海洋经济创新发展示范城和海洋经济发展示范区是"十三五"期间国家海洋经济发展的重点。辽宁作为海洋大省应积极创建。一是积极协调国家有关部门，争取大连、营口进入海洋经济创新发展示范城市序列，享受相关政策及产业引导。二是在大连庄河、长海、营口、盘锦，抓紧规划并实施海洋经济发展示范区建设，促进产业集群发展、创新发展。三是借助吉林（珲春）口岸的平台，积极与俄罗斯开展产能合作，加快境外经贸合作区和海外产业园建设，带动装备、技术、标准、服务"走出去"。

（四）推动辽宁沿海经济带向东北及远东延伸，推进产业优化升级

充分考虑"冰上丝绸之路"建设的需求，在港口资源整合的同时，大力开发高起点、高标准、高强度的临港产业，促进临港产业体系升级，实现港、产、城融合发展。一是进一步向东开放，把北黄海经济区和图们江海洋经济区连接起来，发挥北黄海翼的后发优势，推动辽宁与俄罗斯滨海边疆区相关领域的协作。二是在冰区作业装备、技术和冰区航行相关制造业等领域合作，如北极特种船舶建造合作研发等。三是渔业领域合作。积极与俄罗斯远东地区开展水产养殖领域的合作，积极发展日本海捕捞业，参加北极渔业资源科研工作。四是北极旅游领域的合作。开辟俄罗斯、中国和朝鲜近岸邮轮旅游线路，适时开辟环日本海邮轮旅游线路，打造东北亚—北极跨境陆海冰旅游项目。

（五）瞄准北极航道开发带来的商机，加强与日本海周边国家的国际合作

"冰上丝绸之路"建设对东北亚六国必将产生联动效应，面对即将出现的"北极经济"，必须筹谋可能带来无限的商机。一是发掘"冰上丝路"沿线区域内潜力，促进资金、商品、物资、人员以及科学技术的全面往来；二是充分利用辽宁自由贸易区的窗口作用，带动鸭绿江流域开发开放，有效发挥丹东沿边口岸对外经贸优势，提升对朝贸易规模和水平；三是积极对接国家现有的磋商机制，进一步加强与沿线国家友好城市建设，完善民间交流机制，上下联动，务实推进。

第五节　加快推进辽宁海工装备制造业高质量发展

海洋工程装备是人类在开发、利用和保护海洋所进行的生产和服务活动中使用的各类装备，核心是海洋资源开发装备，主要指用于海洋资源勘探、开采、加工、储运、管理及后勤服务等方面的大型工程装备、辅助性装备。海洋工程装备产业是被国务院明确作为重点培育和发展的战略性新兴产业，是壮大海洋产业的前提和基础。海洋工程装备制造业本身涉及原材料、机械、电子、电机、液压、气动、自动化控制、计算机等各种学科，产业链极长，发展海洋工程装备制造业不仅能够高效开发海洋资源、壮大海洋经济、提供新的经济增长点，而且能促进相关产业发展、推动经济转型升级、提高海洋产业综合竞争力。

一、优化区域布局，建设集高端海洋装备的设计、建造、配套、总承包的全产业聚集区

受市场复苏缓慢、船厂收益收缩、竞争白热化、技术和资金投入增加等因素影响，行业资源将进一步向优势企业汇集。辽宁沿海六市要紧紧围绕《辽宁省建设具有国际竞争力的先进装备制造业基地工程实施方案》中关于海工装备及高技术船舶子工程的要求。结合当地海洋工程装备产业的发展情况，根据海工装备及高技术船舶产业发展技术政策、技术路线、产业发展方向、产业发展重点，推动产业重组，优化竞争格局，加快产业转型升级；加强顶层设计，优化本地海洋装备产业集聚区的功能定位，引导产业发展。以海洋基础科研支撑技术研发、海洋关键技术突破引领产业转型升级，以体制机制改革激发创新要素，以交流合作带动开放共享。聚焦区域特色科技产业，形成"上下配套、左右耦合"的产业群，在全国打造海洋装备产业集聚示范区。在示范区内，以"互联网＋"为手段，依托船舶与海洋工程装备领域技术协作、产业融合带来的标准化需求，探索标准化服务、市场化运行机制。搭建集技术、标准与产品信息为一体的"资源共享、信息共悉、管理共治"的创新基地公共服务平台，建立船舶与海洋工程装备领域技术信息库、标准信息库和产品信息库，实现标准化资源与科技和产业资源的对接。当前，海洋油气开发的工程与总包服务被欧美海工装备企业垄断；韩国的主要企业也逐步进入此领域，如三星重工、现代重工等分别针对企业EPCI（设计、采办、建造、安装）能力的提升做了战略部署，我省企业应进一步提升设计、总包能力，突破产业发展瓶颈。

二、处理好政府指导与市场配置的关系，加强政府政策引导和行业监管，发挥行业协会自律作用，避免恶性竞争

加大对投资方向和投资规模的调控力度，把提高产业集中度作为发展海洋工

程装备产业的调控重点,避免造船行业产能过剩的历史再次重演,支持和扶持重点企业发展总装制造,对于重点骨干企业建造海洋工程所需要的生产设施改造,以及搬迁新建项目的审批给予重点支持。引导中小企业围绕和依托骨干企业合理定位产品,做强做大海洋工程装备配套产业。鼓励优势企业对境外高科技公司进行收购,并由国家、省市给予一定的政策扶持和补贴,以推动和加快缩小与国外先进企业的差距。减少对资源配置的行政干预,支持资本和资源的市场化流动配置,支持优势企业的整合重组和对弱势企业的市场化兼并,顺应优胜劣汰的竞争法则,扶强放弱,推动产业集中发展。加强行业协会建设,增强行业自律,推动共用性资源的共同开发,避免恶性竞争和资源浪费。

三、协同创新,突破海洋工程装备关键技术

聚焦高技术船舶及海洋工程装备重大工程及重点项目,开展标准体系研究、关键技术标准预研和重点标准的研制,形成可指导产业升级的标准化技术成果。充分发挥海洋工程装备产业技术联盟的作用,建立科研院所与高等院校积极围绕企业技术创新需求服务、产学研多种形式结合的新机制,加快科研成果转化带动产业发展。重点突破海洋工程总装建造模式、海洋工程产品海上试航调试、主流海洋石油钻井平台完整设计链流程等关键技术,发展自升式和半潜式钻井平台、浮式生产储油装置、深水海洋工程装备系泊系统及成套设备等主力海工装备。加快海洋钻井平台核心设备制造、石油装备远程控制、深海平台油田及水下钻采设备制造等技术研发。把大数据、智能化技术运用在油气行业,通过技术革新实现产业大幅降本增效。

四、落实国家军民融合战略要求,加快落实核电入海项目,推动辽东湾核电产业发展

在核电技术领域开展技术标准军民通用性研究,寻求标准军民通用整合方案,推进核电技术军民共用,促进军民产业资源融合。依托渤海船舶重工核潜艇建造技术,开展民用海洋核动力平台的开发与建造。海洋核动力平台是海上移动式小型核电站,是核电工程与船舶工程的有机结合,是搭载核动力装置并以核能作为一次能源的民用海上能源保障平台,可为海洋石油开采和偏远岛屿提供安全、有效的能源供给,也可用于大功率船舶和海水碳化领域,是海上能源保障方式的一次重大创新。以渤海辽东湾东部的红沿河和西部徐大堡核电站为依托,建设辽东湾核电城,打造辽东湾核电产业聚集区,为辽宁老工业基地振兴提供充足的清洁能源,为华北、东北两大区域电网安全供电提供重要保障。

五、适应市场需求,加快研发和建造新产品

海洋工程装备市场与油价呈正相关关系。油价持续走低,海洋工程装备市场

就低迷。因此,海洋工程装备制造企业要抓紧开发和研制与油价关联度较低的新产品。比如海上风电设备,海洋浮式核电平台,深海潜水器,海洋牧场,深水网箱,海洋资源普查、海洋环境监测设备,海洋机器人,海水淡化、海洋旅游设备等。不同海洋资源开发所需要的装备,其实有共同的部分,即海上浮式的结构物。在这个结构物上放上相应设备,加上相应功能,就会形成我们所需要的平台或设备。辽宁的海工企业完全具备产品的转型能力。未来,极地冰区型半潜式钻井平台、张力腿平台、标准型钻井船、深远海维权执法平台、满足低油价市场条件下船东要求的经济型、紧凑型钻井船以及 25 万 m^3 水体深远海养殖装备都将备受关注并有巨大需求。要继续保持辽宁在浮式生产储卸油装置(FPSO)改装持续保持国内领先地位,进一步加大科技投入,转向智能+绿色—发展 LNG 类船舶+氢产业,力争在极地用 FPSO 上有新突破,争取国际领先。在海洋工程装备市场温和复苏,新造需求有限的情况下,据市场研究咨询机构(EMA)统计预测:未来 4 年,FPSO 市场将强势复苏,全球将有约 60 个 FPSO 新项目,每年 FPSO 新项目合同最多可达 17 艘。辽宁企业要争取拿下订单。加快深水水下油气生产系统装备技术的开发,涵盖深海油气水下生产系统开发的全过程;掌握极地船舶和极地海洋工程装备的核心关键技术,具备极地开发装备的设计、建造与配套供给能力,建造出一批用于极地航行、运输的船舶与极地海洋工程装备。推动多样化、大型化、数字化的海洋保护装备的设计与建造,提升环境监测、预报及保护能力。

六、加大海洋科技创新投入,建立开放协同海洋科技创新和人才政策体系

建立普惠性支持、竞争性支持和后补助相协调的科技投入机制,促进科技与金融深度融通,完善多元化、多渠道、多层次的海洋科技投入体系,争取国家重大项目资金支持。充分利用辽宁海洋科研院所较多,海洋科研实力较强的优势,加快海洋创新平台布局和创新创业人才培养,着力促进政产研学用协同创新,推动海洋科技优势转化为产业发展优势;加大人才培养引进力度,给予海洋科研院所人才培养特殊政策。对引进的海洋工程装备创新型研发设计、开拓型经营管理和高级技能人才给予政策倾斜。未来创新必然是跨领域融合、跨专业协同。为提高辽宁省海洋装备产业整体竞争力,除加强内部场所、校企协同外,还需联合行业外优势力量,加强行业间融合,共同推动产业进步,包括加强与航运业、海洋油气产业的融合,以需求为导向开展产品的研制;加强与材料、通信、IT 等行业的融合,突破相关基础前沿技术,提升技术创新引领能力等。

第六节　创新体制机制，实现海洋公共政策创新

海洋公共政策创新能够助推形成新的海洋产业链和产业集群。提高海洋公共政策系统性、整体性、协同性，提高政务服务效率，推动海洋经济快速发展。

一、财政政策创新

加大对基础设施建设等公益事业领域的支持力度，尤其是海洋海水的综合利用、海洋深海资源的勘探开发、海洋产业链条的节能减排等关键领域的支持力度要不断加强，对于大连海洋经济发展的重点产业和新兴产业目录应着力完善，着重关注和扶持；加快区域性物流中心建设，对现代物流给予更多的财政资金支持，使物流产业链条更加标准和规范，促进物流体系的构建，进而推动现代物流体系的建设和发展；设立专项资金支持海洋产业全面升级改造；加大政府采购支持自主创新的力度，对中小企业出口给予资金支持，为中小企业在国外获得采购市场创造机会；完善税收优惠政策，对于创新型企业的发展给予资金支持，并制定相关优惠政策细则，对于企业拥有自主知识产权，在产权产销环节给予税收优惠。

二、金融政策创新

发展海洋金融，提供融资服务，确立市级层面的海洋产业金融规划。要建立政策性金融、开发性金融、商业性金融、合作性金融等多层次海洋产业金融体系，开发信贷、证券、保险、基金、租赁、信托、基金等多种金融工具，发展国有、集体、民营、外资等混合所有制结构，焕发体制机制优势，具有良好市场适应性，为海洋产业的健康发展提供有效支持。通过政策引导金融机构设立专门为海洋经济金融发展的服务平台，引导各大银行在海洋经济发展区开设分行，把海洋业务逐步开展成为特色业务，服务海洋经济发展。鼓励和引导民间资本参与海洋产业的发展，建设海洋使用权交易市场，积极探索海洋自然灾害保险的运作机制，建立促进海洋经济发展的产业引导资金，对海洋新兴产业等给予更多的倾斜，在银行贷款等方面给予支持并适度予以优惠。

三、体制机制创新

通过体制机制创新，促进海洋经济稳定持续发展。设立专门用于海洋产权变动的交易平台，并在市场主导配置资源的条件下，实现海洋资源的优化配置。充分实现重要海岛的特殊价值，对其实现综合开发。对于海岛开发中的空间资源，应注重资源开发的集约性。重要海岛的桥隧、防波堤等基础设施需不断提高建设支持的力度。海岛的供水供电系统需和大陆实行联网建设。引导海洋新兴产业、

科学技术创新等相关领域的相互合作。探索以"资源变资产、资产变资金、资金变股权、渔民变股民"的"四变"机制，建立海洋资源大数据系统，明确海洋资源的管理权和调控权，第三方机构评估海洋资源价值，理顺各类海洋资源开发利用的关系，创新海洋资源配置方式。

四、人才政策创新

注重海洋人才培养，优化学校与研究院所设置。引进和培养海洋领域高水平人才，提升现有的涉海研究机构的层次和软硬件水平，如整合大连科研院所海洋领域研究力量，建立大连海洋科学与技术重点实验室，财政出资设立科研项目奖励基金，资助涉海工作的优秀团队，创造海洋人才教育培养的优良环境。弱化户口、工资等刚性条件要求，强化补助优惠政策等配套条件，为其提供生活经济保障。通过对工作科研环境的改善吸引并留住人才。鼓励企业与政府人员多到学校与科研机构进行"课外＋课堂"，使学生、科研人员多了解企业及其科技（科研）的需求，吸引更多的大学生创业。

五、产业政策创新

大力扶持海洋新兴产业，营造发展新业态，发展高端海洋装备制造产业，要瞄准高端海洋装备制造产业，特别是重点发展破冰船、起重船、打桩船、豪华客滚船、重吊船、大型汽车运输船、万吨以上不锈钢化学品船、行政执法船、海监船等公务船舶和科考船、打捞船等工程船舶，建设成全国重要的海洋高端船舶工业基地。充分利用军民融合的发展模式，打造高端海工制造配套产业集聚区。完善海洋产业链体系，培育高端品牌。按照海洋经济提质增效和海洋产业供给侧结构性改革的总体要求，打造中高端产业链条，推动海洋产业智能化、绿色化、集约化发展。加强资源综合利用，拓展中下游产业链，实现产品上下游一体化发展。大力发展海洋精品旅游，突出海洋生态和海洋文化特色，重点建设一批知名的精品景区，打造精品旅游线路，同时不断强化海滨餐饮住宿业、交通运输业以及海滨特色工艺品加工业、旅游衍生品加工业、海水产品加工业等产业链发展。推进传统海洋优势产业转型升级，培育海洋新兴产业集群，延伸产业链条，助推海洋特色高端产业发展，集成各种资源，协同创新激活海洋产业科研系统。

六、海域使用政策创新

在海洋功能区域规划上，由于现今的海域使用大多为粗放型，导致海洋开发不平衡，生态环境较易受到破坏。对于这种情况，应当根据《中华人民共和国海域使用管理法》规定的海洋功能区划进行科学规划并计划，提倡科学用海，明确海域使用优化开发区及限制开发区，避免海域资源的浪费，加强围填海项目的规划和管理，科学规划围填海的空间布局，对计划围填海区域进行调查分析，并对资源环境进行综合评估，以提高海洋使用的效率，科学地制定围填海总量控制方案，定期对规划实施与绩效进行评价。各级政府可按季度通过对各类海洋主题功能区的功能定位、发展方向、开发和管制原则等进行检测分析，并联合学校或其他研究机构对相关部门的规划编制、政策制定、实施效果进行分析评估，根据评估结果适当调节下一季度海洋使用权限，以达到提高海洋使用效率，避免过度使用等问题。

七、生态政策创新

以海洋生态环境治理与优化为主线，大力推进海洋生态文明建设的步伐，全面加强海洋生态环境保护，将"生态＋"的思想贯穿海洋管理的各个方面。进一步提升沿海防风林带建设力度，加大海洋湿地保护，构建蓝色生态屏障。严格落实海洋主体功能区规划制度，推动实施海洋生态红线制度、海洋污染总量控制制度和海洋督察制度，将海洋生态薄弱区纳入监管范围，围绕打造国家级海洋生态文明示范区的发展目标，建立海洋经济健康发展保护机制。加强海洋经济发展示范区内海洋生态保护，强化沿岸海域海岛、海洋资源、海洋环境保护力度，强化对稀缺物种和环境脆弱海域的保护。开展海洋和海岸带生态系统建设，建立完善的区域性海洋环境保障体系，进一步提高可持续发展能力。把保护海洋生态环境作为经济结构调整和产业升级的基本导向，通过技术创新、升级装备等方式推动海洋产业向精深加工方向转型，推进相关海洋产业园区的循环发展，提升海洋资源的利用效率，推动"生态＋海洋技术"进步；同时，大力发展以"低碳"为特征的新能源、新材料等新兴产业，推动建立低碳产业体系。另外，在海洋产业园区、孵化园区内选择龙头产业建设一批绿色示范工厂和绿色示范园区，搭建"互联网＋回收"的高端智能化污染处理模式。

附件

中俄在俄罗斯远东地区合作发展规划(2018—2024年)

一、序言

中俄全面战略协作伙伴关系迅速、稳定发展,呈现良好发展态势。中国已连续8年成为俄罗斯的第一大贸易伙伴。据俄海关统计,2017年,中俄双边贸易额达870亿美元,同比增长31.5%。基于《中华人民共和国和俄罗斯联邦睦邻友好合作条约》确立的原则,中俄各领域合作持续稳步发展,包括经贸、投资、基础设施建设、能源、高科技、农业、人文等领域。

鉴于远东开发已确定为俄罗斯21世纪的优先发展方向,双方认为,在俄罗斯远东地区发展经济贸易和投资合作是双边关系中的重要方向。作为俄罗斯远东地区最大的贸易和投资伙伴国,中国是俄罗斯加快远东地区经济发展的关键合作对象。

在本文件中,中方指中华人民共和国商务部以及经授权支持中国投资者在俄远东地区实施项目的中国组织。俄方指俄罗斯联邦远东发展部以及经授权支持中国投资者在俄远东地区实施项目的俄联邦组织。

二、俄罗斯远东地区发展优势

俄远东地区是快速发展的亚太地区的一部分,地理上比俄其他地区更接近中国,与黑龙江省和吉林省毗邻。

据俄方统计,俄远东地区分布着亚太地区规模最大的煤矿、锡矿和世界级的大型多金属矿,以及占整个亚太地区81%的钻石储量、51%的森林资源、37%的淡水资源、33%的水生生物资源,还有32%的黄金储量、27%的天然气储量和17%的石油储量。远东地区是石油和天然气开采中心,正在形成全球性的石油化工中心,液化天然气出口量约占液化天然气国际市场份额的5%。

远东地区森林的设计年采伐量为9380万 m^3 木材,目前的采伐水平为17.4%。远东地区还拥有丰富的农业资源,包括250万 hm^2 耕地以及超过400万 hm^2 的牧场和草场,远东南部地区的植物生长期为130~200天。

远东地区是欧亚交通走廊中的重要一环,是俄最大铁路干线西伯利亚大铁路及贝阿铁路的起始端,合计运输能力超过1亿t,并将在2020年前再提高6500t。远东地区海岸分布着29个海港,其中包括符拉迪沃斯托克、纳霍德卡、东方、瓦尼诺、苏维埃港等大型海港,上述港口占俄港口货物吞吐量的1/4。通过远东地区有一条从亚洲到欧洲的最短航道,途径北冰洋海域。据俄专家估计,2050年后船只可在不采取抗冰加强措施的情况下实现该航道的全年通航。目前该航道在东北亚货物运输中已具备一定竞争力。俄方计划对该航道基础设施进行现代化改造,逐步提升运量,至2024年提高至8 000万t。这将较中国与欧洲间经苏伊士运河的货运时间有所缩短,也将提升俄北极项目的吸引力。

远东地区还有俄最大的航空和船舶制造中心。阿穆尔河畔共青城正在实施苏霍伊超级100型短途客机组装。远东地区有23家船舶制造企业,目前正在实施的最大项目是位于滨海边疆区巨石市的"红星"造船综合体。该项目竣工后,将能够建造载重量达25万t的油轮,以及各类冰级船和海上平台配件。

俄方正在实施一系列优惠政策,旨在通过建立良好的营商环境,为俄罗斯及外国投资者提供在全俄乃至亚太地区有竞争力的税收和行政优惠政策,提升远东地区的国际竞争力。

三、俄远东地区支持外国投资者的国家政策,以及为中国投资者提供的机遇

(1) 俄方在俄罗斯远东地区实施特殊的国家政策,旨在提高外商投资项目的收益率,降低项目风险。通过设立和发展跨越式发展区、符拉迪沃斯托克自由港,向投资者提供基础设施建设资助,并借鉴国际先进经验采取其他措施支持外商投资。

(2) 远东地区已设立了18个跨越式发展区,为投资者发展新产业提供独立平台。由国家出资在区内为投资者修建必要的基础设施,以简化方式提供税收优惠和必要的行政服务。在跨越式发展区内,对俄和外国投资者提供以下优惠政策:

——自开始赢利起5年内,企业利润税为0%;
——企业头5年的财产税和土地税为0%;
——统一社保费率以7.6%取代30%;
——降低矿产开采税率,10年内为0%到0.8%;
——采用自由关税区的海关程序;
——加快出口产品增值税退税;
——加快签发建设许可证和项目投运许可证;
——缩短国家环保鉴定期限;
——简化外国公民就业手续;
——采取特殊保护机制,避免检查和监督机构的不合理监督。

(3) 俄方建议中国投资者在以下跨越式发展区实施项目:
《阿穆尔—兴安岭》跨越式发展区(犹太自治州);与黑龙江跨境铁路桥运输相

关的物流项目；

《巨石》跨越式发展区（滨海边疆区）：与建设俄最大民用船厂《红星》相关的项目；

《山区空气》跨越式发展区（萨哈林州）：冬季休闲和豪华旅游项目；

《堪察加》跨越式发展区（堪察加边疆区）：四季休闲和旅游项目，建造旅游基础设施、交通物流、水产养殖加工项目；

《共青城》跨越式发展区（哈巴罗夫斯克边疆区）：木材深加工、航空和船舶制造、农业、旅游等；

《米哈伊洛夫斯基》跨越式发展区（滨海边疆区）：生产农业原料、商品和食品项目；

《阿穆尔河畔》跨越式发展区（阿穆尔州）：与黑龙江跨境公路桥运输相关的物流项目；

《自由》跨越式发展区（阿穆尔州）：建设亚太地区最大天然气加工厂相关的天然气化工及其配套项目；

《别洛戈尔斯克》跨越式发展区（阿穆尔州）：生产加工、农产品加工、建材生产、林业加工等项目；

《哈巴罗夫斯克》跨越式发展区（哈巴罗夫斯克边疆区）：生产技术、农业和物流项目；

《南区》跨越式发展区（萨哈林州）：渔业资源深加工和物流领域的项目；

《南雅库特》跨越式发展区（萨哈（雅库特）共和国）：大型焦煤矿开发相关的项目；

中国投资者也可研究在其他跨越式发展区和领域实施项目。

（4）如中国投资者计划在远东地区尚未设立跨越式发展区的地点新建项目，俄方将研究扩大某一现行跨越式发展区边界或新设跨越式发展区的可行性。

如中国投资者在俄远东地区的跨越式发展区实施项目需要修建专门的交通、工程或其他基础设施，在不违反俄联邦法律的情况下，俄方将研究国家出资建设相应基础设施的可能性，国家出资额不超过项目投资金额的10%。在俄法律规定条件下，俄方资源可无偿提供给投资者，用于建设其项目所需的基础设施。

（5）俄远东地区已设立符拉迪沃斯托克自由港，是由21个市政区域组成的自由经济区，分布于日本海和鄂霍次克海沿岸的主要港口。中国投资者在符拉迪沃斯托克自由港实施项目，可以得到与跨越式发展区同样的优惠政策，但符拉迪沃斯托克自由港没有由国家出资为投资者修建基础设施的政策。符拉迪沃斯托克自由港政策如下：

——24小时通关制（个别口岸除外）；

——《一站式》服务，缩短货物清关时间，货物电子申报；

——简化外国公民入境签证(8日有效电子签证);

——《free port》模式,用于存储奢侈品、艺术品、古董。俄方计划逐步扩大符拉迪沃斯托克自由港区域,将其政策推广至其他有意吸引俄本国和外国投资的周边地区。

(6)俄方欢迎中国投资者在适用符拉迪沃斯托克自由港政策的以下市政地区实施投资项目:

——滨海边疆区的符拉迪沃斯托克、阿尔乔姆、纳霍德卡、乌苏里斯克、哈桑区、纳杰日金区等10个地区:海港及无水港、滨海1号、2号国际交通走廊、面向亚太地区出口的生产企业;

——堪察加边疆区的堪察加—彼得罗巴甫洛夫斯克市:渔业深加工、无水港、旅游业,以及供应瓶装饮用水项目;

——哈巴罗夫斯克边疆区的瓦尼诺区和苏维埃港区:海港基础设施、货物转运码头建设、渔业加工等领域项目,以及建立出口导向型产业;

——萨哈林州的科尔萨科夫和乌格列戈尔斯克市:渔业深加工、货物转运码头建设项目。

中国投资者不受上述项目及领域限制。在自由港区内,可以实施俄罗斯法律不禁止的任何投资项目,投资金额在500万卢布及以上。

(7)俄方将对中国投资者在跨越式发展区和符拉迪沃斯托克自由港实施的所有项目提供配套服务,以降低项目实施风险,提高收益率。对中国投资者的项目通过统一的信息系统提供服务,该系统由远东吸引投资和出口支持署运营。

(8)俄方将考虑中国投资者对改善跨越式发展区和符拉迪沃斯托克自由港投资环境和业务发展条件提出的建议。俄方已从法律上确定,跨越式发展区和符拉迪沃斯托克自由港区内投资项目头10年内税收优惠政策保持不变。

(9)俄方指出,如果在萨哈(雅库特)共和国、楚科奇自治区、马加丹州、萨哈林州、堪察加边疆区实施项目,俄法律规定对投资项目采用不高于俄平均费率的电价。

(10)俄方在法律框架内为中国投资者免费提供大部分远东开发机构的基本服务:

——远东吸引投资和出口支持署:提供投资项目全周期的一站式服务,协助其产品出口;

——远东人力资源开发署:提供人力资源引进服务;

——远东发展集团:提供土地租赁和基础设施接通服务。

四、截至2017年底,俄远东地区对华经贸合作情况

中俄双方对在俄远东地区经贸合作发展情况表示满意,认为其是双方合作的

典范。

据俄方统计,2017年,中国与俄远东地区间的贸易额达78亿美元,同比增长26.7%。中国是俄远东地区第一大贸易伙伴国。中国自俄远东进口的货物、劳务及服务共计50亿美元,同比增长31.5%。中国对俄远东出口额27亿美元,同比增长18.4%。双方指出,在俄远东地区与中国的贸易结构中,加工程度较低的原料产品占主导地位。

中国投资者已在跨越式发展区和符拉迪沃斯托克自由港内申请实施32个投资项目,规划投资42亿美元,在各投资国中排名第一。

五、在俄远东地区开展中俄经贸合作的优先领域

(一)天然气与石油化工业

(1)俄方指出,俄远东有俄最大的天然气和石油化工集群,也是亚太地区最大的集群之一,经过确认的俄企业投资额超过350亿美元。俄远东地区天然气和石油化工集群的合作优势在于:

——亚太地区最大油气储量(截至2016年,已探明石油储量11亿t,天然气5万亿m^3,天然气凝析油2.68亿t);

——干线管道。现行的"东西伯利亚—太平洋"石油管道的泰舍特—斯科沃罗季诺段输送能力将扩大至8 000万t/a,斯科沃罗季诺—科兹米诺港口段输送能力扩大至5 000万t/a。在建的"西伯利亚力量"天然气管道输送能力达380亿m^3/a。"萨哈林—哈巴罗夫斯克—符拉迪沃斯托克"干线管道设计输送能力为280.4亿m^3/a;

——拥有原料转运基础设施发达的铁路运输网,其中包括正在扩建的贝阿铁路与西伯利亚铁路干线;

——保证输出至不冻港;

——临近快速发展的亚太地区市场(从远东港口海运不超过6天,从中东港口运送需23天,从东南亚港口运送需12天);

(2)俄天然气和石油加工领域正在实施的投资项目中,规模最大的项目有:

——俄罗斯天然气工业公司阿穆尔天然气处理厂:氦气年产量为6 000万m^3,乙烷250万t,丙烷100万t,丁烷50万t,戊烷(己烷馏分)约20万t;

——"西布尔"集团阿穆尔天然气化工综合体:其热解效率为150~170万t乙烷;

——俄罗斯石油公司东方石化综合体:其石油年处理量为1 200万t,石脑油340万t;

——亚马尔液化天然气项目:产能1 750万t/a;

——北极液化天然气2号项目:产能2 000万t/a;

——科兹米诺原油海港：运输能力 3 600 万 t/a。

（3）俄方欢迎中方投资者实施以下项目：

——阿穆尔州阿穆尔天然气处理厂附近的聚乙烯与甲醇生产；

——滨海边疆区纳霍德卡矿物肥料厂附近的醋酸生产；

——哈巴罗夫斯克边疆区对二甲苯生产；

——滨海边疆区聚乙烯薄膜生产；

——阿穆尔州聚乙烯管生产；

——滨海边疆区注塑成型塑料产品生产；

——符拉迪沃斯托克自由港组装生产用于制造、储存、运输和卸载液化天然气的设备。

俄方将推动落实有利的投资政策和措施，消除中国投资者在远东地区遇到的投资壁垒。

（二）固体矿产

（1）俄方指出，远东地区集中了亚太地区最大的固体矿产储量（含贵金属），开发工作将为地区经济发展奠定基础。俄方计划实现远东地区经济多元化，提高非原材料产业比重，同时继续为固体矿产开发领域的投资项目提供全面支持。

（2）俄方指出，远东地区在固体矿产开发领域的合作优势包括：

——蕴藏巨大的、尚未分配的矿产储量（630 多吨金矿，6 000 多吨银，33.7 万 t 铜，110 万 t 锡，142 亿 t 褐煤，79 亿 t 石煤，12 亿 t 铁矿石，以及 50 多种其他矿物）；

——拥有原料转运基础设施发达的铁路运输网，其中包括正在扩建的贝阿铁路与西伯利亚铁路干线；

——保证输出至不冻港；

——为具体矿物、矿区开发提供国家基础设施建设支持。

（3）俄方欢迎中国投资者根据俄外国投资法和俄矿产资源法在俄远东地区实施以下项目：

——开发萨哈（雅库特）共和国"秋楚斯"金矿；

——开发堪察加地区"库姆洛奇"与"罗德尼科"金矿；

——开发哈巴罗夫斯克边疆区"康德尔"白金矿；

——开发萨哈（雅库特）共和国"丘利马坎"与"杰尼索夫斯基"煤矿；

——开发楚科奇自治区"阿玛姆"煤矿；

——开发滨海边疆区"苏城"煤田；

——开发阿穆尔州库恩—曼尼硫化镍矿；

——开发马加丹州奥罗耶克矿区铜矿；

——开发滨海边疆区的阿达姆索夫煤矿，在纳杰日金区建设煤炭切割和采矿选矿厂；

——开发哈巴罗夫斯克边疆区普拉沃尔米锡矿，建造"诺尼"采矿选矿综合体和采矿选矿厂；

——开发萨哈(雅库特)共和国"季列赫佳赫溪流"锡矿。

(4)双方将通过互联网向中方投资者公布远东地区上述领域相关引资信息和投资推介资料。

(三)运输与物流

(1)双方欢迎联合实施国际运输走廊项目，通过滨海边疆区港口，实施中国东北部省份货物运输，以及一系列跨境界河桥梁建设。

(2)俄方欢迎中方投资者在远东地区实施以下投资项目：

——萨哈(雅库特)共和国勒拿河公路大桥建设工程；

——东方港港口装煤综合体建设工程；

——纳霍德卡海港改造工程；

——雅库茨克国际机场改造工程；

——马加丹国际机场改造工程；

——哈巴罗夫斯克国际机场改造工程；

——滨海边疆区阿尔乔姆市货车生产和配送厂。

(四)农业

(1)俄方指出,俄远东地区在农业领域的合作优势包括：

——土地储备丰富,包括超过250万hm^2播种面积和400万hm^2牧草和干草区,可养殖家禽、奶牛和肉牛,种植大豆、玉米、小麦、水稻、大麦和油菜；

——在远东地区种植的农产品为绿色生态产品；

——远东地区化学和矿物肥料使用量大幅低于其他亚太地区国家；

——与俄其他地区相比,远东地区更靠近中国、日本、韩国和东盟国家,这些国家每年粮食进口量超过2 800亿美元；

——远东地区蔬菜自给率为58%,谷物79%,肉类25%,牛奶44%,较低的自给率为投资者创造了更多的机会。

(2)据俄方统计,2017年,远东地区向中国出口的农业原料、货物和粮食总额为12.7亿美元。

(3)双方一致认为,扩大远东地区对华出口农业原料、产品和粮食,以及丰富农业深加工产品对华出口是中俄在远东地区经贸合作的优先方向。

(4)双方拟举行系列洽谈,就解决俄远东地区和中国东北地区农业原材料、商品和粮食相互贸易中的疫病管理区域化以及市场准入等问题进行探讨。

(5)双方支持中方企业在俄远东地区开展农业全产业链合作,并将举办系列洽谈,以加大对俄远东地区农业生产投资。

(6) 双方支持中方企业在滨海边疆区实施养殖综合体项目,并将在检疫和通关方面提供必要协助。

(7) 俄方希望中方投资者在俄远东地区实施以下项目:

——由 Rusagro 与 Mercy Agro 滨海公司参与的滨海边疆区养猪综合体建设工程;

——滨海边疆区本地甜菜制糖业与甘蔗加工厂现代化改造工程;

——一次性储量为 5 万 t 的滨海边疆区农产品批发集散中心建设工程。

(8) 俄方将根据俄现行法律提供所需土地与融资优惠政策,为中国投资者参与的农业领域项目提供必要保障。

(五) 林业

(1) 俄方强调,俄远东地区林业加工领域的合作优势包括:

——原木每年允许采伐量为 9 380 万 m^3,实际采伐量 1 640 万 m^3,占比为 17.4%;

——林地可以在不通过招标的情况下或按照较低的租赁费率提供给计划进行木材深加工的投资者;

——基础设施发达的铁路网,包括正在扩建的贝阿铁路与西伯利亚铁路;

——俄远东地区距亚太地区国家的距离更近,亚太地区国家每年进口木材超过 200 亿美元;

——俄联邦政府批准了针对远东地区原木出口的新关税政策,鼓励在俄境内进行原木加工。

(2) 双方认为,在俄远东地区开展经贸合作的优先方向是增加自远东地区对华木材出口量,增加深加工产品以实现出口产品多元化。

(3) 双方将支持两国企业在木材深加工领域开展合作。

(4) 俄方欢迎中国投资者在南雅库特、阿穆尔州和萨哈林州建设木材加工综合企业。

(六) 水产养殖

(1) 俄方表示,俄远东地区在水产养殖领域的合作优势是:

——日本海和鄂霍次克海南部俄沿岸附近拥有超过 15 万 hm^2 海域闲置并适宜水产养殖;

——该海域拥有亚太地区市场价值高且畅销的水产养殖品种,如海参、扇贝等;

——进行水产养殖的海域将按照透明的电子拍卖程序提供使用;

——提供水产养殖业项目国家支持的专项措施。

(2) 双方支持举办俄远东水产养殖合作的系列研讨会。

(3) 俄方欢迎中方投资者在俄远东地区实施水产养殖项目,并将对项目提供必要支持。

（七）旅游

（1）俄方表示，2017年到远东地区的旅游客流超过600万人，其中外国游客86.7万人，增长速度超过30%；

（2）俄方表示，远东地区在旅游领域的合作优势包括：

——远东地区是欧洲文化在亚洲的"前哨"，距中国、日本、韩国约2小时航程，这些国家每年有1.7亿公民出国旅游，消费额超过2500亿美元；

——远东地区拥有很多独特的自然和文化历史遗址，吸引着世界各地的游客，包括堪察加的火山和喷泉、萨哈林的山脉、锡霍特山脉的火山奇观、滨海边疆区的海湾和萨哈（雅库特）共和国的"勒拿河柱状岩"自然公园；

——符拉迪沃斯托克自由港执行简化签证入境，可为18个国家的公民提供落地8天电子签证；

——2022年底前，俄远东酒店服务业免缴企业利润税。

（3）俄方欢迎中国投资者在远东地区实施旅游合作项目。

（4）双方鼓励为中国公民举办有关使用电子签证制度在内的远东地区旅游宣传活动。

六、俄远东地区中俄战略合作项目和基础设施项目

（一）发展滨海1号、2号国际交通走廊

"滨海1号"连接中国黑龙江省与俄滨海边疆区的港口，具体路线为哈尔滨—牡丹江—绥芬河—波格拉尼奇内—乌苏里斯克—符拉迪沃斯托克港/东方港/纳霍德卡港。"滨海2号"连接中国吉林省与俄滨海边疆区的扎鲁比诺港，具体路线为长春—吉林—珲春—扎鲁比诺港。

"滨海1号"和"滨海2号"国际交通走廊的开发，对中俄远东地区合作，以及"一带一路"建设与欧亚经济联盟对接合作具有重要意义。

"滨海1号"和"滨海2号"国际交通走廊的开发，基于中俄毗邻地区的大宗货流，通过减少物流费用及降低相关风险的制度安排，增加上述走廊运输效率，属于互利双赢项目。

双方将创造和保持通过滨海边疆区港口转运中国货物的竞争力。

2016—2017年，俄方已经为实现上述目标采取了一系列措施，包括实行符拉迪沃斯托克自由港口岸昼夜工作制、设置单一货物报关管理机构、实行货物电子申报、明确最长等待期限及运输工具海关检查期限等。另外，自中方转口货物集装箱到达地点确定为扎鲁比诺港、波斯耶特港、符拉迪沃斯托克港、东方港及纳霍德卡港。

2017年7月4日，在中俄领导人见证下正式签署了《关于"滨海1号"、"滨海2号"国际交通走廊共同开发的备忘录》。该文件规定在上述走廊开发框架内，吸引两国企业及金融机构参与实施基础设施项目，相互简化各种程序，减少转口货物报关费用及时间，扩大进出口货物名录。双方将全力落实上述备忘录。

双方将协助中国货物通过"滨海1号"和"滨海2号"国际交通走廊及滨海边疆区港口进行无缝转运，为明确项目建设方案开展可研，并建立统一运营商，向货物转运公司提供一站式服务，明确双方参与项目合作的主要条件等。

中方将鼓励本国企业通过滨海边疆区港口进行货物过境运输，参与项目必要的可研，明确发展"滨海1号""滨海2号"国际交通走廊基础设施的经济效益，俄方责成远东吸引投资和出口支持署作为项目协调单位。

（二）跨境桥梁建设

俄远东四个联邦主体（阿穆尔州、犹太自治州、滨海边疆区及哈巴罗夫斯克边疆区）与中国黑龙江省交界。黑龙江省经济总量大约是全俄经济总量的1/6，人口约4 000万。加强远东地区与黑龙江省的互联互通，有助于远东开发最大的邻近销售市场，将为国外游客流入创造有利条件。为发展互联互通将实施以下4个跨境基础设施项目：

（1）俄方将全力确保同江—下列宁斯阔耶铁路桥在2019年实现全面运营。双方提出将逐步扩大同江—下列宁斯阔耶铁路桥货运量。双方将研究补充方案，提高其使用效率。双方鼓励中国投资者实施与同江—下列宁斯阔耶铁路桥运营相关的产业和物流投资项目。

（2）双方将全力确保黑河—布拉戈维申斯克公路桥于2020年实现全面运营。双方指出，根据特许经营建设黑河—布拉戈维申斯克公路桥项目的模式，可以作为其他跨境基础设施项目实施的典范。双方鼓励中国投资者在产业、物流及旅游业领域实施与黑河—布拉戈维申斯克公路桥运营有关的投资项目。

（3）双方将加快东宁—波尔塔夫卡公路桥政府间建桥协定草案的准备工作。

（4）双方将全力确保黑河—布拉戈维申斯克跨境索道在2022年全面实现运营。

（三）黑瞎子岛开发

双方认为，黑瞎子岛是一个独特的区域，可以成为吸引世界各地游客的中心。

双方各自制定黑瞎子岛本方一侧发展方案，并在此基础上探讨岛上基础设施建设对接问题，包括防洪护岸工程。

（四）俄罗斯岛开发

俄方有意将俄罗斯岛开发成为亚太地区的国际科学教育和技术集群，近年来俄方为此提供了以下基础条件，包括建设了现代化的符拉迪沃斯托克国际机场，修建了该岛与符拉迪沃斯托克内陆连接的现代化斜拉桥，在俄东部建设了高等教育机构——远东联邦大学；实行了符拉迪沃斯托克自由港制度，使得在岛上开展业务享有商业和行政方面的优惠政策，并可为18国公民提供简化的入境签证手续；该岛已成为东方经济论坛等俄远东地区重要国际会议和活动的举办场地；建设了必要的市政基础设施，可满足岛内未来发展需要。

俄方拟于2018—2019年制定特殊措施，支持高科技公司将总部或研发机构落户于俄罗斯岛内。俄方将鼓励中国高新技术公司积极探讨在俄罗斯岛内设立总部或研发机构的可能性。俄方将研究为中俄高科技初创企业上岛开展业务提供支持措施。

俄方建议2018—2019年，就在远东联邦大学建设中国留学生专用校园开展可行性研究。

七、远东地区中俄经贸合作发展机制

协调俄远东地区中俄经贸合作发展的主要政府间机制是中国东北地区和俄罗斯远东及贝加尔地区政府间合作委员会。

中国东北地区和俄罗斯远东及贝加尔地区政府间合作委员会框架内设立理事会，由中俄相关企业家组成，旨在促进项目实施并为改善俄远东地区投资和营商环境提出建议。

在俄远东地区实施本规划和发展中俄经贸合作，中方由中国商务部具体负责，俄方由俄罗斯远东发展部具体负责。

中国国家开发银行参与规划制定，并对其后续实施提出建议。

双方认为，东方经济论坛是中俄在俄远东地区发展经贸合作的重要平台。俄方每年将在东方经济论坛框架内举办中俄经贸合作有关活动。

双方将支持中俄博览会发展，作为加强中俄在俄远东地区经贸合作的平台。

俄方将继续在远东地区举办"中国投资者日"活动。在此期间，中国公司将有机会与负责俄远东发展问题的联邦副总理进行直接对话。中方将为在俄远东地区成功举办"中国投资者日"活动提供协助。

双方商定签署中国商务部和俄罗斯远东发展部关于互设投资促进机构代表处的谅解备忘录。

双方在协商一致的情况下，可对本规划进行增补和修订。

双方将就签署其他合作文件保持密切沟通协调。

参考文献

[1] Kazakov Nikita(尼基塔). 俄罗斯能源出口贸易研究[D]. 哈尔滨:哈尔滨工业大学,2018.

[2] 艾菊红. 基督教在韩国的本土化实践[J]. 世界民族,2015(4):87-94.

[3] 安妮·鲁尼. 世界人文地图趣史[M]. 严维明,译. 北京:电子工业出版社,2016.

[4] 白钦先,高霞. 日本产业结构变迁与金融支持政策分析[J]. 现代日本经济,2015(2):1-11.

[5] 卜庆滨,张戴晖,于家根. 我国北极航线深入发展的主要问题及对策研究[J]. 中国水运,2018,18(9):25-26.

[6] 曹吉云,佟家栋. 两经济体建立自由贸易区的影响因素研究[J]. 经济管理,2011,33(11):9-16.

[7] 曹永利. 俄罗斯的产业结构、贸易结构与投资结构[J]. 时代金融,2018(18):62,65.

[8] 陈媛媛,李坤望,王海宁. 自由贸易区下进、出口贸易效应的影响因素:基于引力模型的跨国数据分析[J]. 世界经济研究,2010(6):39-45.

[9] 戴春晨,许尧伊. 中俄共建"冰上丝绸之路"进阶,北极航道或开辟港口贸易新格局[N]. 21世纪经济报道,2017-07-05(1).

[10] 邓志涛. 俄境内所谓中国"移民问题"的对策性思考[J]. 世界经济与政治论坛,2005(3):77-80.

[11] 董瑞芳. 俄罗斯文化形成背景分析[J]. 北方文学(下旬),2017(21):201.

[12] 段文博. 资源约束下的日本产业结构演进研究[D]. 长春:吉林大学,2009.

[13] 俄罗斯国际事务委员会. 北极地区:国际合作问题:第二卷[M]. 熊友奇,等译. 北京:世界知识出版社,2016.

[14] 俄罗斯国际事务委员会. 北极地区:国际合作问题:第三卷[M]. 熊友奇,等译. 北京:世界知识出版社,2016.

[15] 冯玉军. 俄罗斯经济"向东看"与中俄经贸合作[J]. 欧亚经济,2015(1):1-47,126.

[16] 冯远,寿建敏. 北极东北航道集装箱船型论证[J]. 特区经济,2014(3):79-80.

[17] 冯宗宪."逆全球化"挑战与新全球化的机遇[J].国际贸易问题,2018(1):7.
[18] 高际香.俄罗斯人口问题及政策选择[J].欧亚经济,2016(2):62-73.
[19] 关雷,闫冰,王诺.中欧北极航线的时空格局及适航船舶[J].中国航海,2018,41(2):124-129.
[20] 关雪凌,丁振辉.日本产业结构变迁与经济增长[J].世界经济研究,2012(7):80-86,89.
[21] 郭文君.关于将图们江区域合作开发纳入"一带一路"的战略思考[J].东疆学刊,2016,33(2):85-93.
[22] 胡鞍钢,张新,张巍.开发"一带一路一道(北极航道)"建设的战略内涵与构想[J].清华大学学报(哲学社会科学版),2017,32(3):15-22,198.
[23] 胡立君,薛福根,王宇.后工业化阶段的产业空心化机理及治理:以日本和美国为例[J].中国工业经济,2013(8):122-134.
[24] 胡晓光.在俄罗斯感受中国影响力:"发展与中国的关系是俄全国共识"[N].参考消息,2018-01-08(11).
[25] 姜胤安."冰上丝绸之路"多边合作:机遇、挑战与发展路径[J].太平洋学报,2019,27(8):67-77.
[26] 焦敏,陈新军,高郭平.北极海域渔业资源开发现状及对策[J].极地研究,2015,27(2):219-227.
[27] 靳义亭.论儒家思想在韩国经济社会发展中的作用[J].河南工业大学学报(社会科学版),2019,15(2):121-127.
[28] 雷丽平,朱秀杰.俄罗斯远东地区人口危机与中俄劳务合作[J].人口学刊,2011,33(5):66-73.
[29] 雷小苗,李洋.高科技产业的技术追赶与跨越发展——文献综述和研究展望[J].工业技术经济,2019,38(2):145-152.
[30] 李传勋.俄罗斯对华舆论消极方面的历史文化分析[J].俄罗斯中亚东欧研究,2004(6):7-15,98.
[31] 李大海,张荧楠.冰上丝绸之路海洋科技创新战略研究[J].中国工程科学,2019,21(6):64-70.
[32] 李荣林,赵滨元.中国当前FTA贸易效应分析与比较[J].亚太经济,2012(3):110-114.
[33] 李莎,刘卫东.俄罗斯人口分布及其空间格局演化[J].经济地理,2014,34(2):42-49.
[34] 李文国,罗嘉熙.辽宁经济发展中存在的问题与对策建议[J].中国商贸,2014(21):177-178.

[35] 李向平,宋帅官,赵玉红.辽宁经济衰退的历史缘由与振兴路径[J].地方财政研究,2019(1):4-9,43.

[36] 李亚男.论中俄关系发展进程中的人文交流与合作[J].东北亚论坛,2011,20(6):113-119.

[37] 李振福,邓昭.参与"冰上丝绸之路":朝鲜的条件和策略[J].东北亚经济研究,2019(4):5-17.

[38] 李振福,陈卓,陈雪,等.北极航线开发与"冰上丝绸之路"建设:一个文献综述[J].中国海洋大学学报(社会科学版),2018(6):7-18.

[39] 刘广东,于涛.中俄共建"冰上丝绸之路"的博弈分析:基于主观博弈的视角[J].太平洋学报,2019,27(5):92-100.

[40] 刘红.金融集聚对区域经济的增长效应和辐射效应研究[J].上海金融,2008(6):15-20.

[41] 刘军,徐康宁.产业聚集、经济增长与地区差距:基于中国省级面板数据的实证研究[J].中国软科学,2010(7):91-102.

[42] 刘清才,刘涛.西方制裁背景下俄罗斯远东地区发展战略与中俄区域合作[J].东北亚论坛,2015,24(3):84-93.

[43] 刘涛.21世纪初俄罗斯亚太能源战略研究[D].长春:吉林大学,2015.

[44] 刘信一.韩国经济发展中的对外贸易[J].中国工业经济,2006(7):59-64.

[45] 刘瑜,龚俐,童庆禧.空间交互作用中的距离影响及定量分析[J].北京大学学报(自然科学版),2014,50(3):526-534.

[46] 卢昌鸿.历史与现实:俄罗斯东进战略研究[D].上海:上海外国语大学,2014.

[47] 陆钢."冰上丝绸之路"的商用价值及其技术支撑[J].人民论坛·学术前沿,2018(11):35-39.

[48] 吕开宇,李春肖,张崇尚.基于主成分分析法和熵值法的地区农业保险发展水平分析:来自2008—2013年中国省级层面的数据[J].农业技术经济,2016(3):4-15.

[49] 吕明元,尤萌萌.韩国产业结构变迁对经济增长方式转型的影响:基于能耗碳排放的实证分析[J].世界经济研究,2013(7):73-80,89.

[50] 栾峰.俄罗斯基础研究的状况分析及启示[J].青年科学(教师版),2014,35(5):315.

[51] 马修·P.古德曼,朱子阳.美日关系:伪密友与真同盟[J].国际经济评论,2016(3):172-173.

[52] 孟德友,陆玉麒.基于铁路客运网络的省际可达性及经济联系格局[J].地理研究,2012,31(1):107-122.

[53] 苗颖.辽宁装备制造业竞争力的比较分析[J].辽宁经济,2017(9):20-21.
[54] 欧定余,彭思倩.逆全球化背景下东亚区域经济共生发展研究[J]东北亚论坛,2019,28(4):59-70.
[55] 任明,金周永.韩国人口老龄化对劳动生产率的影响[J].人口学刊,2015,37(6):85-92.
[56] 芮昌熙.韩国老龄化现状、问题与对策研究[D].长春:吉林大学,2017.
[57] 申东镇.韩国外向型经济研究[D].大连:东北财经大学,2011.
[58] 沈铭辉.浅析日本—欧盟经济伙伴关系协定及其影响[J].当代世界,2018(9):13-17.
[59] 宋慧中,赵越.辽宁建设双金融中心问题研究[N].金融时报,2017-06-19(10).
[60] 宋帅官.辽宁经济发展新旧动能转换问题研究[J].党政干部学刊,2018(6):64-72.
[61] 孙凯,刘腾.北极航运治理与中国的参与路径研究[J].中国海洋大学学报(社会科学版),2015(1):1-6.
[62] 孙宇.韩国对华投资的特点与趋势[J].中国外资,2019(21):42-45.
[63] 唐建业,赵嵌嵌.有关北极渔业资源养护与管理的法律问题分析[J].中国海洋大学学报(社会科学版),2010(5):11-15.
[64] 田晖.国家文化距离对中国进出口贸易影响的区域差异[J].经济地理,2015,35(2):22-29
[65] 王杰,范文博.基于中欧航线的北极航道经济性分析[J].太平洋学报,2011(4):72-77.
[66] 王龙兴.2019年中国集成电路产业的状况分析[J].集成电路应用,2020(1):1-4,9.
[67] 王明进."一带一路"背景下边疆地方政府外交[J].区域与全球发展,2018(6):57-67.
[68] 王义桅.世界是通的:"一带一路"的逻辑[M].北京:商务印书馆,2016.
[69] 温耀庆,陈泰锋.1993—2005年美国对外贸易特征实证分析[J].国际商务研究,2006,27(1):13-16.
[70] 谢燮.对大连邮轮旅游发展的思考[N].大连日报,2019-02-25.
[71] 熊琛然,王礼茂,屈秋实,等.地缘政治风险研究进展与展望[J].地理科学进展,2020,39(4):695-706.
[72] 徐博.冷战后俄罗斯亚太地缘战略研究[D].长春:吉林大学,2013.
[73] 薛桂芳."冰上丝绸之路"新战略及其实施路径[J].人民论坛·学术前沿,2018(21):62-67.

[74] 杨东亮,赵振全.东北经济失速的投资性根源[J].东北亚论坛,2015,24(5):94-107,128.
[75] 杨剑,等.北极治理新论[M].北京:时事出版社,2014.
[76] 杨剑.共建"冰上丝绸之路"的国际环境及应对[J].人民论坛·学术前沿,2018(11):13-23.
[77] 杨鲁慧,赵伟宁.韩美不对称同盟及其对韩国外交的影响[J].社会科学,2014(2):10-18.
[78] 杨鲁慧,赵一衡."一带一路"背景下共建"冰上丝绸之路"的战略意义[J].理论视野,2018(3):75-80.
[79] 杨文杰,韦玮.日本对人口老龄化问题所采取的对策及其对我国的启示[J].日本问题研究,2000,14(2):27-30.
[80] 杨贤芳.日本人口老龄化特征及社会高龄化风险探讨[J].合肥学院学报(综合版),2019,29(6):51-56.
[81] 杨小凯.经济学:新兴古典与新古典框架[M].北京:社会科学文献出版社,2003.
[82] 姚兴云,付少平.韩国人口政策及其对中国农村人口政策的启示[J].西北人口,2009,30(2):120-123,128.
[83] 于耕,齐永陶,杨勇,等.整合辽宁省航空产业资源,推动产业链全面振兴增值[J].沈阳航空工业学院学报,2009,26(6):5-9.
[84] 于小琴.西方制裁背景下俄罗斯远东投资环境及吸引外资前景[J].俄罗斯东欧中亚研究,2016(4):113-129.
[85] 岳鹏.共建"冰上丝绸之路"中的俄方诉求及内在挑战分析[J].东北亚论坛,2020,29(2):32-44.
[86] 张聪明.俄罗斯第二产业的结构变迁与现状解析[J].俄罗斯东欧中亚研究,2018(6):40-57.
[87] 张海峰.金砖国家产业结构调整及其成效[J].东北财经大学学报,2017(5):34-39.
[88] 张静文.日本半导体的"上游"掌控力[J].杭州金融研修学院学报,2019(10):55-58.
[89] 张侠,屠景芳,郭培清,等.北极航线的海运经济潜力评估及其对我国经济发展的战略意义[J].中国软科学,2009(S2):86-93.
[90] 张晓桐.俄韩油气能源合作分析[D].长春:吉林大学,2016.
[91] 赵隆.中俄北极可持续发展合作:挑战与路径[J].中国国际问题研究(英文版),2018(6):115-132.

[92] 赵隆.共建"冰上丝绸之路"的背景、制约因素与可行路径[J].俄罗斯东欧中亚研究,2018(2):106-120.

[93] 赵鸣文.俄罗斯的综合国力及国际地位[J].俄罗斯研究,2019(3):37-62.

[94] 赵宁宁.当前俄罗斯北方海航道的开发政策评析[J].理论月刊,2016(8):169-174.

[95] 赵天一.日俄能源合作研究[D].长春:吉林大学,2019.

[96] 钟晨康.北极东北航道安全策略[J].中国船检,2013(11):84-87.

[97] 舟丹.中俄北极能源合作前景广阔[J].中外能源,2020,25(5):20.

[98] 朱颖,王玮.解析欧盟韩国自由贸易协定[J].世界贸易组织动态与研究,2012,19(1):57-61.